北京总部经济发展与提升利用外资水平研究

潘素昆/著

BEIJING ZONGBU
JINGJI FAZHAN
YU TISHENG LIYONG
WAIZI SHUIPING YANJIU

中国财经出版传媒集团

经济科学出版社
Economic Science Press

图书在版编目（CIP）数据

北京总部经济发展与提升利用外资水平研究/潘素昆著．
—北京：经济科学出版社，2017.4
ISBN 978 - 7 - 5141 - 7816 - 6

Ⅰ.①北…　Ⅱ.①潘…　Ⅲ.①区域经济发展 - 外资利用 - 研究 - 北京　Ⅳ.①F832.71

中国版本图书馆 CIP 数据核字（2017）第 043570 号

责任编辑：周国强　张　蕾
责任校对：王苗苗
责任印制：邱　天

北京总部经济发展与提升利用外资水平研究

潘素昆　著

经济科学出版社出版、发行　新华书店经销
社址：北京市海淀区阜成路甲 28 号　邮编：100142
总编部电话：010 - 88191217　发行部电话：010 - 88191522
网址：www.esp.com.cn
电子邮件：esp@esp.com.cn
天猫网店：经济科学出版社旗舰店
网址：http://jjkxcbs.tmall.com
北京季蜂印刷有限公司印装
710×1000　16 开　16 印张　240000 字
2017 年 4 月第 1 版　2017 年 4 月第 1 次印刷
ISBN 978 - 7 - 5141 - 7816 - 6　定价：66.00 元
（图书出现印装问题，本社负责调换。电话：010 - 88191510）
（版权所有　侵权必究　举报电话：010 - 88191586
电子邮箱：dbts@esp.com.cn）

北方工业大学科研人才提升计划青年拔尖人才培育计划
（项目编号：BJRC 201315）资助

目 录

第 1 章　引言 / 1
1.1　研究背景及意义 / 2
1.2　本书结构安排 / 4

第 2 章　总部经济发展的理论背景 / 7
2.1　中心—外围效应理论 / 8
2.2　比较优势与总部经济理论 / 9
2.3　产业集群理论与总部经济 / 10
2.4　企业组织结构理论与总部经济 / 11
2.5　增长极理论与总部经济 / 12
2.6　企业价值链理论与总部经济 / 13
2.7　区域协同理论 / 14

第 3 章　总部经济发展的国际经验及启示 / 15
3.1　美国纽约总部经济发展经验及启示 / 16
3.2　新加坡总部经济发展经验及启示 / 25
3.3　中国香港总部经济发展经验及启示 / 38

第4章 北京总部经济发展研究 / 57

4.1 文献综述 / 58
4.2 北京总部经济发展现状 / 61
4.3 北京和上海总部经济发展的比较研究 / 74
4.4 北京发展总部经济的优势 / 86
4.5 北京总部经济发展面临的问题 / 89
4.6 如何进一步推进北京总部经济的发展 / 91

第5章 北京利用外国直接投资研究 / 95

5.1 北京利用外国直接投资的历史发展 / 96
5.2 北京利用外国直接投资的现状 / 98
5.3 北京和上海利用外国直接投资的比较研究 / 105
5.4 北京利用外资存在的问题 / 113
5.5 推进北京利用外商直接投资的对策 / 116

第6章 外国直接投资对北京经济发展的影响研究 / 119

6.1 北京服务业外国直接投资的经济增长效应研究 / 120
6.2 外国直接投资对北京产业结构的影响研究 / 137
6.3 外国直接投资对北京进出口的影响研究 / 150
6.4 外国直接投资对北京就业结构的影响研究 / 160

第7章 北京和上海外国直接投资经济效应的比较研究 / 171

7.1 北京和上海外国直接投资经济增长效应的比较研究 / 172

7.2 北京和上海外国直接投资对内资挤入挤出效应的比较研究 / 181

7.3 北京和上海外国直接投资技术溢出效应的比较研究 / 197

第8章 总部经济对提升北京利用外国直接投资水平的推动作用 / 207

8.1 总部经济的发展有助于扩大北京利用外资规模 / 210

8.2 总部经济有助于提高北京引进外资质量 / 211

8.3 总部经济有助于改善北京利用外国直接投资的产业结构分布 / 220

附录 2015年入驻北京的世界500强企业名单 / 223

参考文献 / 226

后记 / 247

北京总部经济发展与提升
利用外资水平研究

Chapter 1

第 1 章 引　言

1.1 研究背景及意义

随着经济全球化和区域经济一体化的发展，跨国公司在世界范围内的投资逐渐增多。由于跨国公司总部是企业配置资源的中枢，总部必然带来资金流、商品流、技术流、人才流、信息流等在所在地的汇集，从而促进所在地经济的繁荣。总部经济在世界多国经济发展中的出现是经济发展的客观结果，是市场竞争白热化、资本流动国际化、经济发展知识化和产业分工精细化的必然结果。总部经济发展为企业总部聚集地的大都市拓展了其经济进一步发展的空间。越来越多的跨国公司总部在大城市集聚，总部经济在一些世界知名城市得到发展。美国纽约、新加坡和中国香港等一些世界知名城市凭借自身优势，取得了总部经济发展的成功。总部经济在世界经济发展中的作用越来越重要。根据联合国统计，20世纪90年代，世界上最大的100家跨国公司总部所做出的投资决策就占同期全球跨国投资额的1/3。

随着流入中国的外国直接投资（FDI）逐渐增多，以及中国综合国力的增强，中国逐渐成为跨国公司建立地区总部的热点国家之一。北京是中国的首都，也是中国的政治、经济、文化中心。北京的经济发展速度在全国范围内处于领先的地位。2014年，北京经济总量突破2万亿元，人均国内生产总值超过1.7万美元。北京拥有吸收外国直接投资的优势。改革开放以来，北京吸引外国直接投资逐年增长。2014年，北京实际利用外国直接投资90.4亿美元，同比增长6.1%，连续13年实现增长，再创年度引资规模新高。[①] 截至2014年，北京拥有28 041家外商投资企业，吸收外国直接投资总额为

---

① 北京利用外国直接投资连续13年实现增长 [EB/OL]. http://bj.people.com.cn/n/2015/0320/c82839-24224274.html, 2015-03-20.

2 010亿美元。但是,2014年北京拥有外商投资企业总数和外国直接投资总额在全国的排名都为第5位。当前,北京利用外资也还存在着重数量、轻质量,投资结构不合理等问题。由于对外商投资的监管乏力,导致其过多地流入了房地产业,给宏观调控带来压力。此外,由于北京的房价过高、交通状况差等也影响了北京吸引外国直接投资的潜力。总部经济的兴起和发展,为提升北京利用外资水平提供了很好的契机。

北京在金融、人才、制度、环境等相关配套设施方面的独特优势促进了总部经济在北京的发展。北京具备发展总部经济的一些重要条件,也是当前中国最具总部经济发展实力的城市。近年来,北京拥有的世界500强企业总部数量呈现出不断上涨的趋势。北京总部经济的发展,推进了北京的城市经济转型,在首都经济社会发展中起到了引领产业结构优化升级,加快首都国际化进程,以及提升首都综合服务功能的重要作用。北京总部经济的发展也为首都经济社会发展做出了重要贡献,除直接增加财政税收、创造更多就业机会外,还显示出很强的关联带动作用,全面提升首都整体竞争力。位于北京的跨国公司地区总部或投资性公司集中管理着跨国公司在华投资企业,改善了过去由于分散投资和分散管理而带来的高成本和低效率问题,有效提高了在华跨国公司的投资规模和效益。因此,跨国公司总部大量进驻北京,有助于推动北京扩大利用外国直接投资规模、提高利用外国直接投资的水平。但是,北京总部经济发展也还存在一些问题,北京应实时制定促进总部经济发展的政策,以推进总部经济的进一步发展。

有关总部经济的研究在国外出现得较早。早在1966年,美国经济学家弗里德曼就提出了中心外围效应理论。总部经济在我国出现较晚,进入21世纪我国才有学者进行这方面的研究。总部经济在我国的发展还处于起步阶段,面临很多问题,借鉴国外总部经济发展的成功经验,对于加快我国总部经济的发展,促进区域经济协调发展具有十分重要的意义。然而,国内对于总部经济的研究刚刚起步,且多停留在对总部经济概念、效应的讨论上。对于北京具备发展总部经济的基础条件、应该发展总部经济,学者们基本达成了共识。但是，对于如何发展总部经济，如何借助于总部经济的兴起提升北京利用外资的水平和质量的研究还十分欠缺。然而，北京作为首都具有发展总部经济的特有优势，研究总部经济发展对提升北京利用外资水平的影响具有重要的理论与现实意义。

1.2 本书结构安排

第1章为引言部分。介绍本书研究的背景及意义，本书的结构安排。

第2章介绍总部经济发展的理论背景。介绍了中心—外围效应理论、比较优势与总部经济理论、产业集群理论与总部经济、企业组织结构理论与总部经济、增长极理论与总部经济以及企业价值链理论与总部经济、区域协同理论。

第3章研究总部经济发展的国际经验及启示。研究了纽约、新加坡和中国香港发展总部经济的历程、重要经验及对我国的启示。

第4章为北京总部经济发展研究。首先对我国学者有关我国总部经济和北京总部经济的相关研究进行了文献综述，然后分析了北京总部经济发展现状，对北京和上海总部经济发展进行了比较研究，分析了北京发展总部经济的优势和问题，最后分析了如何进一步推动北京总部经济发展的对策。

第5章为北京利用外国直接投资研究。介绍了北京利用外国直接投资的历史发展情况，分析了北京利用外国直接投资的现状，并对北京和上海利用外国直接投资进行了比较研究。最后，分析了北京利用外国直接投资存在的问题及推进北京利用外国直接投资的对策。

第6章为外国直接投资对北京经济发展的影响研究。研究了北京服务业外国直接投资的经济增长效应，外国直接投资对北京产业结构、进出口以及就业结构的影响。

第7章为北京和上海外国直接投资经济效应的比较研究。对北京和上海

第 1 章 引 言

利用外国直接投资经济增长效应、外国直接投资对内资挤入挤出效应以及外国直接投资的技术溢出效应进行了比较研究。

第 8 章从总部经济的发展有助于扩大利用外资规模、有助于提高北京引进外资质量及水平以及有助于改善北京利用外资的产业结构分布三方面分析了总部经济发展对提升北京利用外国直接投资水平的推动作用。

第2章 总部经济发展的理论背景

所谓总部经济，是指企业总部在具有优良的基础设施环境与良好的商务服务业基础上，人才、技术、信息、知识和资本等向资源比较密集的中心城市（尤其是国际化城市）集聚，通过包括财务结算、投融资管理、市场营销、技术研发以及人力资源管理等总部经济活动带动总部产业及各类相关服务业发展，形成总部产业集群。通过企业总部与周边地区产业基地分工协作形成企业价值链，以及围绕核心产业与关联企业分工协作形成产业价值链，而发展起来的一种经济形态[①]。总部经济首先兴起于美国、英国、日本等发达国家。20世纪60年代，就有国外学者对总部经济进行研究。国内学者对于总部经济的研究起步较晚。21世纪后，我国学者才开始进行这方面的研究。

有关总部经济的研究在国外出现较早。早在1966年，美国经济学家弗里德曼就提出了中心—外围效应理论。他认为中心—外围效应使总部经济最终形成。之后，学者们从不同角度对这一问题进行了研究。青木昌彦和立木（Aoki & Tachiki, 1992）认为在跨国公司地区总部进行选址决策时首要考虑的两个问题是：第一，要考虑将区域性总部建在该跨国企业已经有制造能力或者拥有很大市场份额的城市或国家；第二，要考虑使文化和经济差异最小化，包括运输时间和成本、沟通和本土运营费用。姚思特和费希尔（Yoost & Fisher, 1996）认为优良的基础设施和税收激励是香港和新加坡在亚洲最吸引地区总部的重要原因。赫尔穆特（Hellmut, 1998）认为跨国公司地区总部是在某一特定的地区中，负责整合和协调跨国公司行为，并且代表该地区和总部之间进行联系的组织单元。

2.1 中心—外围效应理论

中心—外围效应理论最早是在1949年由以阿根廷经济学家劳尔·普雷维

---

① 前瞻产业研究院. [2013～2017] 中国总部经济园市场前瞻投资战略规划分析报告.

什为代表的拉美派，在分析发展中国家与发达国家区域经济发展的关系时提出的。1966年，美国经济学家弗里德曼（J. Friedmann）又将其研究对象从空间经济扩展至社会生活各个层面，提出了新的中心—外围效应理论。他认为中心—外围关系不仅存在于不同区域之间，同样可以存在于不同产业部门之间和不同类型的企业之间。所谓"中心"指的是区域经济体系的增长推动中心，聚集了决定产业链发展路径、对相关产业具有带动作用、实力雄厚的权威企业集团；而"外围"指的是其周围的腹地或边缘区域，存在许多对中心企业具有依附性、实力相对弱小的企业。这一理论认为，经济发展的早期阶段，人口、产业和资本会集中于中心区，主要是因为该区的各项基本设施较完善且费用较低，具有外部经济；到了发展中期，这种情形会逐渐地趋于缓慢；到了发展后期，因中心区出现外部不经济的现象，地价逐渐高涨、交通阻塞、噪音、空气污染及其他问题，人们便渐渐地转向外围区域发展，区域不均衡因此缩小，进而达到更大区域的均衡发展。

2.2　比较优势与总部经济理论

在区域经济学中，与总部经济密切相关的另一理论分支是比较优势理论。李嘉图的比较优势理论是在亚当·斯密的绝对优势理论基础上产生的。绝对优势理论的基本思想是贸易的产生是基于各区域之间生产技术的绝对差别。李嘉图基于绝对优势理论，进一步提出比较优势理论，认为即使一个地区在所有产品生产上，同其他地区相比都处于劣势，它仍可以选择劣势相对较小的那种产品进行专业化生产，并与其他地区相交换，从而使彼此获利。由于地区间同类产品之间贸易量的大大增加，自20世纪60年代以来，经济学家从贸易实践出发，对比较优势理论作出了新发展，比如赫克歇尔—俄林模型中放松相同生产技术假定，规模报酬不变假定和完全竞争假定等。尽管这些关键假定的放松确实找到了一些新的贸易源泉，对贸易基础提出了新的解释。

但是，目前关于比较优势理论的论述，跟其他区域经济理论架构一样，总是隐含假定企业是不可进行空间分离的实体，讨论区域间的比较优势也是以商品贸易为重心。

总部经济则是在比较优势理论的合理内容基础上，把企业组织理论的最新进展与比较优势理论结合起来，突破了上述隐含假定，认为企业可以在一定条件下，通过企业价值链的空间分离，对生产要素在企业内部进行跨区域的配置，从而使得传统的比较优势理论以区域间商品贸易为重心转向了生产要素的区域间整合，区域合作不再只是表现为两个不同区域的企业之间的商品贸易了，而是企业集团内部不同功能组织跨区域的配置。

2.3 产业集群理论与总部经济

1920年，阿尔弗雷德·马歇尔在《经济学原理》一书中，从三个要素对产业的地区性聚集作出解释：劳动力市场共享、中间产品投入和技术外溢。阿尔弗雷德·韦伯（1929）又从工业区位论角度对产业聚集进行了深入研究，并首次提出了聚集经济概念。直到迈克尔·波特（1990）在《哈佛商业评论》中发表他的"论国家的竞争优势"和克鲁格曼（1991）在《政治经济学》中发表他的"收益递增与经济地理"一文，产业集群的研究热潮再次掀起。产业集群是指相关的产业活动在地理上或特定地点的集中现象，也是一种产业组织演变和发展的结果。产业集群理论认为，在产业集群的形成过程中起关键作用的因素主要包括：自然资源和运输成本、规模经济与外部性、相关延伸产业的支持、企业家精神、制度与政府政策。

总部经济是跨国公司和大型企业集团总部聚集于特定区域形成的一系列经济活动的总称。因此，在总部经济理论构架中，众多公司总部聚集于特定区域表现出的产业集群或产业的总部集群效应也是构成该体系的重要组成部分，自然产业集群（industrial clusters）理论便成为总部经济的理论渊源之一。公司总部在特定区域聚集出现的规模经济和外部性，将使得单个公司更容易在该区域获得其总部所需的生产要素资源，享用到成熟的专业服务市场。不可忽视的是，正如产业集群理论所指出的，政府的产业政策和制度安排对产业集群的形成和发展有着重要的影响，因此总部集群的形成或者总部经济的形成，也会在相当程度上受到政府政策和制度安排的影响。

2.4 企业组织结构理论与总部经济

科斯在1937年发表的"企业的性质"一文中提出，企业与市场被看作资源配置的两种主要制度安排。企业是在权威机制作用下的等级性的计划协调，市场则是价格机制作用的自动协调方式，企业的本质是价格机制的替代物。企业组织形式的选择从根本上讲是为了获得一种有效的协调机制，它的存在旨在引导人、财、物的合理流动，以最低的成本达到企业的生产经营目标。这种"企业与市场"的二分法，虽然提高了人们对这两种制度安排的特性认识，但却忽视了现实经济中经济组织形态的多样性和复杂性，忽视了在企业和市场之间存在的大量的中间性组织。而具有独立形态的公司总部与加工基地的分离则是典型的中间性组织形态。中间性组织理论突破了传统"企业与市场"的二分法，认为资源最佳配置效率的实现，并不在于单个企业的规模或市场的效率，而在于如何通过企业机制与市场机制的最佳融合，达到交易成本的最小化。

在经济全球化、信息化的推动下，企业组织正在经历着一场深刻的变革，一个突出的特点就是企业组织结构扁平化，而企业组织结构扁平化催生了总部经济的形成。一方面，扁平化使得企业将生产、配送、产品研究与开发、市场销售或营运控制实现空间上的分离，从而有效利用不同区域的优势资源，跨国公司设在国外的区域性研发总部、管理总部或销售总部本质上就是这种企业组织扁平化的结果。另一方面，目前大量基于信息网络的管理软件已经在软件设计中实现了企业组织结构的扁平化，为总部经济的形成奠定了技术基础，加速了集团公司总部与生产加工基地的分离，促进了总部经济的形成。总部经济是企业组织结构在新技术条件下不断演化的结果，企业组织结构理论的最新进展是总部经济体系不可或缺的理论基础。

2.5　增长极理论与总部经济

增长极理论最早是在 1950 年由法国经济学家弗朗索瓦·佩鲁克斯（Francois Perroux）提出的，认为在区域经济增长过程中，首先是分布在区域内的某些点（称作极点）或聚集地区的某些产业和企业取得经济增长，然后扩散到周边地区，进而带动整个区域的经济增长。在这个过程中，会产生"极化效应"和"扩散效应"两种效应。在增长极的增长中心，由于主导产业和创新企业的建设与活动，会产生一种吸引力和向心力，吸引周围的劳动力、资金、人才和技术等生产要素更加向中心聚集，不断扩大自身的规模，产生极化效应。当聚集到一定程度，会导致增长极的经济活动和人口过分集中，产生环境污染，交通拥堵、房价过高等问题，进而削弱极化效应，对生产要素产生一种扩散作用，企业、人口、资金、技术、人才、信息等要素向增长极的周边扩散，带动其周边地区的发展，这就是扩散效应。两种效应的共同作用，带动整个区域的经济增长。

该理论隐含着一个假定，即企业是一个不能实现空间分离的独立体。由于这个假定，使得这些理论往往只停留在对区域经济发展过程的描述上。在总部经济理论架构下，企业功能和组织结构是有可能实现空间分离的，以充分利用各区域优势资源，达到企业成本最小化。总部经济的理论体系突破了传统区域发展理论中关于企业作为一个完整的经济细胞的隐含假定，通过关于企业假定的放松，使得区域经济理论不再仅仅停留在一般的区域发展趋势的描述上，而是为区域间协同发展提供了一个新的思路。企业集团的总部功能组织从企业整体中独立出来，高度集聚于某一特定区域，在空间上表现出总部经济的特征，也形成了增长极理论中所谓的"极化效应"，而企业的加工制造功能组织部署在其他区域，则表现为所谓的"扩散效应"，企业的"总部—加工基地"之间的联系变成了总部经济发挥辐射作用的微观表现形式[①]。因此，从一定意义上说，总部经济又是对区域经济理论的深化和延伸。

2.6　企业价值链理论与总部经济

价值链（value chain）的概念是由美国哈佛大学商学院教授迈克尔·波特（Michacle Porter）于1985年在其《竞争优势》（Competitive Advantage）一书中首次提出来的。波特将价值链描述为一个企业用来"进行设计、生产、营销、交货及维护其产品的各种活动的集合"。企业价值活动是由价值链的内部联系联结起来的，企业竞争优势往往来源于这些联系。另外，价值链联系还存在于企业价值链与供应商、渠道价值链和买方价值链之间。在产业价值链的理论框架下，企业应该集中于能为企业获得价值的产业环节上。这种观点假定企业内部的所有经营活动增加的价值几乎是同质的。事实上，当我们关注到企业内部价值链时，我们会发现企业内部生产过程中增加价值的活动并不是同质的，并且企业生产产品、创造价值所处的阶段不同，所需要的资源也不同。

随着现代信息技术的发展，经济全球化的深入，跨区域的网络交流越来越顺畅，出于追求利润的动机，跨国公司在全球进行生产布局，将附加值低的制造环节设置在发展中国家，以利用其低要素成本降低生产成本；将附加值高的制造环节设置在发达国家，以利用其先进的技术和服务提高企业国际竞争力。一般情况下，发展中国家承担制造部分，发达国家承接生产性服务

---

① 王征，王新军. 总部经济研究［M］. 济南：山东人民出版社，2007：42–54.

业，总部集聚程度自然较发展中国家高。在这个意义上说，总部经济是企业根据不同地区资源禀赋在全球进行生产配置的结果。总部掌握高端资源，总部经济属于价值链高端环节，附加值高。

总部经济理论是基于对企业经营活动价值增值过程的分析而提出的，因此，价值链理论便构成了总部经济理论的重要基础。总部经济关注的是企业内部价值链，并强调企业价值链中不同阶段增值的不同和所需资源的不同，使得总部经济体系中企业价值链的含义突破了在产业价值链理论中企业内部经营活动是同质的假定。显然，这要比产业价值链理论更接近于现实。

2.7　区域协同理论

安索夫（Ansoff，1965）在《公司战略》一书中首次提出了协同的概念，后来，德国的哈肯（Haken，1985）于20世纪70年代系统提出协同理论，认为协同是指在复杂大系统内各子系统的协同行为产生出的超越各要素自身的单独作用，从而形成整个系统的联合作用。总部经济通过企业集团内部子公司之间网络、区域内与其他总部企业之间网络的构建，把彼此之间较为松散的网络节点紧密联系起来，形成了区域协同发展的局面，有利于实现知识的交流、共享和创造，促进区域创新能力的提升。

总而言之，从理论上说，总部经济是在有效融合企业价值链理论和区域经济理论等的基础上提出的一种新的理论。在这一理论体系中，企业集团组织结构的空间分布得到了充分强调，同时，这一理论体系明确主张，区域之间的专业化分工和交易可以通过企业集团内部资源的跨区域配置来实现，这显然不同于传统理论中关于企业和区域间发展的一些理论研究。

北京总部经济发展与提升
利用外资水平研究

Chapter 3

第3章　总部经济发展的国际经验及启示

随着中国综合国力的增强,中国不仅成为颇具吸引力的世界市场,而且逐渐成为跨国公司建立地区总部的热点国家。对于我国而言,发展总部经济不仅可以促进我国企业国际竞争力的提高,更能带动区域经济的联动发展。但总部经济在我国的发展才处于起步阶段,还面临很多问题,借鉴国际总部经济发展的成功经验,对于加快我国总部经济的发展,促进区域经济协调发展具有十分重要的意义。纽约、新加坡、中国香港等地国际化程度较高,聚集了大量知名国际大公司的总部,是比较典型的总部经济发育成熟区域,对我国发展总部经济具有较高的借鉴价值。本部分将研究其发展总部经济的成功经验,并总结其对我国总部经济发展的启示。

3.1 美国纽约总部经济发展经验及启示

纽约市(New York City)是美国人口最多的城市及最大的商港,也是世界第一大经济中心,被人们誉为世界之都。一个多世纪以来,纽约市一直是世界上最重要的商业和金融中心。纽约也是全球总部经济的成功典范。这座国际大都市的竞争优势来自于它在银行、证券、保险、外贸、咨询、工程、港口、新闻、广告、会计等领域为美国甚至全球提供的优质服务及由此奠定的难以取代的国际地位。纽约在商业和金融方面发挥着重要的国际影响力。纽约的金融区,以曼哈顿下城的华尔街为龙头,被称为世界的金融中心。纽约证券交易所是世界第二大证交所,它曾是最大的交易所,直到1996年它的交易量被纳斯达克超过。由于在2013年日元兑美元单边大幅度贬值20%等因素。2013年,纽约国内生产总值超越东京,位居世界第一。人均国内生产总值为13.88万美元,居世界城市第一名。2013年,全球金融中心指数位居世界第一[①]。纽约不仅云集了全球相当数量的金融机构,特别是外国银行及

---

① 纽约超越伦敦夺得全球金融中心榜首位置[N]. 第一财经日报,2014 - 03 - 17.

从事金融交易的其他公司,而且也是世界最大跨国公司总部最为集中之地,对世界经济的发展起着举足轻重的作用。作为世界头号大都市,纽约市总部经济地位的确立有着深刻的历史背景,其形成和发展不仅得益于优越的自身条件,还与其政府制定的发展策略有着密切的关系。

3.1.1 纽约总部经济发展历程

在纽约的早期发展史上,优越的地理位置和制造业、商贸业的蓬勃发展使它从1615年的货栈迅速崛起为美国的进出口贸易中心。第一次世界大战之后,纽约不仅发展成为经济功能十分齐全的综合性大都市,同时逐步确立并形成了以劳动密集型制造业为主导产业,工业部类相当齐全的产业格局。到19世纪末,纽约又成为美国的制造业中心之一,同时也成为美国广播传媒中心和金融中心。纽约市经济中心地位的确立为该市总部经济的产生和发展奠定了良好的基础。

20世纪上半叶,纽约成为世界工业、商业和通信业的中心。1904年,纽约的地铁系统开始合并运作。1916年,纽约已成为北美最大的非裔城市聚居地。经济的繁荣推动了大量摩天大楼的建设,塑造了纽约的20世纪天际线。20世纪20年代初,纽约超越伦敦,成为世界上人口最多的城市。纽约城市圈的人口在30年代超过1 000万,成为世界上第一座特大城市。"二战"期间,由于战争机器的全面启动,使纽约人民就业状况极大改善,年轻力壮的男人去前线打仗,剩余的男人和广大妇女进入工厂生产武器弹药及各种军需品,有力地促进了美国经济的发展。第二次世界大战之后,美国成为世界上最强大的国家,纽约也成为世界上最富有的城市之一。与此同时,纽约发展成为世界城市。

从20世纪60年代开始,纽约的产业结构则出现了制造业的急剧衰退与金融、服务业等第三产业崛起的双重变化。20世纪60年代、70年代和80年代,纽约市的制造业就业人数分别减少了9.2万人、18.1万人和26.7万人,下降率分别为9%、19%和35%。纽约制造业的衰退逐年加快。与制造业的衰弱、就业人口减少形成鲜明对比的是第三产业，尤其是其中的金融、服务业就业人口在总就业人口中的比重迅速增加。标准的第三产业部门，包括金融、保险和房地产业在纽约市的地位迅速崛起。1959～1969年，就业于纽约房地产业的人口增长22.8%，占纽约就业总人口的比重则由1959年的10.8%上升到1969年的12.3%。[①]

20世纪60年代末，为解决曼哈顿中央商务区（Central Business District, CBD）因产业不平衡而产生的矛盾，纽约市政府对格林威治街和第五大街采取了一些调控手段，改善投资环境，加强纽约商务贸易中心功能，引导其平衡健康发展。首先，在西部建设了许多办公楼、住宅楼、展览中心等，且修建了穿过市中心区的地铁。随后，政府又颁布了曼哈顿南部规划，在岛南端建成了宽阔的环形高速公路、世界贸易中心、1.5万套公寓及办公楼。这些扩展的地区，为拥挤的市中心区分担了压力，规划机构加强了交通运输网的建设，如把地铁和其他铁路交通的出入口与新建办公机构相连接，同时把人行道和商店设置在地下，并与地铁出入口直接相连。

20世纪70年代中期以来，纽约制造业和消费者服务业的产值和就业比重持续下降，生产者服务业在产值和就业份额上超过了传统的消费者服务业。在纽约的第三产业内部，消费者服务业就业人数持续下降，而生产者服务业就业人数持续增加，成为城市经济增长和财富积累的动力，并推动着制造业向服务业转变。同时，在城市产业的空间分布上，制造业向郊外迁移，生产者服务业向大都市中心地区集中。在经济结构变迁的过程中，曼哈顿中央商务区逐渐形成。曼哈顿中央商务区作为纽约总部经济的重要空间载体，对该市"总部中心"地位的确立和发展起到了不可忽视的促进作用。曼哈顿是纽约市的中心区，该区包括曼哈顿岛、依斯特河（即东河）中的一些小岛及马希尔的部分地区，总面积57.91平方公里，占纽约市总面积的7%，人口150

---

① 赵弘. 总部经济 [M]. 北京：中国经济出版社，2004.

万人。纽约著名的百老汇、华尔街、帝国大厦、格林威治村、中央公园、联合国总部、大都会艺术博物馆、大都会歌剧院等名胜都集中在曼哈顿岛,使该岛中的部分地区成为纽约的CBD。依靠CBD的影响,纽约市确立了其国际城市形象。

20世纪70年代后期,《幸福》杂志公布的全美500家最大企业中将总部设在纽约的由60年代末的136家锐减到80多个,减少了约2/5。其中,1972~1975年减少最快,达25个之多,导致纽约当地税收锐减。为了扭转总部外迁的不利局面,纽约1976年开始实施调整战略,并取得了很好的效果。一批国际性和跨国性的行业组织在纽约市得到发展,纽约市总部经济逐渐形成。1979年,277家日本公司、913家英国公司、175家法国公司、80家瑞士公司及许多其他国家公司在纽约市设立区域总部及分支机构。纽约经济经过5年的调整,到1981年初,基本上恢复到了正常发展的轨道上来,其世界总部中心的地位也随之确定下来并逐步强化。之后,纽约总部经济快速发展。

进入21世纪,纽约总部经济发展继续保持优势。2002年,财富500强中就有46家公司总部选在纽约。纽约制造业总部云集,与其发展形成了配套的新型服务业。在纽约,有法律服务机构5 346个,管理和公关机构4 297个,计算机数据加工机构3 120个,财会机构1 874个,广告服务机构1 351个,研究机构757个。纽约有制造业公司1.2万家,许多全球制造企业都在这里设立了总部机构。2007年,在曼哈顿中央商务区,围绕企业服务的金融、商务等现代服务业集群逐渐形成发展起来,其中金融、保险和房地产占89%以上。以华尔街为中心的金融贸易集群成为各大银行、金融公司、保险公司、贸易公司的云集之地。以第五大道为中心的商业区则云集了世界一流的名店、娱乐厅、酒吧等商业服务业。

纽约市是美国的银行、金融和信息中心,在纽约州的经济中占据主导地位。纽约股票交易所位于曼哈顿的华尔街。许多世界大型的跨国公司将总部设于曼哈顿及与其邻近的西部地区。根据美国联邦政府的报告,截止到2013

年底,纽约市的所有财产总值为879万亿美元。在世界500强企业中,有73家企业位于纽约。曼哈顿中城是世界上最大的中央商务区及摩天大楼集中地,曼哈顿下城是全美第三大的中央商务区(仅次于芝加哥)。2015年,曼哈顿市中心拥有接近3 720万平方米的办公场所,是世界上拥有办公场所最大的中心商业区。该州还拥有一个大型制造部门,包括印刷、出版和服装、毛皮、铁路车辆和公交车辆制造。纽约的农业产品,包括乳制品,牛和其他家畜、蔬菜、苗木和苹果。[1] 表3-1列出了按照收入排名的20家最大的总部位于纽约的公司名称及其收入情况。由该表可见,许多美国知名公司将总部选在纽约。从其收入情况来看,总部位于纽约的这些大公司拥有相当雄厚的实力。

表3-1　　2015年按照收入排名的20家最大的总部位于纽约的公司

排序	公司名称	收入(十亿美元)
1	弗莱森电讯公司	127.1
2	摩根大通集团	102.1
3	国际商业机器股份有限公司(IBM)*	94.1
4	花旗集团	90.6
5	大都会集团	73.3
6	百事公司	66.7
7	美国国际集团(AIG)	64.4
8	辉瑞公司	49.6
9	高盛集团	40.1
10	纽约人寿保险公司	38.7
11	摩根士丹利	38.0
12	美国运通公司	36.0
13	美国教师退休基金会	34.2
14	国际资产控股公司(INTL FCStone,美国福四通集团)	34.1

---

[1] https://en.wikipedia.org/wiki/Economy_of_New_York.

续表

排序	公司名称	收入（十亿美元）
15	二十一世纪福克斯公司	31.9
16	乐富门国际公司	29.8
17	时代华纳	28.8
18	圣保罗旅行者保险公司	27.2
19	美铝公司	23.9
20	时代有线电视	22.8

注：公司名单选自世界财富 500 强，以财政年度的总收入为标准进行排序。
资料来源：http://www.baruch.cuny.edu/nycdata/business-headquarters/headquarters.htm。

3.1.2 纽约总部经济发展经验

纽约州具有极好的投资环境，其作为世界"总部中心"地位的形成和发展不仅得益于其自身的优越条件，还与其经济发展策略密切相关。

（1）实施调整战略。

20 世纪 70 年代后期，为了扭转总部外迁的不利局面，纽约 1976 年开始实施调整战略，其中主要包括以下几项：

其一，实施城市工业园区战略。一是建立"袖珍工业园区"，充分利用该市基础设施；二是建立"高科技产业研究园区"，利用纽约市众多的大学、研究机构和企业总部的综合优势，研究和开发高科技产品，适应后工业社会城市经济结构变化的新趋势。

其二，实施区域经济发展战略。旨在加强纽约大都市的整体优势，以此来加快市区的复兴步伐。它强调资源共享、市场共享的指导思想，承认产业对于整个大都市区的重要意义。

其三，振兴纽约的外向型服务业等第三产业部门，使纽约成为自由储兑贸易区和会议中心。保持和强化纽约的国际金融中心、贸易中心的地位，以吸引更多世界企业总部落户纽约。全面改善与提高该市的投资环境和生活质量,营造更好的"总部环境",努力使人口和外迁的企业总部回流。

(2) 优惠的税收政策。

1995~1998年,纽约州政府为了鼓励投资,先后36次减税,合计幅度达30%,减税总额约为520亿美元,高于全美其他州。例如,加州同期减幅为10%,麻省为6%,佛罗里达为4%。后来又经过2001年的减税,纽约州公司税为7.5%,美国东北部的其他5个州新泽西、宾州、麻省、康州和罗得岛则在7.5%至9.99%之间。纽约州无个人财产税。企业劳工工资进行了改革,成本低于其他大城市,能源成本也降低了。2001年7月,公用事业实行零售竞争,纽约电价降低,又取消了制造业的水电气税。因此,按区域比较法,2001年纽约州能源成本为1.48亿美元,比被认为比较便宜的波特兰(1.70亿美元)、凤凰城(1.73亿美元)都低。因此,纽约州的商业成本确实已经相对比较低廉。

创业和创新是国际性大都市发展的内在动力,为了扶持企业发展和促进就业,纽约市成立了产业发展局(IDA)。产业发展局帮助企业通过债券等形式从资本市场融资,以购买土地、建筑和机器设备。企业通过产业发展局发行的债券利息可以享受一定的税收优惠,企业通过产业发展局融资购买的所有房地产可以享受不动产税免税待遇。据统计,2010年企业通过产业发展局获得的税收优惠约为1.82亿美元。除产业发展局,纽约市在对中小企业创业的融资支持方面也有相应的政策规定,通过各种税收优惠形式,技术型企业可以得到高达100万美元的资金来实现技术创新。[①]

作为金融行业发展动力的金融创新行为,纽约市设计了相应的税收优惠政策。从1981年开始,美联储批准了纽约开展"国际银行设施业务"(International Bank Facilities, IBFs),这一制度创新是纽约离岸银行业务发展的核心和源泉,纽约提供了相应税收减免来支持这一创新,允许银行扣除来自国际银行设施业务的符合条件的收入,并将国际银行设施业务的工资、收入和

---

① 谢波峰. 纽约市税收优惠政策分析与启示 [J]. 涉外税务, 2010 (12): 52-55.

存款等项目从应纳税收入分配公式的分母和分子中排除。2010年，纽约市有49家银行受惠于该项目，涉及税收优惠金额约2 300万美元。除了这些常规性的制度安排外，在"9·11"事件、国际金融危机等重大事件发生后，纽约市还制定了专门的税收优惠政策。如在"9·11"事件后，纽约市制定了针对曼哈顿下城的税收优惠政策，并给予西尔弗斯坦公司（世贸中心重建开发商）总额17亿美元的免税公债。[①]

此外，纽约还通过优惠的税收政策促进城市布局合理发展。纽约发展区是1996年创立的，目的在于激活曼哈顿上城以及布朗区南部的经济活力。符合条件并在此区域投资的企业，可以享受雇主工薪税减免和债券融资免税的优惠。2000年，纽约州议会又制定了商业扩展计划，以促进在曼哈顿CBD地区之外扩展新的商业区，针对该区域设计了包括不动产税减免等多项税收优惠政策。

纽约州对进入经济开发区企业的主要税收优惠有：

投资抵税：厂房建筑等投资抵扣5%公司特许税；投资3.5亿美元以上企业抵扣4%的公司所得税和个人所得税；合乎条件的研发投资抵扣9%的公司特许税和7%的个人所得税。未使用的抵扣可延展使用15年。新企业也可采取报销办法。

刺激就业抵税：投资后第一年和第二年，如就业达到要求水平，税收抵扣额最多可达投资总额2.5%。

商业改进的房地产税豁免：在纽约市外建设工商设施，投资额超过1万美元，第一年抵扣当地50%房地产税，以后每年递减5%，共享受10年。

新兴产业抵税：合乎规定的新兴产业，三年内每新增一名员工，抵税1 000美元。资本税抵扣可达投资额的10%~20%。

帝国（免税）区：纽约州政府设立了62个帝国区（EMPIREZONE，纽约州别名帝国州），入区企业实际上可以享受免税待遇。

---

① 谢波峰. 纽约市税收优惠政策分析与启示 [J]. 涉外税务，2010（12）：52-55.

免10减5：头10年免税，第11～15年按一定比例递减。

地产税抵扣：凡在区内创造就业，地产税全部退税。

工资税抵扣：凡在区内创造就业的企业，5年内每年每新增一名员工抵税1 500美元，特定行业3 000美元。

投资税抵扣：凡创造就业，进行新的生产/地产或设备投资的企业，抵扣投资税19%。

所得税抵扣：凡对帝国区资本公司出资或认股，或对区内合乎规定企业投资参股，或对区内批准的社区发展项目提供赞助，可减公司和个人所得税25%。

3.1.3 纽约总部经济发展对我国的启示

从纽约市总部经济形成与发展中，我们可以得到以下重要启示：

第一，政府和企业要遵循大城市经济发展规律，顺应总部经济发展趋势，促进城市形态转变，允许甚至是鼓励企业将生产加工基地迁往郊区县甚至外地，而将企业总部留在城区。纽约总部经济的产生和发展，印证了总部经济是信息经济条件下，企业全球竞争带来的经济形态的新变化。这种变化也是经济发展的必然趋势。我们应该充分认识这一变化趋势，遵循经济发展规律，进行相关决策。尤其是在对待区内老企业外迁问题上，不能违背总部经济的发展规律。

第二，总部经济发展需要重视城市功能的多样性，避免城市之间的重复发展和恶性竞争。城市是经济、居住、文化、休闲、教育等多种功能的集合体。由于自然和经济条件所限，城市管理者一般会根据一座城市各个区域客观资源条件的差异性，决定其优先发展某一项特定的城市功能，避免重复建设，突出城市个性，实现有效利用城市资源的目的。我国城市发展总部经济时，应当结合城市当前实际情况，找准发展的目标。

第三，加强总部经济空间载体建设。总部经济的空间载体主要有中央商务区和总部基地。中央商务区是总部经济发展的重要空间载体,总部经济发展与中央商务区建设是相互促进的。中央商务区的功能定位应当与总部经济条件相互配合。总部基地,是一个具体推进总部经济发展的项目。反过来,总部经济又加快了总部基地的建设,同时又对总部经济的形态做了进一步的归纳和总结。研究纽约曼哈顿中央商务区的建设发展历程,可以发现纽约市政府在曼哈顿中央商务区形成和发展过程中发挥了重要作用。尤其在19世纪80年代后曼哈顿中央商务区发展较为迅速的阶段,纽约市政府在改善中央商务区总体环境方面采取了一些积极措施,如扩大曼哈顿中央商务区的地域范围;加强对曼哈顿中央商务区的规划;改善曼哈顿中央商务区原有的公共环境。我国总部基地的规划也应当考虑总部集聚的形成要素和发展总部经济的条件。

第四,总部经济发展特别是中央商务区建设规划要立足长远,注重法制化和以人为本。纽约中城的中央商务区过去曾经走过弯路。中城街道两旁兴建的高层建筑曾经使得这片区域难见阳光,后来纽约市政府规定,在中央商务区里的建筑必须为行人提供足够的绿地和空间,而且这个空间的比率与楼高成正比。无论公司实力如何,在纽约这一法规面前一律平等。在制定我国总部经济发展战略和中央商务区规划过程中,也应该注重环境保护和人文关怀。

3.2 新加坡总部经济发展经验及启示

新加坡是一个城市国家,也是世界闻名的新兴工业化国家。新加坡向来是美国、欧洲与日本公司设立亚洲总部的首选地点。近年来,许多亚洲公司将新加坡选为进军全球市场的平台。在新加坡,跨国企业可以相互交流、进行交易,并建立伙伴关系。2008年,新加坡云集着约7 000家跨国公司和10万个中小型企业。在这些企业中,有超过4 000家在新加坡建立了企业总部。2015年,一共有 26 000 家国际公司立足新加坡,三分之一的"财富 500 强"公司选择在新加坡设立亚洲总部。新加坡已经成为亚太地区总部经济发展的典范。

3.2.1 新加坡总部经济发展历史

(1) 20 世纪 60~70 年代,新加坡总部经济的酝酿阶段。

新加坡位于亚洲大陆最南端延伸处,它从马来半岛顶端及马六甲海峡南端狭口处控制了印度洋与南中国海之间的两大关口之一。并且,新加坡拥有一个一流的天然良港,还是本地区及国际运输线的自然交汇点。在 20 世纪 60 年代初,新加坡就成为"远东最重要的交通中心",这为新加坡总部经济的发展奠定了有力的基础。同期,跨国公司直接投资在世界范围内迅速发展,跨国公司纷纷把制造组装基地转向低成本的国家,借此契机新加坡的产业政策逐步转化为出口导向。出口导向型经济使得新加坡的制造业得以迅速发展。制造业在国内生产总值中的份额从 1966 年的 16.3% 上升到 1973 年的 22.5%,在 1980 年达到 23.9%。[1] 同时,制造业的兴起使得新加坡的国内生产和就业水平都得到迅速提高。1966 年到 1973 年间,新加坡国民经济以年均 12.7% 的速度增长,迅速实现了工业化。但是,直到 20 世纪 70 年代末新加坡仍然只是一个制造生产基地,产品在海外设计,只是借用新加坡工厂的生产线来生产。尽管如此,由于跨国公司云集,新加坡已经形成了发展总部经济的良好环境和文化氛围。

(2) 20 世纪 80 年代,新加坡总部经济发展的起步阶段。

20 世纪 80 年代初期,新加坡政府为了实现产业结构优化,推进高附加值的制造业、金融业的发展,下定决心要把新加坡建设成为跨国公司地区总部的集聚地。因此,新加坡政府分别制定《二十世纪八十年代经济发展规划》(1981 年) 和《新加坡经济:新方向》(1986 年),为新加坡的经济发

---

[1] 孙蛟. 跨国公司地区总部的区位选择研究 [D]. 上海:复旦大学,2006:102-103.

展提出了新方向：由出口导向的制造业转向大力发展金融和商业服务业，这对新加坡最终形成总部经济具有战略意义。新加坡经发局开始积极地吸引金融、教育、生活、医药、IT 和软件等领域的国际性服务公司。到 20 世纪 80 年代中期，新加坡已有 116 家外国银行及 55 家商务银行，成为世界外汇交易的主要中心之一。金融和商业服务业的发展有效地推动了新加坡总部经济发展。越来越多的跨国银行、投资公司以及贸易公司纷纷在新加坡设立地区总部，一方面是为了在新加坡自身的服务业发展和经济增长中谋求市场机会，另一方面则是着眼于迅速崛起的亚洲经济，通过在新加坡设立亚洲或亚太地区总部以进一步拓展和控制这一巨大的潜力市场。20 世纪 80 年代末，落户于新加坡的跨国公司有 3 000 多家。

（3）20 世纪 90 年代，新加坡总部经济高速发展。

20 世纪 90 年代，新加坡已经完全跻身于亚洲新兴工业国的行列，已经具备整体商务开发能力，即从研发到产品设计到生产，再到国际销售一条龙作业的能力。这一时期，新加坡政府正式确定将制造业和服务业作为经济发展的双引擎。这一时期，新加坡经济增长平均达到 8.5%，金融和商业服务占国内生产总值的份额由 1986 年的 20% 上升到 20 世纪 90 年代的 26%。[①] 此时，新加坡已成为继伦敦、纽约和东京之后的第四大外汇交易市场。鉴于在金融（银行、保险、会计、律师、审计）、交通（快捷的空运、海运和高效的港口）、商业、酒店餐饮等服务业取得的同步发展，新加坡被公认为东南亚地区的金融中心、运输中心和国际贸易中心。世界上著名的金融机构纷纷在新加坡建立区域性总部。到 20 世纪 90 年代末，新加坡吸引了 300 多家外国金融机构和 250 家左右的跨国公司总部或地区总部落户该地，有 30 个国际型研究与发展中心在新加坡设立，总投资额为 7 亿美元。[②] 可见，这一时期新加坡总部经济得到了高速发展。

---

① 邱敏，王希怡. 新加坡总部经济的成功之路 [N]. 广州日报，2008 - 02 - 27 (2).
② 柳杨，洪宗华. 政府是总部经济发展的推动力——以新加坡为例 [J]. 中外企业家，2005 (11)：74 - 77.

(4) 21世纪以来,新加坡总部经济发展进入新阶段。

根据全球人力资源研究机构 ECA 国际的调查,绝佳的基础设施、低犯罪率、社会政治稳定,使新加坡成为最佳的生活地点;作为《保护工业产权巴黎公约》和《与贸易有关的知识产权协定》签署国,新加坡为企业提供额外保障,以实现最大的知识产权潜能;新加坡作为全球最大的外汇市场之一,拥有完善的金融体制,吸引许多区域财务中心在此落户。新加坡是极少数拥有标准普尔 AAA 信贷评级的国家。新加坡是外派企业人员眼中,生活素质最佳的亚洲国家。瑞士洛桑国际管理学院(IMD)发布的《2016 世界竞争力年鉴》中,新加坡排名全球第四。世界经济论坛发布的《2015~2016 年度全球竞争力报告》中,新加坡排名全球第二。正是由于以上这些优越的条件使新加坡成为东南亚乃至全球最为著名的总部聚集地之一,在全球贸易和国际金融业务中发挥着举足轻重的作用。

由于新加坡所拥有的总部经济发展优势,其吸引外国直接投资量逐年增长。在 1995 年到 2005 年间,新加坡吸收的外国直接投资存量从 930 亿美元增长到 3110 亿美元,增长了 3 倍多,平均每年增长 13%。[1] 2008~2014 年,新加坡吸收的外国直接投资存量从 5105.852 亿美元增长到 10245.857 亿美元,增长了 100.67%,平均每年增长 16.78%。[2] 新加坡具有全球竞争力的经济环境吸引了世界著名公司。他们纷纷将总部设立于新加坡。2000 年后,新加坡总部经济发展规模已远远超过部分发达国家,在发展中国家和地区中对于跨国公司总部最具吸引力。一方面,新加坡吸引着越来越多的跨国公司进入,设立区域总部;另一方面,已经进驻新加坡的跨国公司正在积极拓展业务,进行更高增加值的实质商业活动,包括:区域与环球商业企划、人才培训、财务与融资活动、研发、知识产权管理和物流管理。可以预见,新加坡总部经济的发展将进入更加繁荣的阶段。

---

[1] Khoo Soon Lee and Mona Lim. Foreign Direct Investment in Singapore, 1995-2005. Business Statistics Division Singapore Department of Statistics. September 2007.

[2] Yearbook of Statistics Singapore, 2015.

3.2.2 新加坡总部经济发展经验

（1）实施总部计划。

为吸引跨国公司来新加坡建立总部，新加坡经济发展局实施了总部计划。总部计划旨在鼓励企业机构在新加坡设立总部，管辖其在本区域及全球的业务及营运。来自全球任何国家地区，各行各业的企业机构，不论大小，均有申请资格。此计划希望在新加坡营造一个"总部生态环境"，为新加坡商业活动的深度和广度、生气和活力做出贡献。新加坡经济发展局根据个别机构在新加坡的总部投资规模给予适当的优惠奖励。总部计划的优惠内容如表3-2所示。总部计划的推出有效地吸引了跨国公司总部的进驻，使得总部经济在新加坡得以迅速发展。

表 3-2　　　　　　　　　新加坡总部计划的优惠

a)	区域总部计划：获核准的海外增量收入可获 3 + 2 年的 15% 税率优惠。若申请公司在优惠期首3年内符合所有基本条件的话，核准收入可获额外 2 年的 15% 税务优待。申请公司必须在优惠期限结束之前符合并保持以下所有的最低要求： ·在第 1 年的年末，已缴资本至少达 20 万新元，在第 3 年的年末，缴足资本则至少达 50 万新元； ·在第 1 年的年末，对新加坡以外的至少 3 个国家/地区的公司机构提供至少 3 种总部性质的业务服务。这些公司机构包括集团内的任何分公司；姐妹公司、子公司、合资公司、代表公司和特许经营公司； ·在整个优惠期间，聘用至少 75% 的熟练员工，熟练员工指具备 NTC2 证书资格以上的员工； ·截至第 3 年的年末，增聘至少 10 名常驻新加坡的专业人士，专业人士指最低限度持有专业文凭； ·截至第 3 年的年末，该公司最高层的 5 名行政人员，每人平均收入至少达到 10 万新元； ·截至第 3 年的年末，该公司在新加坡的年总业务开支须增加 2 百万元*，总业务开支指的是扣除海外的外包成本、原材料、零部件、包装、海外的版税和专业费用等的总营运成本； ·在首 3 年里头，该公司的总业务开支增长额累计达 3 百万新元**。
b)	国际总部计划：本计划适用于所有在新加坡注册的公司。那些有信心超过区域总部计划所规定的上述标准的公司，可与经发局进一步洽谈更优惠的减税配套。

注：*第 3 年——第 0 年的数额。

　　**（第 3 年 + 第 2 年 + 第 1 年）——3X(第 0 年) 的数额。

资料来源：http://www.edb.gov.sg/edb/sg/zh_cn2/index.html。

(2) 积极推动产业结构不断升级。

新加坡发展总部经济的一个经验就是不断瞄准世界新兴产业，通过引入新兴产业和本地培育，使产业结构不断调整升级。20 世纪 80 年代后，新加坡政府把服务业和制造业定位为国家发展的两大动力，积极促进产业转移。为了刺激劳动密集型产业向资本技术密集型产业过渡，政府实行了"纠正性工资政策"，大幅提高技术型产业的工资。设立科技工业园，实施一系列投资、税收、财政优惠政策，促进产业转移。不断推进研发，而且加强科技教育、在职培训，帮助企业进行技术升级。政府还通过"公民权"吸引外国优秀人才来新加坡就业。

新加坡以金融和商务为中心的现代化服务业是其总部经济形成发展的一大基础。20 世纪 70 年代，新加坡政府通过推行金融改革措施，积极谋取新加坡在国际金融及商业上的比较优势。1971 年成立的具有类似中央银行职能的新加坡发展银行，充当了政府实现关于将新加坡建设成为"东方苏黎世"的发展战略的得力机构。该战略是通过三大政府报告加以确立、完善和发展的。《1972 年度预算报告》是该战略确立的标志，1981 年制定的《二十世纪八十年代经济发展规划》使该战略得到了进一步完善。1986 年制定的《新加坡经济：新方向》对于如何实施该战略提出了具体方案。这些战略为新加坡发展以金融和商务为中心的服务业提供了发展方向和具体的操作指引，取得了明显的成效，使其服务业快速、稳步发展。1960 年，新加坡商业服务业和金融服务业占国内生产总值的百分比分别为 7.2% 和 3.9%，二者合计仅占国内生产总值的 11.1%。2005 年，新加坡商业服务业和金融服务业占国内生产总值的百分比分别增长为 12.9% 和 10.9%，二者合计占到国内生产总值的 23.8%。[1] 2014 年，新加坡商业服务业和金融保险业占国内生产总值的百分比分别增长为 14.91% 和 11.80%，二者合计占到国内生产总值的 26.71%。[2]

---

[1] 资料来源：Ms Nah Seok Ling, Planning Division. Singapore's Manufacturing Sector 1991 – 2005. Economic Development Board Statistics Singapore Newsletter. March 2006。

[2] 资料来源：Yearbook of Statistics Singapore, 2015。

可见，在政府的努力下，新加坡成功促进了国家产业的转移。

（3）经济发展方向的正确定位。

新加坡把自身的发展同亚洲发展密切地关联，以世界的眼光来谋篇布局，从而在联结东西方的世界产业体系中准确定位。新加坡将自己定位成了跨国公司通向亚洲的一个枢纽。这一准确的定位对新加坡总部经济的成功发展起到了关键作用。另外，新加坡各个总部经济园区均根据其自身特点进行了准确的定位。主要有：①商业园：仙水门、国际商业园、樟宜商业园、资讯园。②特殊工业园：i. 石油化学：裕廊岛；ii. 先进显示器工业园：淡滨尼；iii. 生物医学：大士生物医药园、生物科技园；iv. 物流工业园：樟宜机场物流园、裕廊岛化工物流园；v. 食品工业园：麦波申、大士。③科技企业家园：裕廊东的企业家园、新加坡科学园的iAxil、亚逸拉惹科技企业家中心、纬一科技城的零据点（Phase. Z. Ro）、红山—新达城科技企业家中心、莱市科技园。

（4）创造良好的总部经济发展环境。

新加坡总部经济的成功发展还得益于政府创造的良好的总部经济发展环境。

①良好的营商环境。

首先，新加坡政府制定了清晰透明的经商政策。在新加坡成立公司过程的便捷，是选择在新加坡经商的明显优势。如表3-3所示，根据世界银行发布的《2014年度经商环境报告》，新加坡是全球最易开展业务的地方，部分原因是这里的行政事务处理高效，新加坡通过使用统一在线表格，使公司注册和登记税务的步骤化繁为简，进而帮助简化设立公司的流程。施工许可、新工作场所安全保障和医疗保健法规等的表格均可在线提交。此外，新加坡还通过改善其电脑化系统，简化了产权登记的流程。

表3-3　　　　　　　　全球经商综合便利程度排名

经济体	2014年排名
新加坡	1
新西兰	2

续表

经济体	2014年排名
中国香港	3
丹麦	4
韩国	5
挪威	6
美国*	7
英国	8
芬兰	9
澳大利亚	10

注：*人口超过1亿的经济体排名（孟加拉国，巴西，中国，印度，印度尼西亚，日本，墨西哥，尼日利亚，巴基斯坦，俄罗斯和美国）是根据两所城市的数据。经济体的排名是根据经商便利程度，划分从1~189。高的经商便利度排名意味着监管环境更有利于开始和运营当地的公司。经济体的排名是根据经济体在10个主题的排序，每个主题是由几个指标组成，而每个主题有同等权重。所有经济体排名以2014年6月为准。

资料来源：世界银行《2014年度经商环境报告》。

其次，无论世界经济形势或危机如何，新加坡政府始终采取亲商业的政策。为吸引准备在新加坡投资的企业，新加坡政府提供极具竞争力的税率和税法，并针对石油化工、电子业和清洁能源等主要经济支柱落实全面、具有战略性的产业发展方针。新加坡政府已采取有力措施，包括降低企业税率、降低员工中央公积金（CPF）缴费率并控制办公室租金。鉴于其政府政策的优势，新加坡亦被评为世界上营商最简单的地方。新加坡签署了50个避免双重课税协定和30项投资保证协议，使选择在新加坡进行跨国业务的总部公司，享有税务优势。

再次，在知识产权方面，新加坡是诸如巴黎公约、伯尔尼公约、马德里协定、专利合作条约、布达佩斯条约、与贸易有关的知识产权协议和世界知识产权组织等国际条约和组织的成员国。世界经济论坛《2015~2016年度全球竞争力报告》也将新加坡评为全球排名第四的知识产权保护国。新加坡国内则有诸如新加坡知识产权局、新加坡国际仲裁中心等知识产权保护机构。作为创新的首选之地，新加坡已制定出一套健全的知识产权（IP）制度。为了保护知识产权，新加坡投入大量精力，制定出强有力的国内监管框架。作为保护工业产权巴黎公约和与贸易有关的知识产权协定签署国，新加坡为企业提供额外保障，以实现最大的知识产权潜能。诚然，正是持续可靠的知识产权环境吸引世界知识产权组织（WIPO）于2009年在新加坡设立了首个亚洲区办事处。由于其支持知识产权的立场，30多家著名的生物医药科技公司也同样在新加坡建立了区域总部。

最后，新加坡作为全球最大的外汇市场之一，拥有完善的金融体制，吸引许多区域财务中心在此落户。新加坡是极少数拥有标准普尔AAA信贷评级的国家。新加坡政府在积极制定灵活的金融政策、吸引世界级金融机构方面取得了优异的成绩。新加坡有超过500家的本地和外国金融机构提供各种各样的金融产品和服务，本地的证券和贷款市场以及亚洲的美元市场都可以为经商者提供所需的资金，使之成为全球第四大外汇交易中心，并正在塑造亚太财富管理中心的地位。新加坡通过完善的金融和现代服务体系为企业的商务活动提供了优质高效的服务。

总之，良好的营商环境为跨国公司总部的进驻创造了有利条件，有利于营造总部经济所追求的高水准、高效率、低成本运营管理的目标。

②良好的城市环境。

新加坡是有名的"花园城市"。在绿化规划上，政府参照了英国的设计风格。新加坡绿化体系的形成经过有计划、有步骤的规划过程：从第一阶段的城市外围和空地，第二阶段的城市内生活环境，到第三阶段绿化与休闲设施相结合，充分有效地利用空间，形成了海洋公园、自然公园、水库公园、城市公园、游乐公园和新镇公园，同时还形成了邻里绿地和组群绿地。

③拥有亚洲最广泛贸易协定网络的全球交通枢纽。

作为全球交通枢纽，新加坡也拥有亚洲最完善的贸易协定网络，以及优越的连接性和基础设施，为本地和国际公司实现更好的市场准入和贸易流创造了条件。由于优越的地理位置，新加坡雄踞世界上海运和空运交通枢纽前列。新加坡拥有繁忙程度位居世界前列的集装箱码头，与123个国家/地区的大约600个港口相连接，并提供200条运输路线。樟宜国际机场与60个国家/地区的大约280个城市相连接，每周大约6 900次航班可为乘客和货物提供便捷和有效的服务。樟宜航空货运中心是一货物储藏、运输和重新包装的24小时一站式枢纽，有关服务无须清关文件证明或关税。这一优势为新加坡吸引了大约6 000家物流供应商，包括世界前25家第三方物流供应商中的20家。高效的集体运输系统以及公交和出租车服务，使得环游新加坡毫不费力。在信息通信方面，新加坡的宽带网络已覆盖99%的人口。2015年，国际和区域连通性已达到27.6Tbps，并连接超过100多个国家/地区。①

在新加坡设立的公司能充分利用陆运、空运、海运及通信的联系，可以随时向世界各地运输货物及提供服务。通过减少关税和非关税壁垒，新加坡广泛的贸易联系网可为公司提供更大的市场连接性。目前，该国拥有亚洲最广泛的自由贸易协定（FTA）网络，并且已与美国、日本、澳大利亚、新西兰、欧洲自由贸易联盟成员国、海湾合作委员会、东盟、约旦、中国、智利、韩国、印度和巴拿马等主要经济体签署协议。除此之外，新加坡已签署42项投资保证协议（IGA），旨在帮助保护在新加坡注册的公司在其他国家/地区的投资，以降低非商业风险。

④保持务实、高效、廉洁的政府形象。

首先，新加坡政府创造了世界一流的行政工作效率。专门负责投资申报、审批手续的新加坡经济发展局，机构精简、手续简便、工作效率高，设有5个办事处，人员精干，职责明确。该局在世界各国共设13个投资促进办事处，工作人员仅32个，十分干练。一项外国投资项目从申请到批准设厂只需10天至20天时间。② 每年对公务员和员工的工作绩效和潜能进行评估，评估

---

① https://www.edb.gov.sg/content/edb/zh/why-singapore/about-singapore/values/connected.html.
② 新加坡统计局网站. http://www.singstat.gov.sg.

结果与报酬、晋升、调动挂钩。其次,新加坡政府的高效行政离不开政府的廉政建设。新加坡政府建立健全防止政府官员贪污的机制,实施了"反贪污条例"并经多次完善,法律法规十分严密。成立廉政公署清查官员贪污腐化徇私舞弊行为,执法从严,形成严密的监督和制约机制。新加坡政府十分注重高薪养廉,这也是该国政府廉政建设一个最具特色的方面。"透明国际"公布的 2015 年清廉指数(Corruption Perceptions Index),新加坡名列第八,得分比 2014 年提高,表现再次超越其他亚洲经济体。最后,新加坡是一个拥有良好政治基础设施和决策程序的国家。根据世界经济论坛发布的《2015~2016 年全球竞争力报告》,新加坡政府政策制定的透明程度位居世界之首。

⑤良好的人力资源。

总部经济的良好发展与其劳动者的受教育程度有着密切的联系。新加坡的主要教学语言是英语,并于 1987 年由官方指定为在本地教育体系中通行的第一语言。新加坡的教育体系被誉为世界领先,并且在 2010 年被英国教育部长迈克尔戈夫(Michael Gove)重点表彰。新加坡拥有亚太地区最佳的技术工人,还拥有丰富的高素质人力资本存量。新加坡拥有亚洲最适宜经商的劳动法规,其劳资关系亚洲最优。这得益于政府的人力资源政策。

首先,新加坡政府注重提高居民的受教育程度。新加坡实行义务教育,2015 年,新加坡 15 岁以上居民的识字率为 96.8%,25 岁以上居民拥有中学学历以上的比例为 70.9%,业余平均受教育年限为 10.7 年。① 由表 3 – 4 可见,2008 年以来新加坡政府对学生的各层次经常性教育支出一直在增长。

表 3 – 4　　　　　新加坡政府对每位学生的经常性教育支出　　　　　单位:美元

	2008 财年	2009 财年	2010 财年	2011 财年	2012 财年	2013 财年	2014 财年
小学	5 397	5 537	6 624	6 712	7 396	8 549	9 304
中学①	7 551	7 736	9 008	9 022	9 940	11 434	12 421

① 朱荣林. 从新加坡模式看总部经济 [J]. 新民周刊,2007(2):22 – 23.

续表

	2008 财年	2009 财年	2010 财年	2011 财年	2012 财年	2013 财年	2014 财年
专科院校②	11 094	10 772	12 331	11 830	12 806	13 942	14 894
工艺教育学院③	11 106	10 129	11 839	11 898	11 837	12 491	12 646
理工学院④	13 479	12 598	14 552	14 687	14 487	15 304	15 695
大学⑤	19 664	18 868	20 630	20 505	20 777	21 870	21 779

注：财年至今年四月至下一年三月。①不包括独立学校。②包括中央研究院。③指工艺教育学院提供的公共资助的全职技能、高技能证书课程。从 2012 财年开始工艺教育学院提供的公共资助的全职文凭课程包括在理工学院课程中。④指新加坡理工学院、义安理工学院、淡马锡理工学院、南阳理工学院和共和国提供的公共资助的全职文凭课程。从 2012 财年包括工艺教育学院、新加坡拉萨尔艺术学院和南阳美术学院公共资金资助的全职文凭课程。⑤指新加坡国立大学、南洋理工大学、新加坡管理大学和新加坡理工大学提供的公共资金支持的全职学位课程。包括新加坡科技设计大学、拉萨尔和新加坡南洋艺术学院从 2012 财年和新加坡新月大学从 2014 财年提供的公共资金支持的全职学位课程。

资料来源：2016 新加坡统计年鉴。

其次，新加坡政府注重引进培养优秀的国际人才。根据"2015～2016 年全球人才竞争力指数"调查，新加坡在培养、吸引和留住人才方面的竞争力，仅次于瑞士，排名第二。[①] 新加坡的移民法规对外国人才的限制最少，宽松度世界第一。多年来新加坡不遗余力地实施海外优秀人才的引进计划。例如，自 1994 年始，一直从中国高校中直接吸收新大学生加入新加坡的大学，并由企业或政府提供奖学金，将他们培养成新加坡所紧缺的人才，并签订工作协议，提供工作机会。

3.2.3 新加坡总部经济发展经验对我国的启示

总部经济在我国还处于发展的初期。我国应借鉴新加坡总部经济发展经验，制定适当政策以促进总部经济在我国的发展。

---

① 数据来源：2016 新加坡统计年鉴。

(1) 注重总部经济环境建设。

一个公司的总部选址要考虑的一个重要因素就是地区总部环境。首先，要建立良好的商业环境。政府应该在规范金融市场、保护知识产权等方面制定一系列完善的法律法规，执法机构应该加强对违法商业行为的打击力度，从而才可以建立良好的商业环境。其次，加快政府职能转变，提高政府办事效率。从塑造政府服务理念着手，营造亲商环境，把优质服务视为第一投资环境。把加强对基层行政人员的教育和业务培训作为突破口，切实改善基层工作人员的服务态度，并使其工作逐步规范。提高投诉机构的综合协调力，建立完备的解决争端和问题的工作机制，缩短受理并解决企业投诉的时限。最后，制定完整的人才管理计划，培养和吸引高素质人才。一方面，政府给予部分或者全部资助，为跨国公司人才培训提供政策上的支持，使得一部分本土人才逐步建立国际化的理念，具备跨文化沟通的能力及与国际接轨的专业技能和职业素质，从而实现本土人才的国际化。另一方面，要吸引人才。不仅要吸引外国的优秀人才，还要吸引中国海外留学人员回国。在一些高新技术和金融行业，政府需要建立技术和管理专家库，对海外留学人员有比较全面的了解，并对其中的杰出者进行信息跟踪与联系，为他们回国创造有利条件。

(2) 推动产业结构升级。

首先，通过财政税收政策、国家采购政策、严格执行知识产权有关法律等，支持产业、企业的研究开发能力、自主知识产权的形成。通过价格形成机制的改革，进一步使我国生产要素价格市场化，促进产业、企业生产方式、技术路线的改进，促进高技术、高附加值产品的发展。其次，通过政府规划对于基础产业发展的重大项目进行引导；通过法律、法规、技术标准限制高能耗、高耗材、高污染的企业的存在，限制乃至取消高能耗、高耗材、高污染工艺、装备、产品的使用与生产；对于第三产业的发展制定有关优惠政策。再次，深化对外开放，由注重外资引进规模转向重视外资引进质量，减少一般性产业项目的引进，限制高能耗、高耗材、高污染项目的引进，鼓励外资企业设立研发中心。最后，进一步改革现有的科研体制，更合理地配置科研资源，促进科研成果产业化，使有限的资源发挥更大作用。

（3）总部聚集区的正确定位与区域经济协作体系建设。

总部是分为多个层次的，其中包括：全球总部、区域总部、全国总部和地区总部。我国不同城市应根据自身条件选择发展方向。总部聚集区的定位对发展总部经济是非常重要的，只有各个聚集区有了很好的定位，并且做到区域协作发展才能确定发展方向。新加坡利用了周边国家廉价的劳动力、资源、土地，结合自身的便利交通等因素使得总部经济得以很好的发展。但我国部分城市和地区对发展总部经济缺乏整体规划和合理定位，区域之间围绕总部资源盲目争夺，且导致城市间的恶性竞争，进一步加剧了地区间的经济发展差距，并使城市经济发展呈现出空洞化、虚拟化之势，导致城市经济结构脆弱。总部经济本质上是一种区域经济。我国在发展总部经济时应强调要素禀赋不同的区域之间进行合作分工，进行企业价值链的空间分解，从而使得整个区域形成完善的产业配套能力，实现经济发展的共赢。如北京总部经济的发展应与京津冀、环渤海等周边地区合作，与周边各省市区经济发展形成有机的整体。

（4）完善总部经济发展促进政策。

新加坡政府实施的总部计划有效地推动了总部经济在新加坡的发展。我国政府也应进一步制定促进总部经济发展的相关政策，对不适应总部经济发展的政策进行技术性调整。包括加快制定出台科学合理的总部企业认定标准，推动总部认定工作；制定总部经济发展的专项规划，设立总部经济发展的专项资金；扩大地区总部的业务活动范围，增加政府资助与奖励的政策条款；解决跨国公司在签证等方面的具体问题，增加对地区总部在人才引进、出入境便利化等方面的政策条款。

3.3　中国香港总部经济发展经验及启示

香港是一个相对独立的经济体，土地面积小，人口只有 600 万左右，自然资源严重匮乏。香港经济体系的资源约束十分明显，按照总部经济的模式发展香港经济有利于突破资源约束，实现香港经济的持续增长。在经济全球化背景下，香港经济经过历次转型逐渐呈现总部经济特征。

3.3.1 香港总部经济的产生与发展

（1）香港总部经济发展的自发阶段。

现代意义上的香港经济，始于20世纪50年代，经历了三次重大经济转型。香港总部经济就是在这三次重大转型中发展起来的。香港的第一次经济转型发生在20世纪50年代初，香港经济从以渔业为主转变为以转口贸易为主，这次经济转型主要依托于香港自身优越的地理条件。香港的第二次经济转型发生在20世纪50年代初至70年代末，香港集中力量发展服装、玩具、电子产品等轻工业，并逐步成为亚洲地区制造业中心之一。香港经济结构由以转口贸易为主转变为以轻工制造业为主，轻工业已经成为香港经济的支柱产业。

香港的第三次经济转型是从20世纪80年代初开始的。这次经济转型使香港经济由制造业主导型向服务业主导型转变。首先，香港制造业已经步入成熟期。随着全球市场的迅速开拓和需求量的急剧增长，香港有限的劳动力和市场已无法适应其发展的需要。20世纪70年代末中国内地开始的改革开放，为香港制造业提供了广阔的土地资源和廉价的劳动力资源。香港把握了中国内地改革开放的历史机遇，将产出效率相对较低的加工工业向内地转移，从而为新兴产业的发展提供了空间资源和人力资源。在制造业企业大量外迁的过程中，香港并没有把企业总部同时迁出，而是把企业总部（研发、营销、资本运作和战略管理等职能部门）继续留在香港，以利用香港人才、资本和信息等方面的优势。其次，20世纪80年代，制造业向中国内地转移以后，香港的金融业得到了巨大的发展。香港已经发展成为世界外汇、黄金、股票的交易中心，也是世界各大银行主要聚集地之一。到80年代末期，香港完成从制造业主导型向服务业主导型的转型，服务业占香港本地生产总值的比例超过了80%。这种服务型的经济结构已经带有一定的总部经济成分，即在企业价值创造活动中，香港开始专门从事高端服务。服务型经济结构的确立与香港总部经济的发展是一个相互促进的过程。服务型经济吸引了企业总部的聚集，总部聚集强化了服务型经济。但是，在第三次经济转型中，总部经济仅仅是作为一种自发的经济现象出现的，总部经济对于香港经济的影响程度依然有限。

香港经济从20世纪90年代开始出现失衡，经济增长主要依赖于金融业和房地产业，而制造业的比重大大下降，产业范围越来越窄。香港在70年代末伴随着土地、劳动成本的上升，制造业低成本的优势逐渐丧失，若按产业发展的一般规律，香港制造业应该在资金、技术密集型的方向上寻找出路。然而，香港制造业的大规模内迁，延缓了技术升级。香港企业忙于寻找低成本的优势，而没有压力和动力去进行技术开发和研制。香港企业在技术开发和研制中的投入甚少，缺乏高水平的工程技术人才。所以，香港制造业在技术水平上并不具备竞争优势。香港制造业的发展基本上仍是在劳动密集型的方向上延续，高科技产业的发展缓慢，造成整个经济的技术进步缓慢。1970年香港制造业产值占国内生产总值的比例高达30.9%，1985年下降至21.9%，1990年降至17.6%。进入20世纪90年代后下降有加速的趋势，几乎每年下降两个百分点，到1997年这一比例仅为13.6%。与此同时，制造业就业人口占工作人口的比例也从1971年的47.7%，降至1994年的19.6%，之后继续下降。1998年后，受亚洲金融危机冲击，香港的国际竞争力不断下降。由表3-5可见，1996年香港制造业从业人数为48.99万人，而2004年制造业就业人数下降到23.16万人。

表3-5　　香港历年按行业划分的就业人数统计（1996~2004年）　　单位：万人

年份 行业	1996	1997	1998	1999	2000	2001	2002	2003	2004
制造业	48.99	44.3	37.96	35.39	33.37	32.64	29.02	27.20	23.16
建筑业	27.31	30.31	30.66	28.68	30.17	29.14	28.65	26.59	26.70

续表

行业＼年份	1996	1997	1998	1999	2000	2001	2002	2003	2004
批发、零售、进出口贸易、饮食及酒店业	90.78	96.08	95.35	93.51	98.17	98.11	98.34	99.18	106.69
运输、仓库及通信业	33.62	34.34	34.92	33.94	35.66	35.34	34.58	34.61	35.82
金融、保险、地产及商用服务业	36.38	40.51	41.03	43.77	45.27	47.81	47.44	46.97	47.99
社区、社会及个人服务业	66.79	67.82	69.56	73.29	75.47	79.89	82.51	84.95	86.06
其他	34.6	30.00	2.72	2.65	2.62	2.31	2.62	2.41	2.35
总计	307.33	316.36	312.20	311.21	320.73	325.23	323.16	321.91	328.76

资料来源：中国统计年鉴2003、2005。

（2）香港总部经济发展的自觉阶段。

20世纪90年代中后期，香港经济再次面临转型压力。香港再次开始新一轮产业结构调整。这次经济调整的内容很多，包括进一步改善营商环境、提升支柱产业、鼓励多元发展、拓展经济领域、提升人才素质、稳定物业市场、强化亚洲国际都会地位等。所有这些经济工作的核心在于突破香港本地资源限制，扩大香港所控制区域的经济资源总量。

由表3-6可见，2000年以后，制造业在国内生产总值中的占比继续呈下降趋势。为促使香港经济转型，香港与内地建立了更加紧密的经济联系。《内地与香港关于建立更紧密经贸关系的安排》（CEPA）于2003年6月29日在香港签署。它不仅为香港企业率先进入许多内地过去没有开放的领域，占领市场创造了机会，而且对香港经济发展提供了宝贵的机遇，有力促进了香港经济的进一步转型。新一轮的经济转型使得香港总部经济的发展不断地由"自发"走向"自觉"。总部经济通过不同价值创造部门的合理地域分布,将传统经济模式下因具有不同指向性总部和基地的"捆绑"而损失的利润充分释放,从而创造出超额价值。

表3-6　2000~2004年香港制造业生产总值占地区生产总值的百分比

年份	香港制造业生产总值（亿港元）	地区生产总值（亿港元）	香港制造业生产总值占地区生产总值的百分比（%）
2000	716.55	12 883.38	5.56
2001	655.08	12 943.06	5.06
2002	591.07	13 193.93	4.48
2003	537.02	13 609.15	3.95
2004	552.48	14 717.65	3.75

资料来源:中国统计年鉴2005。

(3) 香港总部经济的发展现状。

香港总部聚集始于第三次经济转型。之后,香港总部经济蓬勃发展。香港拥有的驻港地区总部数目由1991年的602家,增加到了2009年的1 252家,增长了107.97%。近年来,总部经济规模呈现出不断上涨的趋势。根据香港特别行政区政府统计处将香港的公司总部划分为三种类型,其所采用的定义为:①地区总部:代表香港境外母公司对区内(即香港及另一个或多个地方)各办事处拥有管理权的一家办事处;②地区办事处:代表香港境外母公司负责协调区内(即香港及另一个或多个地方)各办事处及运作的一家办事处;③当地办事处:代表香港境外母公司只负责香港(但不负责任何其他地方)业务的一家办事处。根据香港特别行政区政府统计处将香港境外的母公司定义为:对其辖下在任何地区之内办事处的运作拥有最终管理权的香港境外公司或组织。如表3-7所示,2011年以来驻港地区总部、地区办事处及当地办事处数量持续增加。三者总量已经由2011年的6 948间上升到2016年的7 986间,5年间增长了14.94%。

表3-7　2011~2016年驻港地区总部、地区办事处及当地办事处数目

年份 公司数目	2011	2012	2013	2014	2015	2016
地区总部	1 340	1 367	1 379	1 389	1 401	1 379
地区办事处	2 412	2 516	2 456	2 395	2 397	2 352
当地办事处	3 196	3 367	3 614	3 801	4 106	4 255
总计	6 948	7 250	7 449	7 585	7 904	7 986

资料来源：香港特别行政区政府统计处，2015年代表香港境外母公司的驻港公司按年统计调查报告。

①地区总部。如表3-8所示，2011年以来驻港的地区总部数目最多的国家（地区）一直是美国。2015年，美国驻港地区总部共有307间，占比为21.9%；其次是日本（238间）及中国内地（133间）。由表3-9可见，这些地区总部在香港的主要业务为进出口贸易、批发及零售业，专业、商用及教育服务业，金融及银行业和运输、仓储及速递服务业。它们在本地雇用约163 000名员工。就公司规模而言，2015年，51.4%的地区总部就业人数小于20人。

表3-8　2011~2015年按母公司所在的国家/地区划分的驻港地区总部数目

年份 母公司所在的 国家/地区	2011 总数	2011 百分比(%)	2012 总数	2012 百分比(%)	2013 总数	2013 百分比(%)	2014 总数	2014 百分比(%)	2015 总数	2015 百分比(%)
美国	315	23.5	333	24.4	316	22.9	310	22.3	307	21.9
日本	222	16.6	219	16.0	245	17.8	240	17.3	238	17.0
中国大陆	97	7.2	106	7.8	114	8.3	119	8.6	133	9.5
英国	117	8.7	122	8.9	126	9.1	120	8.6	126	9.0
德国	84	6.3	86	6.3	81	5.9	91	6.6	87	6.2
法国	63	4.7	62	4.5	66	4.8	68	4.9	67	4.8

续表

年份 母公司所在的 国家/地区	2011 总数	2011 百分比(%)	2012 总数	2012 百分比(%)	2013 总数	2013 百分比(%)	2014 总数	2014 百分比(%)	2015 总数	2015 百分比(%)
瑞士	39	2.9	41	3.0	43	3.1	45	3.2	43	3.1
新加坡	43	3.2	42	3.1	41	3.0	43	3.1	42	3.0
意大利	43	3.2	42	3.1	44	3.2	43	3.1	40	2.9
澳大利亚	32	2.4	34	2.5	32	2.3	37	2.7	40	2.9
荷兰	54	4.0	51	3.7	46	3.3	43	3.1	36	2.6
瑞典	31	2.3	30	2.2	29	2.1	28	2.0	28	2.0
中国台湾	22	1.6	31	2.3	33	2.4	31	2.2	26	1.9
加拿大	16	1.2	18	1.3	19	1.4	16	1.2	18	1.3
比利时	16	1.2	14	1.0	15	1.1	14	1.0	18	1.3

注：（1）如地区总部属联营机构，其母公司所在的国家/地区可多于一个；（2）百分比指在地区总部统计中所占的百分比。

资料来源：香港特别行政区政府统计处，2015 年代表香港境外母公司的驻港公司按年统计调查报告。

表 3-9　2015 年按在香港的主要业务范围划分的地区总部数目

在香港的主要业务范围	地区总部数目	各业务范围地区总部所占的百分比（%）
进出口贸易、批发及零售业	697	49.8
专业、商用及教育服务业	216	15.4
金融及银行业	195	13.9
运输、仓库及速递服务业	123	8.8
信息科技服务业	68	4.9
制造业	55	3.9
出版、传播媒介及多媒体活动#	38	2.7
建造业	31	2.2
保险业	26	1.9

续表

在香港的主要业务范围	地区总部数目	各业务范围地区总部所占的百分比（%）
电讯业	23	1.6
地产业	21	1.5
人类保健活动@及自然科学的研究及发展	14	1.0
食肆及酒店业	10	0.7
创作、表演艺术及专门设计活动	8	0.6

注：（1）地区总部可从事多于一项主要业务范围。（2）百分比指在地区总部总计（1 401 间）中所占的百分比。#包括出版活动；电影、录像及电视节目制作活动、录音及音乐出版活动；以及节目编制及广播活动。@包括保健及医疗服务。

资料来源：香港特别行政区政府统计处，2015年代表香港境外母公司的驻港公司按年统计调查报告。

②地区办事处。如表3-10所示，2011年以来，驻港的地区办事处数目最多的国家（地区）一直是美国。2015年，驻港的地区办事处数目最多的国家（地区）亦是美国，共有505间，占比达21.1%，其次是日本（447间）及英国（220间）。由表3-11可见，这些驻港地区办事处的主要业务是进出口贸易、批发及零售业，专业、商用及教育服务业，金融及银行业和运输、仓储及速递服务业。它们在本地雇用约94 000名员工。绝大多数当地办事处的规模较小。2015年，69.6%的地区办事处的就业人数少于20人。

表3-10　2011~2015年按母公司所在的国家/地区划分的驻港地区办事处数目

年份 母公司所在的 国家/地区	2011 总数	2011 百分比（%）	2012 总数	2012 百分比（%）	2013 总数	2013 百分比（%）	2014 总数	2014 百分比（%）	2015 总数	2015 百分比（%）
美国	525	21.8	536	21.3	506	20.6	490	20.5	505	21.1
日本	426	17.7	456	18.1	484	19.7	465	19.4	447	18.6
英国	210	8.7	210	8.3	209	8.5	204	8.5	220	9.2

续表

年份 母公司所在的 国家/地区	2011 总数	2011 百分比(%)	2012 总数	2012 百分比(%)	2013 总数	2013 百分比(%)	2014 总数	2014 百分比(%)	2015 总数	2015 百分比(%)
中国大陆	151	6.3	152	6.0	148	6.0	160	6.7	186	7.8
中国台湾	175	7.3	180	7.2	166	6.8	144	6.0	122	5.1
德国	125	5.2	130	5.2	133	5.4	125	5.2	121	5.0
法国	105	4.4	114	4.5	114	4.6	110	4.6	105	4.4
新加坡	101	4.2	93	3.7	86	3.5	90	3.8	93	3.9
瑞士	69	2.9	75	3.0	73	3.0	84	3.5	82	3.4
荷兰	61	2.5	74	2.9	68	2.8	65	2.7	62	2.6
意大利	68	2.8	71	2.8	69	2.8	61	2.5	61	2.5
澳大利亚	41	1.7	48	1.9	43	1.8	47	2.0	48	2.0
韩国	42	1.7	38	1.5	43	1.8	40	1.7	44	1.8
加拿大	32	1.3	33	1.3	31	1.3	29	1.2	31	1.3
瑞典	29	1.2	31	1.2	31	1.3	28	1.2	28	1.2

注：(1) 如地区办事处属联营机构，其母公司所在的国家/地区可多于一个。百分比指在地区办事处总计中所占的百分比。

资料来源：香港特别行政区政府统计处，2015年代表香港境外母公司的驻港公司按年统计调查报告。

表3-11   2015年按在香港的主要业务范围划分的地区办事处数目

在香港的主要业务范围	地区办事处数目	各业务范围地区办事处所占的百分比(%)
进出口贸易、批发及零售业	1 236	51.6
专业、商用及教育服务	454	18.9
金融及银行业	277	11.6
运输、仓库及速递服务业	163	6.8
信息科技服务业	90	3.8
制造业	62	2.6
建造业	52	2.2
出版、传播媒介及多媒体活动#	47	2.0

续表

在香港的主要业务范围	地区办事处数目	各业务范围地区办事处所占的百分比（%）
保险业	43	1.8
电讯业	38	1.6
人类保健活动@及自然科学的研究及发展	24	1.0
创作、表演艺术及专门设计活动	17	0.7
地产业	14	0.6
食肆及酒店业	12	0.5

注：（1）地区办事处可从事多于一项主要业务范围。（2）百分比在地区办事处总计（2 397 间）中所占的百分比。#包括出版活动；电影、录像及电视节目制作活动、录音及音乐出版活动；以及节目编制及广播活动。@包括保健及医疗服务。

资料来源：香港特别行政区政府统计处，2015年代表香港境外母公司的驻港公司按年统计调查报告。

③当地办事处。如表3-12所示，2011年以来，驻港的当地办事处数目较多的国家和地区有中国内地、日本和美国。2015年，驻港的当地办事处数目则以内地最多，共录得772间，美国以673间居次，日本则排行第三，共有556间。由表3-13可见，这些当地办事处的主要业务是进出口贸易、批发及零售业，金融及银行业和专业、商用及教育服务业。它们在本地雇用约165 000名员工。绝大多数当地办事处的规模较小。2015年，74.3%的当地办事处的就业人数少于20人。

表3-12　　　2011~2015年按母公司所在的国家/地区划分的当地办事处数目

年份 母公司所在的 国家/地区	2011 总数	2011 百分比（%）	2012 总数	2012 百分比（%）	2013 总数	2013 百分比（%）	2014 总数	2014 百分比（%）	2015 总数	2015 百分比（%）
中国内地	557	17.4	595	17.7	639	17.7	678	17.8	772	18.8
日本	502	15.7	543	16.1	660	18.3	683	18.0	673	16.4
美国	488	15.3	519	15.4	517	14.3	531	14.0	556	13.5

续表

年份 母公司所在的 国家/地区	2011 总数	2011 百分比(%)	2012 总数	2012 百分比(%)	2013 总数	2013 百分比(%)	2014 总数	2014 百分比(%)	2015 总数	2015 百分比(%)
英国	235	7.4	233	6.9	251	6.9	260	6.8	285	6.9
中国台湾	249	7.8	239	7.1	249	6.9	251	6.6	265	6.5
新加坡	186	5.8	192	5.7	200	5.5	210	5.5	222	5.4
法国	122	3.8	123	3.7	127	3.5	133	3.5	143	3.5
德国	104	3.3	116	3.4	113	3.1	119	3.1	132	3.2
瑞士	78	2.4	101	3.0	100	2.8	113	3.0	127	3.1
澳大利亚	80	2.5	80	2.4	78	2.2	89	2.3	94	2.3
荷兰	67	2.1	78	2.3	74	2.0	79	2.1	92	2.2
韩国	70	2.2	72	2.1	82	2.3	83	2.2	86	2.1
加拿大	47	1.5	52	1.5	47	1.3	52	1.4	61	1.5
意大利	37	1.2	40	1.2	43	1.2	48	1.3	58	1.4

注：如当地办事处属联营机构，其母公司所在的国家/地区可多于一个；百分比指在当地办事处总计中所占的百分比。

资料来源：香港特别行政区政府统计处，2015年代表香港境外母公司的驻港公司按年统计调查报告。

表3-13　　2015年按在香港的主要业务范围划分的当地办事处数目

在香港的主要业务范围	当地办事处数目	各业务范围当地办事处所占的百分比（%）
进出口贸易、批发及零售业	1 549	37.7
金融及银行业	966	23.5
专业、商用及教育服务业	683	16.6
运输、仓库及速递服务业	354	8.6
信息科技服务业	151	3.7
建造业	120	2.9
制造业	85	2.1

续表

在香港的主要业务范围	当地办事处数目	各业务范围当地办事处所占的百分比（%）
保险业	84	2.0
出版、传播媒介及多媒体活动#	80	1.9
地产业	71	1.7
食肆及酒店业	50	1.2
电讯业	48	1.2
人类保健活动@及自然科学的研究及发	40	1.0
创作、表演艺术及专门设计活动	30	0.7

注：（1）当地办事处可从事多于一项主要业务范围。（2）百分比指在当地办事处总计（4 106间）中所占的百分比。#包括出版活动；电影、录像及电视节目制作活动、录音及音乐出版活动；以及节目编制及广播活动。@包括保健及医疗服务。

资料来源：香港特别行政区政府统计处，2015年代表香港境外母公司的驻港公司按年统计调查报告。

3.3.2 香港发展总部经济的有利条件

香港总部经济之所以能够产生和发展，是与香港具有支撑总部经济发展的条件分不开的。

（1）简单税制及低税率。

在各项有关设立地区总部和地区办事处地点的因素中，简单税制及低税率被评为最重要的因素。香港拥有一个简单易行且具有吸引力的税制。按照香港的税收体制，只有本地的经济活动才作为税收征收对象。在对于有关累积利润征税时，则要首先扣除投资活动的累积损失。香港不但税种少（只设利得税、利息税、薪俸税、遗产税、关税、物业税、差饷税以及包括彩票税、娱乐税、酒店房租税、机场离境税、海底隧道税及印花税等几种内部税收），报税简便灵活（每年只一度报税；若居民兼有薪俸、租金、利息及盈利三者中的两种以上收入，可以申请个人入息课税，即将这些收入合并后减去可减免的各种免税额后，再将超过的部分按相应的税率计交税款）。而且香港的税率极低，香港的税负水平一般在10%以下。

(2) 资讯的自由流通。

香港是当今全球资讯流通最自由的国际大都市，正成为优越的国际信息枢纽之一。香港是全球第一个铺设全数码网络的城市，在电话线、流动电话及传真机普及率方面，也领先于许多亚洲城市。香港经营着全亚洲最大的卫星地面站，所连接的光纤电缆数目为亚洲第一，而且在开放电讯市场方面，比亚洲大部分国家先进得多。

(3) 廉洁的政府。

香港政府相当的廉洁。非政府组织"透明国际"公布的2015年清廉指数显示，香港政府清廉指数分数为75分，在世界上排名第18，在亚洲排名第2。香港政府的高效行政和廉洁形象举世称道，为吸引跨国公司总部入驻提供了良好的制度环境。

(4) 没有外汇管制。

作为自由港区，香港的外汇管制一直较为宽松。20世纪70年代初期，英国的国际收支严重恶化，英镑开始自由浮动。港元与英镑脱钩并脱离英镑区后，并进一步撤销外汇管制，使原来有管制的官价外汇市场和自由外汇市场合并为统一的完全开放的自由外汇市场；1984年，香港又撤销黄金进出口禁令，从而使香港的外汇管制更为宽松。这样一来，外汇、黄金及钻石等可以自由地进出香港，各种货币可在香港自由的买卖、汇兑。

(5) 通信、运输及其他基本设施。

香港的城市基础设施十分完备，不仅拥有全球最繁忙的货柜港，而且其国际机场在处理空运货物方面的成绩亦在国际上名列前茅。

(6) 自由港地位。

在香港社会各界广泛使用英语，不仅使香港具有语言上的优势，还使香港具有了英语国家的文化自由和人文精神，这一点也是香港成功的因素之一。完全不干预政策是香港自由港经济政策体系的基石及最为重要的组成部分。完全不干预政策表明，在香港，除极少数本地法律所明确限制的领域及行为外，经济活动基本不受干预，享有高度的自由。"经济自由度指数"报告每年由美国传统基金会和《华尔街日报》联合发布,是全球权威的经济自由度评价指标之一。该指数通过十项指标评定经济自由度,分别是营商自由、贸易自由、财政自由、政府开支、货币自由、投资自由、金融自由、产权保障、廉洁程度和劳工自由。2014年"经济自由度指数"报告显示,香港连续第20年高居榜首,成功蝉联全球最自由经济体系。新加坡、澳大利亚分别居第二、第三位。根据该报告,香港2014年获得的总评分为90.1分,较去年提高0.8分,并远高于全球平均分60.3分。在10个经济自由度评估范畴中,香港营商、金融及贸易自由均居榜首;投资自由及产权保障排第二位。

(7) 法治及司法独立。

香港的法律原则、法治精神和司法独立性、稳健性为国际社会普遍认可。这是国际机构投资时所关注的焦点问题之一。

(8) 金融服务的供应。

作为著名的国际金融中心,香港的金融业无论是从规模上、对外联系上,还是从拓展层次上看,均具有颇高的发展水平。瑞士日内瓦的世界经济论坛发布的《2012年金融发展报告》通过对全球62个领先金融体系和资本市场的广度、深度和效率进行分析,作出了排名,其中香港的金融业发展指数以5.31分(总分7分)连续第二年拔得头筹。截至2014年,香港金融服务业从业人数达23万,占就业人口6.1%,对香港地区生产总值直接贡献16%。此外,金融业间接创造了10万个职位,也间接对其地区生产总值贡献6%。单是金融服务业所产生的税收,已经高达400亿元,从业员的人均生产总值,是整体经济平均值的2.5倍。从事金融业的人士,大多为高学历人士,具大专或以上学历的从业人员所占比例达67%,相对高于整体经济的35%。另外,38%的从业员属经理及专业人员,人数是所有行业合计的2倍。[1] 2016年全球金融中心指数排名,中国香港排在伦敦、纽约及新加坡之后,位居全球第四名。

---

[1] 香港金融从业员23万对香港GDP贡献16% [EB/OL]. 中国新闻网 http://finance.sina.com.cn/china/jrxw/20150127/105821407617.shtml, 2015-01-27.

(9) 地理位置。

香港的地理位置十分优越。一方面，香港位于东京与新加坡之间，正处亚太区的中央，是设立亚太区域总部的最佳区位。另一方面，香港背靠中国内地，被誉为是世界各地的生产基地的珠江三角洲，更是香港总部经济的另一基本环节——生产加工基地。珠三角密集的、低成本的加工基地区域，成为香港吸引大公司地区总部或亚太总部入驻的重要条件和优势资源。香港还拥有世界三大天然良港之一的维多利亚港。它位处亚太地区的经济中心，水深港阔，是珠江三角洲港口体系的龙头港，具有发展大规模航运业、集散物流及建立与之相关配套产业的地理条件。

3.3.3 发展总部经济对香港经济的影响

总部经济对于香港经济的影响主要体现在以下三个方面：

(1) 总部经济使得香港的国际商贸、运输中心地位得以加强。

企业总部在借助香港贸易中心之便利的同时，也强化了其贸易中心的地位。由图3-1可见，1980年以来，香港进口和出口总额呈现出明显的上升趋势。1990年以后，香港进口和出口额上升的速度明显高于20世纪80年代。不断强化的国际商贸、运输中心地位，必然带来航运、旅游以及金融服务等相关行业的繁荣。

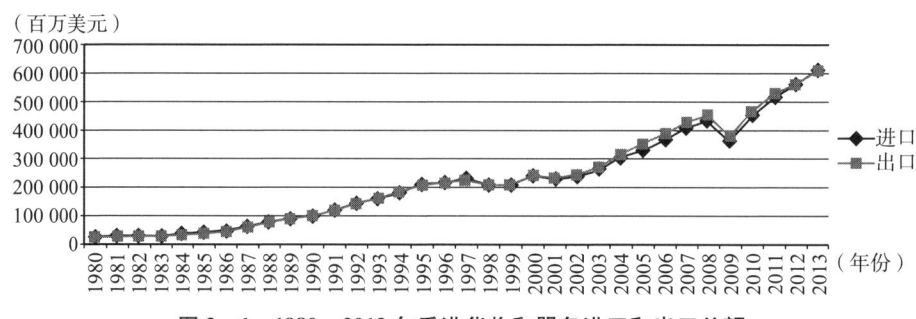

图3-1 1980~2013年香港货物和服务进口和出口总额

资料来源：http://unctadstat.unctad.org。

（2）总部经济加强了香港金融中心的地位。

香港的金融服务十分发达，包括银行、基金管理、证券买卖、私人银行、企业融资、保险等。以 1997 年为例，香港筹集的银团贷款总额是日本的 10 倍，是新加坡的 7 倍。2011 年，香港服务账户差额为 1 327 亿港元，2013 年上升为 2 291 亿港元。2011 年，香港证券交易成交额为 170 911 亿港元，2015 年上升为 258 360 亿港元。根据 2015 年度"新华国际金融中心发展指数"，香港与上海并列第五位，是仅次于纽约、伦敦、新加坡、东京的全球第五大国际金融中心。总部经济促进了金融业的发展，并将金融优势转化为经济繁荣。作为金融产业大规模聚集的城市，通过企业总部的资本运作活动，香港雄厚的金融实力得以向周围广大地区，主要是向深圳、东尧、顺德等地区辐射，这大大提高了香港对于周边经济的控制力度，突破了香港资源和市场的限制，有利于香港经济持续发展。

（3）总部经济促进了香港国际信息中心的建设。

总部经济出现的前提之一就是企业内部运营成本大大降低，这就必然要求低成本的信息流动、信息交换和信息沟通。企业总部是信息的主要消费者之一，总部聚集对于信息交流提出要求，同时便捷的信息交流也是吸引总部聚集的主要因素。因此，总部经济的出现和信息中心的建设是相互促进的。香港的地理优势和发达的信息产业让跨国公司总部入驻，完备的基础条件可以使总部的资源、信息、产品等要素高效地通达全球，不仅节约了企业运行成本，而且强化了总部功能。

3.3.4　香港总部经济发展的启示

香港的经济发展历程为我们认识总部经济与大都市经济转型的关系提供了借鉴。香港总部经济发展经验为我国其他城市总部经济的发展提供了有益的启示。

（1）总部经济发展需进行合理布局。

作为一个地域狭小、资源和市场都十分有限的城市，香港逐渐呈现出总部经济特征,首先要归功于其总部经济的合理布局。香港总部经济集中布局于中环区商务中心区。这一地区集中了大量的金融、保险、地产及商用服务行业,已发展为成熟而标准的中央商务中心区。所以,我国其他城市如果想取得总部经济发展的成功,也需进行合理的城市发展布局,确定总部经济发展的重点区域。

(2) 发展总部经济应与当地的产业相结合,加快发展服务业。

一个城市服务业发展的水平直接决定该城市能否吸引到跨国公司总部的入驻。服务业与总部经济的发展具有联动关系,特别是知识型服务业对总部经济的发展具有支撑作用。在香港经济转型的第三个阶段,完成从制造业主导型向服务业主导型转变,这种服务型的经济结构已经带有一定的总部经济成分。现代服务业的发展对于香港总部经济发展起到了巨大的推动作用。所以,我国其他城市发展总部经济也应与当地的产业发展相结合,加大知识型服务业的发展力度。

(3) 加快城市与区域经济协作体系建设步伐,做好与周边区域的资源整合。

良好的区域协作是总部经济形成的关键条件。香港坐拥亚洲及中国内地这片天然腹地。中国是全球经济发展最快的地区。随着总部经济理念的不断明确,香港各界越来越认识到,加强同内地的经济协作是香港进一步发展总部经济的出路。香港特别行政区政府强调加强同内地经济合作的重要性,并采取了不少务实的措施。例如,2003年初香港和深圳海关宣布实行24小时通关,这一举措加强了海关的通过能力,强化了香港同内地的经济联系。2003年《内地与香港关于建立更紧密经贸关系的安排》(CEPA) 的签署,也进一步强化了这种联系。如果说24小时通关为硬融合,CEPA可谓软融合。CEPA的核心就是拆除壁垒,无论是港珠澳大桥,还是西部通道,都是为了流动的通畅,促进粤港经济一体化,促使资源跨地区流动,发挥各自的优势。在CEPA框架下,香港战略性资源与内地,尤其是珠江三角洲的制造业资源将更加紧密地结合起来,有助于形成粤港间"厂店合一"的格局,进一步推动香港总部经济的发展。

（4）发展运输和信息产业减少企业的运行成本，为总部经济发展提供重要支撑。

发达的运输和信息产业可以直接减少企业的运行成本，是总部经济建设的重要支撑。企业价值链的分离增加了企业组织管理成本，而发达的运输和信息产业又是减少企业组织管理成本的关键因素。香港的地理优势和发达的信息产业让跨国公司总部入驻，完备的基础条件可以使总部的资源、信息、产品等要素高效地通达全球，不仅节约了企业运行成本，而且强化了总部功能。

北京总部经济发展与提升
利用外资水平研究

Chapter 4

第4章 北京总部经济发展研究

早在 1999 年北京就发布了《关于鼓励跨国公司在京设立地区总部的若干规定》，提出了许多优惠政策和便利措施，以鼓励跨国公司在北京设立"具有地区总部性质和职能的企业"。进入 21 世纪后，北京总部经济快速发展，也引起了学术界的关注。

4.1 文献综述

总部经济在我国是一种新型经济形态，学术界对其研究始于 21 世纪初期。一些学者的研究对于总部经济概念进行了探讨。赵弘（2003）认为，总部经济是指某区域通过创造各种有利条件，吸引跨国公司和外埠大型企业集团总部入驻，通过极化效应和扩散效应，企业总部集群布局，生产加工基地通过各种形式安排在成本较低的周边地区或外地，从而形成合理的价值链分工的经济活动的统称。秦敬云（2003）认为，总部经济实际上指的是作为经济区域中心的城市，通过创造各种有利条件，吸引跨国公司和外埠大型企业集团的投资中心、管理中心、研发中心、采购中心、销售中心等形式的总部，形成总部的集群布局，在优化提升本市的产业结构、形成合理的价值链分工的同时，通过向周边地区、全国乃至跨国界的地区实施经济管理、决策和服务职能来促进本地及周边地区经济的发展。秦晓（2003）认为，应将现代大型公司视为一个"替代函数"，而不是新古典经济学所说的"生产函数"，公司总部的功能就是通过对其协调、配置和决策等工具变量的管理和控制，实现"替代函数"目标值的极大化。史忠良和沈红兵（2005）认为，总部经济是指企业和城市在使双方都能获取更高经济效益的目标驱动下形成总部在城市集聚并产生外部经济效应的经济现象。林文俏（2006）认为，总部经济的优点主要体现在其经济效益的集聚性、扩延性、示范性、辐射性和吸引性上。石琴和徐国新（2006）将总部经济理解为企业资源与空间状态的一种协调、配置和组合的互动过程，它是产业集群、企业集聚和城市经济的混合产物，其实质是规模经济、范围经济和外部经济共同作用的结果。张荣齐和李宇红（2006）认为，所谓总部经济，广义理解是指经济与非经济的、官方与非官方的，带有总部性质或总部派生性质的各种机构和组织相对集聚所产生的社会经济活动的统称。狭义理解，总部经济是一国内外带有总部或总部派生性质的各种经济组织相对集聚所产生的社会经济活动的统称。通常，人们都是从狭义的角度理解总部经济。何骏（2008）认为，总部经济指某区域由于其特有的资源优势，吸引企业将总部在该区域集群布局，将生产制造业基地布局在具有比较优势的其他地区，而使企业价值链与区域资源实现最优的空间耦合，并由此对该区域经济发展产生重要影响的一种经济形态。

一些学者对于我国总部经济发展模式及其影响进行了研究。王分棉和林汉川（2007）通过分析总部经济在全球价值链的战略布局，探讨了总部经济为我国企业带来的嵌入全球价值链升级的路径。总部经济的形成使我国企业切入全球价值链体系，为其嵌入全球价值链升级准备了前提条件；总部经济的发展促进我国企业不断提升企业国际竞争力，而国际竞争力的提升是实现全球价值链升级的根本途径。何骏（2010）基于我国总部经济迅速崛起的基础，对我国发展总部经济的路径进行拓展、模式进行创新，提出了发展总部经济的两条路径、三种模式和对应机制。许蔚（2010）指出跨国公司总部经济在中国大中城市的迅速发展，推动了区域经济的良性发展，促进产业集群的形成，并加快区域经济融入国际化的进程。仲崇高（2010）以世界500强企业在我国设立的地区总部为检验对象，分析了跨国公司地区总部分布的特征及影响其分布的因素。研究表明，跨国公司在我国选择非政治、商业、金融中心的城市时，表现得异常谨慎；同时，除美、日、法、德四国外，其他国家的跨国公司在我国极少设立地区总部。楚天舒和李晓红（2015）构建了总部经济发展水平评价指标体系，基于2007~2013年中国11个中心城市的相关数据，采用熵权法求得各指标的权重，采用灰色关联理想点法计算了各时点的总部经济发展水平评价值。在此基础上，评价了各中心城市在不同时段的总部经济发展状态、发展趋势及2007~2013年其总部经济总体动态发展水平。

由于北京所具有的独特优势，北京总部经济发展在全国一直处于前列。随着总部经济在中国的兴起，北京总部经济发展就开始受到学者们的关注。赵弘（2004）指出总部经济对首都区域经济发展具有战略意义。总部经济至少可以为区域发展带来五种经济效应：税收贡献效应、产业乘数效应、消费带动效应、劳动就业效应和社会资本效应；总部经济有五个特点：知识性、集约性、延展性、辐射性和共赢性。刘扬（2004）认为，北京发展总部经济需注意的几个问题是：要发展总部经济就必须发展配套的相关服务业、要发展周边地区相应的制造业，避免出现总部经济空洞化，做好内外两个协调以及制定适合长远发展的政策。胡东娜（2006）对北京总部经济发展情况进行了研究，对北京各城区的历史特色和发展现状，从发展总部经济所需要素的角度，设计指标体系，采用对应分析的方法，对北京重点城区的资源拥有状况进行对比分析，对北京各城区进行差异化的功能定位，提出北京发展总部经济，要改善北京环境条件；发挥北京资源优势，弥补劣势；科学规划、合理布局。张荣齐和李宇红（2006）认为，北京中央商务区发展总部经济应包含两个阶段：第一阶段，应包含"十一五"和"十二五"两个五年计划，共10年时间。第二阶段，是中央商务区发展总部经济战略收获期。魏小真和胡雪峰等（2006）指出总部经济对北京的影响主要有：推动扩大利用外资规模、提高利用外资水平；带动现代服务业发展，促进产业结构优化升级；增加地方财政税收，优化税收结构以及创造更多就业机会，吸引高素质人才。陈培阳（2009）从波特教授的产业集群理论出发，结合总部经济的理论，从京津两地经济规模、区位优势、交通基础设施等方面进行可行性分析，提出发展京津双中心总部经济发展模式的政策建议。刘绍坚，史利国和牛振华（2010）对北京总部经济的资源禀赋情况与国际大都市情况进行了比较，指出北京总部经济已经初具规模，但与传统国际大都市相比还有较大差距，北京发展总部经济在资源禀赋方面优势明显，政策因素是制约北京总部经济发展的重要结点。张泽一（2015）指出北京总部经济发展迅速、向国际性总部迈进、央企和外企的总部经济占比突出、辐射能力强、空间聚集效应明显。

由上述分析可见,进入21世纪后总部经济发展已经受到我国学者的关注,学者们对总部经济的概念进行了探讨,对于总部经济发展模式及影响进行了研究。由于北京在全国总部经济发展中一直处于前列,北京总部经济发展及其影响也引起了学者们的关注。但是随着北京总部经济的进一步发展,有关北京总部经济发展及对提升其利用外资水平的影响研究还有待进一步深入。

4.2 北京总部经济发展现状

作为首都,北京具备发展总部经济的一些重要条件。北京也是中国率先提出发展总部经济的城市。早在1999年1月29日,北京政府就发布了《关于鼓励跨国公司在京设立地区总部若干规定的通知》。2003年12月,市委九届六次全会正式提出大力发展总部经济。2003年底,中国第一个总部基地在北京丰台正式诞生。2004年初的市人代会上,总部经济更是被明确写进《北京政府工作报告》。近年来,总部经济在北京已经得到了一定程度的发展,并推进了北京的城市经济转型。当前,北京总部经济发展势头良好,已经颇具规模和实力,空间布局也较为合理,整体发展水平处于全国前列。

4.2.1 北京总部经济综合发展能力处于全国前列

由表4-1可见,近年来北京总部经济综合发展能力一直居于全国首位。《中国总部经济发展报告》用6个一级指标、16个二级指标、55个三级指标构成的总部经济发展能力评价指标体系对中国城市总部经济发展能力进行评价,为中国城市判定其总部经济发展阶段及提出今后总部经济发展战略提供参考。其中,一级指标包括基础条件、商务设施、研发能力、专业服务、政府服务和开放程度6大指标。由表4-2可见,近年来北京各个一级指标的排名在全国均处于前列。2011~2014年,6个一级指标中,北京的基础条件、商务设施、研发能力均连续3年排名第1。2014年,北京的服务环境在全国排名第2,开放程度排名第3。由此可见,北京具有良好的总部经济发展条件。

表4-1　　2009~2014年主要城市总部经济发展综合能力排名

城市	2014年 得分	排名	2013年 得分	排名	2012年 得分	排名	2011年 得分	排名	2010年 得分	排名	2009年 得分	排名
北京	86.35	1	88.99	1	88.66	1	89.6	1	88.19	1	87.95	1
上海	83.23	2	86.11	2	86.35	2	87.45	2	85.84	2	85.35	2
广州	74.45	4	77.53	3	74.27	4	76.01	4	76.05	3	75.52	3
深圳	78.52	3	76.55	4	75.81	3	76.8	3	75.64	4	74.98	4
杭州	64.53	5	67.09	5	62.92	5	63.01	5	62.18	5	61.32	5
南京	56.37	9	59.72	6	57.62	7	57.00	7	60.19	6	59.39	6
天津	59.97	6	57.61	7	59.34	6	59.74	6	57.97	7	58.31	7
武汉	58.23	8	55.37	8	52.15	9	52.22	9	51.91	9	51.36	10
成都	59.48	7	53.41	9	54.38	8	56.00	8	53.83	8	53.23	8
宁波	51.84	12	52.68	10	52.00	10	50.17	11	50.89	11	51.35	11
重庆	55.37	10	50.83	11	49.39	13	51.61	10	49.98	13	47.35	14
青岛	50.88	13	49.45	12	49.94	11	48.78	12	51.2	10	51.83	9
长沙	49.5	14	47.48	13	47.05	14	46.35	14	44.31	16	44.76	16
济南	44.1	18	46.99	14	45.89	17	43.71	18	41.91	19	42.76	17
厦门	48.67	15	46.42	15	49.45	12	47.33	13	50.2	12	49.43	12

资料来源:赵弘.中国总部经济发展报告(2014~2015)[M].北京:社会科学文献出版社,2015。

表4-2　　2005~2014年北京总部经济发展综合能力得分及排名

时间	综合实力 得分	排名	分项指标										
			基础条件 得分	排名	商务设施 得分	排名	研发能力 得分	排名	专业服务 得分	排名	政府服务 得分	排名	开放程度 得分	排名
2005	87.33	1	77.51	3	98.23	2	87.84	1	99.99	1	91.99	3	84.63	1
2006	87.03	1	79.04	3	98.95	2	94.97	2	99.99	1	72.11	9	90.70	1

续表

时间	综合实力		分项指标										
			基础条件		商务设施		研发能力		专业服务		政府服务		开放程度	
	得分	排名	得分	排名	得分	排名	得分	排名	得分	排名	得分	排名	得分	排名
2007	88.09	1	81.61	3	99.04	1	91.54	1	99.99	1	70.40	8	90.07	1
2008	85.60	1	77.04	3	98.54	1	90.94	1	99.96	1	71.12	8	82.02	2
2009	87.95	1	80.64	1	98.27	1	90.61	1	99.96	1	85.82	3	79.71	3
2010	88.19	1	82.12	1	98.61	2	89.23	1	99.95	1	85.74	4	78.90	2
2011	89.60	1	83.51	1	99.48	1	88.15	1	99.95	1	90.00	3	85.88	2
2012	88.66	1	82.53	1	99.57	1	87.80	1	99.99	1	84.19	8	85.75	2
2013	88.99	1	84.33	1	95.94	1	87.57	1	99.98	1	85.86	3	84.71	2
2014	86.35	1	82.27	1	97.59	1	86.89	1	92.45		2		78.18	3

资料来源：赵弘. 中国总部经济发展报告 [M]. 北京：社会科学文献出版社，历年。

4.2.2 北京总部经济的总体规模和增长速度均位于全国前列

北京总部经济发展势头良好，整体发展水平走在全国前列。北京总部经济的总体规模和增长速度在全国一直处于前列。20世纪80年代初期，跨国公司开始来京投资。到90年代中后期，尤其是中国加入世界贸易组织以后，众多知名跨国公司如国际商业机器公司（IBM）、朗讯、摩托罗拉等纷纷将区域总部、投资性公司或全球研发基地搬至北京。进入21世纪以来，跨国公司地区总部纷纷落户北京。由表4-3可见，近年来北京吸引的世界500强企业总部数量逐年增加。2013年，北京拥有世界500强企业总部48家，首次超越东京，位居全球城市首位。在中国500强企业中，有97家总部在北京。2014年，北京拥有的世界500强企业总部增至52家，连续两年成为拥有世界500强企业全球总部最多的城市。日本东京和法国巴黎分别拥有43家和19家世界500强企业总部，位列北京之后。[①] 除了数量增加外，北京拥有的世

---

① 张景华. 北京成世界500强"总部之都"企业总数52家 [N]. 光明日报，2014-07-14.

界500强企业总部还呈现出整体位次继续前移、营收实力不断增强与所涉领域进一步拓宽等特点。2014年全年，北京新增外资总部企业11家，累计达259家，其中153家为北京认定的跨国公司地区总部。新增外资研发机构37家，累计达503家。新增世界500强企业投资项目19个，累计有287家世界500强企业在京投资了698个项目。2015年，包括央企、市属国企、大型民企、跨国公司在内的在京总部企业共7 700多家，数量不到北京企业总数的千分之六，但对国内生产总值和税收的贡献超过50%。[①] 其中，不乏知名企业的身影，如中国最大的信息技术解决方案与服务供应商东软集团设立医疗健康服务总部；全球第二大智能手环及互联网服务企业华米科技设立互联网运营总部等技术创新总部；"跟谁学"设立互联网教育总部；戴姆勒智行交通服务集团设立私人公共交通项目运营总部；国内航天领域最先进的"互联网+智能制造"产业服务平台——"航天云网"等科技文化创新驱动项目等。密集的跨国投资机构，见证了北京总部经济的繁荣。

表4-3 2011～2015年国内外主要城市拥有世界500强企业总部数量

年份	北京	东京	纽约	巴黎	伦敦	香港	台北	上海	天津	深圳	广州
2011	41	49	19	23	18	4	4	5	0	2	1
2012	44	50	20	19	17	4	4	6	1	3	1
2013	48	47	19	19	17	4	4	8	1	4	2
2014	52	43	18	18	17	4	3	8	2	4	2
2015	52	38	17	18	19	6	4	8	2	4	2

资料来源：财富中文网：http://www.fortunechina.com。

4.2.3 北京总部经济主要集中在第三产业

近年来北京总部经济的服务化特征日益明显。随着政策投资环境的日益

[①] 北京成全球500强企业总部最多城市[N].北京日报.2015-08-10.

完善，跨国公司地区总部在京的业务范围不断扩展，从原有的投资决策、资金运作、财务管理、技术支持与研究开发，逐渐向进出口及国内分销、物流配送、服务外包等业务扩展。近年来，北京总部经济投资行业分布比较广泛，但是第三产业占比较大。按照三大产业分类，2013年北京总部企业中，有13家属于第一产业，占比0.33%；第二产业985家，占比25.02%；第三产业2 939家，占比74.65%。由表4-4可见，北京总部经济主要分布在批发和零售业、租赁和商务服务业、制造业、建筑业、信息传输、软件和信息技术服务业等领域。北京跨国公司地区总部呈现出鲜明的高科技特点。通讯类跨国公司地区总部之所以多设在北京，源于北京是全国的政治中心，是我国最重要的通信枢纽城市；信息技术业跨国公司地区总部选在北京，更多的是看重北京发达的人才、研发、信息资源优势；投资性公司多选择商务服务业，则是看好北京发达的现代服务业和巨大的消费市场。

表4-4　　　　　　　　　2013年北京总部企业行业分布情况

行业门类	企业数（家）	百分比（%）
批发和零售业	750	19.05
租赁和商务服务业	563	14.3
制造业	545	13.84
建筑业	396	10.06
信息传输、软件和信息技术服务业	368	9.35
金融业	366	9.3
科学研究和技术服务业	339	8.61
房地产业	263	6.68

资料来源：北京商务委员会．北京总部经济发展报告2014［M］．北京：电子工业出版社，2015。

4.2.4　北京总部经济的空间集聚特征明显

总部企业充分利用首都在区位、人才、科技、信息、教育、文化等方面的优势，初步形成了高端引领、创新驱动、绿色低碳的发展模式。从地区分布看，北京总部企业主要集中在中心城区，以海淀区、朝阳区、西城区和东城区为主。企业总部在空间上聚集是总部经济发展的显著特征。2012年，全市1 288家总部企业中，分布在海淀、朝阳、西城和东城四个城区的就有978家，占总部企业总数的75.9%，实现增加值5 410.8亿元，占全市总部企业增加值的73.5%。[①]

目前，北京总部经济的空间集聚特征已经非常明显，初步形成了商务中心区（CBD）、金融街、中关村科技园区海淀园、丰台总部基地等几大特色总部经济聚集区。其中，朝阳商务中心区定位为跨国公司地区总部和国际性金融机构的聚集地；金融街是金融总部聚集区；海淀园是以信息技术产业为主的高技术产业总部及研发中心聚集区。这些总部经济聚集区定位明确、特色突出，成为北京总部经济发展的重要空间载体。目前，在北京的各总部经济聚集区中，朝阳区的商务中心区聚集的各类总部最多。中关村（丰台）总部基地的崛起，将与现有的中关村海淀园、朝阳商务中心区、亦庄一起共同构成北京的大总部经济区雏形。四者之间局部会有竞争，但本质是互补的。中关村以发展民营高科技企业为主，但企业办公的软硬件有欠缺，可以作为北京大总部经济区民营企业的摇篮；朝阳商务中心区是国际商务区，条件先进，但成本高，是跨国企业进入北京大总部经济区的跳板；亦庄可以成为国内外大企业的大型生产基地；丰台总部基地则要成为大企业的办公区。企业总部聚集的整体效应促使北京大总部经济区的最终形成。西城金融街、朝阳商务中心区、中关村科技园区海淀园已经成为北京目前发展较快、规模较大、相对成熟的总部聚集区。

（1）西城金融街。

金融街作为北京较早建设的功能区，是总部经济最明显的空间形态之一，已成为北京乃至全国重要的国内外金融企业总部的集聚地。1994年，金融街

---

① 林恩全. 北京总部经济发展仍需增强辐射力 [J]. 中国发展观察，2013-02-20.

开始建设，总占地面积 103 公顷，规划建筑面积 354 万平方米。经过十多年的开发建设，金融街已经逐步建设成为资金密集、资讯发达、市场活跃、环境优美的国家级金融决策监管中心、资产管理中心、金融支付结算中心和金融信息中心，吸引了大量国内外企业总部聚集。2010 年，金融街聚集了各类企业总部和地区总部达到 153 家。金融资产的规模已经达到了 49.5 万亿，占北京金融资产的 78.4%，占全国金融资产的 52%。金融街地区控制着全国 95% 的信贷资金和 65% 的保费资金。人民币清算业务占全国的 38%，外汇清算业务占全国的 50%，金融服务占全国的 23%，金融从业人员占全国的 4%，高端金融管理人才聚集效应明显。

金融街内聚集的总部主要有以下几类：

①国家级金融监管机构。主要有中国人民银行、中国银监会、中国证监会、中国保监会和各金融行业协会等。

②外资金融机构。凭借着良好的软硬件环境以及巨大的发展潜力，金融街吸引了纽约银行北京代表处、澳大利亚西太平洋银行中国代表处等 20 多家外资金融机构。

③全国性金融产业巨头。聚集了包括中国工商银行、中国银行、中国建设银行在内的三大国有商业银行总部，还吸引了 110 多家股份制银行、证券、保险公司总部和分支机构。2010 年，全球 500 强有 12 家外资金融总部在金融街设立机构。近年来先后有 100 余家外资金融机构和国际组织入驻金融街。[1]

④国内大企业集团总部。金融街还汇聚了众多大型企业集团总部，如中国电信、中国移动、中国联通、中国网通等全国最大的四家电信集团总部以及长江电力、中国电力投资公司等全国主要的电力集团总部。2010 年，进入财富 500 强的 54 家中国企业北京有 30 家，其中 12 家总部设在金

---

[1] 北京金融街的金融资产规模已经达到 49.5 万亿 [EB/OL]. 财经网. 2010 – 11 – 05.

融街。①

(2) 朝阳商务中心区。

朝阳商务中心区作为未来的功能中心和视觉的聚集点,核心区将定位成首都国际金融业、现代服务业集中展示,世界500强和跨国公司总部高度聚集,国际经济文化交流的核心基地。朝阳商务中心区核心区的功能以商务办公为主,兼有酒店、会展、文化娱乐及商业服务等配套设施。

朝阳商务中心区的发展历程大致经历了三个发展阶段:第一阶段(1993~2000年),1993年由国务院批复的《北京城市总体规划》中明确提出建设北京商务中心区的要求。这一阶段朝阳商务中心区处于一种自发成长的状态,商务办公设施达到一定规模,初具商务中心区雏形;第二阶段(2000~2009年),1999年《北京区中心地区控制性详细规划》确定了朝阳商务中心区的规划范围,2000年启动建设。北京政府推动全面建设,规划引导发展,区域建设与产业促进、品牌培育并重,北京朝阳商务中心区的国际形象和区域功能渐趋突出,功能完善的国际化现代商务中心区加快形成;第三阶段(2009年5月至今),2009年,朝阳商务中心区东扩方案获批。至2015年7月,朝阳商务中心区区中心区建设项目、基础设施、绿化均已完成规划的80%,建筑总规模1 050万平方米,约合260万平方米/平方公里,集中了北京50%以上的甲级写字楼和星级酒店。规划城市道路45条,总长度41.5公里,道路路面占朝阳商务中心区开发总面积的39%;朝阳商务中心区将陆续在东南、东北、西南以及西北四个不同方位,建成4块总面积达10万平方米的大型绿地。

随着朝阳商务中心区的建设发展,高端产业聚集效应日益明显。2016年,朝阳商务中心区入驻企业达19 000家,规模以上企业8 900家,年均增长27%,注册资本过亿元企业184家。朝阳商务中心区已形成以国际金融为龙头、高端商务为主导、国际传媒聚集发展的产业格局;区内国际化资源聚

---

① 北京金融街的金融资产规模已经达到49.5万亿 [EB/OL]. 财经网. 2010 – 11 – 05.

集，集中了北京约 90% 的国际传媒机构 169 家，约 80% 的国际组织、国际商会 110 家，约 80% 的跨国公司地区总部 50 家，约 70% 的世界 500 强企业 160 家，约 70% 的国际金融机构 252 家，约 30% 的五星级酒店 17 家。国际交流频繁，多元文化交融，区内登记外籍人口近 4.4 万人，约占北京的 50%。北京约 50% 以上的国际性会议、90% 的国际商务展览在这里举办。①

朝阳商务中心区吸引的企业总部机构主要有以下几类：

①国际金融机构。浓厚的商务氛围及完善的基础设施，使北京朝阳商务中心区成为国际金融机构进入北京的首选地之一。凭借良好的区位优势和丰富的国际资源，以商务中心区为代表的朝阳区已经成为北京国际金融机构聚集度最高、外资金融机构最齐全的区域。为了继续引进国际顶尖金融机构以及高端金融人才，促进北京金融业发展，朝阳区"十二五"期间将在商务中心区地区建成国际金融机构聚集的国际金融城，构建以国际金融为特色的多元化金融业发展格局。其中，朝阳商务中心区、核心区、东扩区将分别被打造成"国际金融机构聚集区"、"金融控股集团聚集区"以及"新型金融机构聚集区"，位于机场第二通道附近的金盏地区则建成专门为金融机构服务的"后台服务机构聚集区"。三大金融聚集区将分别以国贸中心、环球金融中心、华贸中心为代表。以国贸中心为例，一期、二期入住率高达 98%，美国银行、法国再保险公司等 60 多家国际金融机构以及世界银行、国际货币基金组织等国际组织均在此办公。2015 年，国际金融城的基础设施和重点金融项目建设基本完成。②

②跨国公司地区总部。跨国公司特别是世界 500 强企业在北京设立的总部，包括营销中心、研发中心、战略控制中心等，多数位于朝阳商务中心区内。区域内聚集了壳牌、丰田、通用等近 50 家跨国公司地区总部，占全市的 80% 以上，总部经济特征突出。③

---

① 北京商务中心区官网，http://www.bjcbd.gov.cn/introduction/List.aspx? id = 10042.
② 朝阳区"十二五"期间将建成 CBD 国际金融城 [N]. 北京日报，2011 - 03 - 02.
③ 北京商务中心区官网，http://www.bjcbd.gov.cn.

③现代服务业企业总部。朝阳商务中心区在聚集国际金融机构和跨国公司的同时，还吸引了众多国内外知名的商业、传媒业、文化产业、中介服务等现代服务业企业总部。一是吸引了大量的文化产业、传媒业巨头，这是北京朝阳商务中心区区别于其他城市商务中心区的显著特点。区域内共有文化传媒企业 1 800 余家，包括中央电视台、北京电视台、凤凰卫视等大型传媒企业，入驻阳狮集团、电通广告、WPP 集团等全球知名传媒集团，聚集华尔街日报、美国之音广播电台（VOA）、美国有线电视新闻网（CNN）、英国广播公司（BBC）等 169 家国际传媒机构，占全市 90% 以上。二是商务中心区高端生产性服务业聚集。拥有普华永道、麦肯锡等 200 余家世界级高端服务业企业，聚集了惠普、三星等近百家跨国公司研发机构，是最大的服务外包承接区和需求提供区域。麦肯锡、普华永道等一大批世界知名咨询、会计、律师企业已进入朝阳商务中心。

（3）中关村科技园区海淀园。

中关村科技园区，起源于 20 世纪 80 年代初的"中关村电子一条街"。1988 年 5 月，经国务院批准建立，成为中国第一个国家级高新技术产业开发区。中关村科技园区管理委员会作为市政府派出机构对园区实行统一领导和管理。作为我国第一个国家级高新技术产业开发区，北京中关村科技园区拥有众多科技企业总部和科技研发中心，是高新技术企业总部的集聚地。中关村科技园区已形成"一区十一园"的发展格局，包括海淀园、丰台园、昌平园、电子城科技园、亦庄科技园、德胜园和健翔园等。其中，海淀园是中心区，主要功能是高新技术成果的研发、辐射、孵化和商贸中心，其他各园主要功能是高新技术企业的发展基地。

中关村是我国科教智力和人才资源最为密集的区域，拥有以北京大学、清华大学为代表的高等院校 40 多所，以中国科学院、中国工程院所属院所为代表的国家（市）科研院所 206 所；拥有国家级重点实验室 112 个，国家工程研究中心 38 个，国家工程技术研究中心（含分中心）57 个；大学科技园 26 家，留学人员创业园 34 家。中关村是中央人才工作协调小组首批授予的

"海外高层次人才创新创业基地"。

中关村围绕国家战略需求和北京社会经济发展需要,取得了大量的关键技术突破和创新成果,涌现出汉卡、汉字激光照排、超级计算机、"非典"和人用禽流感疫苗等一大批重大科技创新成果,为航天、三峡工程和青藏铁路等国家重大建设项目实施提供了强有力的支撑。2011年3月,中组部、国家发改委等15个中央部门和北京联合印发了《关于中关村国家自主创新示范区建设人才特区的若干意见》,中关村加快建设人才特区。中关村每年发生的创业投资案例和投资金额均占全国的三分之一左右。2012年8月,国务院、发改委等九部委和北京联合发布了《关于中关村国家自主创新示范区建设国家科技金融创新中心的意见》中关村将进一步建立并完善政府资金与社会资金、产业资本与金融资本、直接融资与间接融资有机结合的科技金融创新体系,加快国家科技金融创新中心建设。

2012年,中关村在京外设立分支机构的总部型企业共计1 674家,在京外设立分支机构数达8 301家,较上年增加2 648家。以上市公司为例,2012年中关村201家上市公司(不包括停牌、退市及过会未发行23家企业)实现合并报表营收1.3万亿元,其中对外辐射收入超过1万亿元,占上市公司合并报表总收入的75.4%。[1]

截至2014年,上市公司总数达到254家,其中境内156家,境外98家,中关村上市公司总市值达到30 804亿元。2014年,海淀区驻区单位作为第一完成单位共有56个项目分获国家自然科学奖、国家技术发明奖和国家科技进步奖(通用项目),占北京通用项目获奖总数的68.3%,占全国通用项目获奖总数的17.6%。彰显了海淀科技资源优势和强大的自主创新能力。[2] 2015年,中关村科技园区已经聚集以联想、百度为代表的高新技术企业近2万家,形成了下一代互联网、移动互联网和新一代移动通信、卫星应用、生物和健

---

[1] 中关村示范区"总部经济"呈现新特点[EB/OL].中国总部经济网,http://www.zgzbjj.com.

[2] 中关村科技园区海淀园管理委员会网页,http://www.zhsp.gov.cn/yqgk/yqjj/.

康、节能环保、轨道交通六大优势产业集群，集成电路、新材料、高端装备与通用航空、新能源和新能源汽车四大潜力产业集群和高端发展的现代服务业，构建了"一区多园"各具特色的发展格局，成为首都跨行政区的高端产业功能区。

（4）其他总部聚集区。

除上述三大总部聚集区外，北京经济技术开发区、临空经济区、电子城（望京）科技园、东城东二环商务中心区等地也已形成或正在形成总部聚集区，并显示出蓬勃发展活力。

①北京经济技术开发区。

北京经济技术开发区位于中国北京东南亦庄地区，是北京唯一同时享受国家级经济技术开发区和国家高新技术产业园区双重优惠政策的国家级经济技术开发区。北京经济技术开发区于1992年开始建设。1994年8月25日，被国务院批准为北京唯一的国家级经济技术开发区。1999年6月，经国务院批准，北京经济技术开发区范围内的7平方公里被确定为中关村科技园区亦庄科技园。2007年1月5日，北京市人民政府批复《亦庄新城规划（2005～2020年）》，明确指出以北京经济技术开发区为核心功能区的亦庄新城是北京东部发展带的重要节点和重点发展的新城之一。

北京经济技术开发区总体规划面积为46.8平方公里，由科学规划的产业区、高配置的商务区及高品质的生活区构成，是北京重点发展的三个新城之一，定位为京津城际发展走廊上的高新技术产业和先进制造业基地，并承担"疏解中心城人口的功能、聚集新的产业、带动区域发展"的重任。按照"一体化、高端化、国际化"发展目标，新区目前已经形成电子信息、汽车制造、生物医药、装备制造四大主导产业，新能源和新材料、军民结合、文化创意三大新兴产业，以及生产性服务业、科技创新服务业、都市产业三大支撑产业，构建了"四三三"结构的十大产业发展格局。同时，形成了以北京经济技术开发区为中心，生物医药产业园、新媒体产业园、新能源汽车产业园、生产性服务业产业园、军民结合产业园和新空港产业园六大产业园协同发展的"一区六园"产业空间布局。2010年,北京经济技术开发区同大兴区行政资源整合,形成的新区总面积达到1 052平方公里。2011年,开发区工业总产值达到2 740亿元。截至2012年,共有来自30多个国家和地区的4 800多家企业在开发区投资发展,其中包括诺基亚、奔驰、拜耳、美国通用电气公司在内的79家世界500强企业投资的111个项目。①

②临空经济区。

临空经济区是近年来北京迅速发展起来的又一重要高端产业功能区,它以首都机场为核心,以空港工业区、天竺出口加工区、空港物流基地、林河工业区、北京汽车生产基地为主要依托,已初步发展成为以航空产业、高新技术产业、现代物流业和现代制造业为代表的临空产业集群。北京临空经济核心区以首都机场为核心,距市区10公里,距天津港150公里,内有6条高速公路、4条快速路、2条城市轻轨。起步规划面积56平方公里,未来将按照发展定位拓展发展区域,将李桥镇、天竺地区(镇)、后沙峪镇、高丽营镇与南法信镇相关区域纳入核心区规划范围,最终核心区总面积将达170平方公里。北京临空经济核心区内汇集了以国航、东航、南航、中航信、中航油、中航材、顺丰速运等为代表的航空运输类企业;以国家地理信息产业园、科园信海、安泰科技、迈恩德等为代表的战略性新兴产业;以华夏基金、国开创新资本等为代表的产业金融类企业;以雅昌、机场广告等为代表的文化创意类企业以及新中国国际展览中心等会展类企业;更拥有宝洁、中石油、中国中铁、中远等世界500强企业45个项目。2014年第一季度,北京临空经济核心区实现税收27亿元,同比增长68%,实现公共预算收入7.6亿元,同比增长86%。②

③电子城(望京)科技园。

电子城科技园位于北京朝阳区望京地区北部电子城西区,规划占地面积2.94平方公里,是中关村科技园区的重要组成部分。园区距首都国际机场约

---

① 中华人民共和国商务部网站,http://www.mofcom.gov.cn/aarticle/i/jshz/xm/201208/20120808277831.html.

② 北京临空经济核心区区位优势.顺义网城,2014-06-12.

10公里，距中关村核心区15公里，距北京商务中心区（CBD）16公里，距奥运村只有10分钟车程。周边四环路、五环路、京承高速、机场高速、京密路等为快捷的交通提供了条件。园区是跨国公司聚集度最高、国际化趋势明显、最具产业特色的高新技术产业园区之一，是国家"十一五"期间重点建设的电子工业基地。一批世界著名跨国公司如摩托罗拉、ABB、强生、西门子、爱立信、三星等纷纷在电子城设立了地区总部、研发中心或生产基地。

4.3 北京和上海总部经济发展的比较研究

4.3.1 北京和上海总部经济发展现状比较

北京和上海是当前中国最具总部经济发展实力的两个城市。本节将对北京和上海总部经济发展进行比较，找出与上海相比，北京在发展总部经济上的优势及不足，并提出促进北京总部经济发展的对策。

（1）北京与上海总部经济发展的相同点。

①北京和上海总部经济综合发展能力在全国均处于领先地位。

北京和上海均具有发展总部经济的比较优势。北京是中国的首都，是政治、文化、科技、信息和对外交往的中心。同时，北京的人才、教育、科技资源优势明显，能够为总部经济的发展提供有力支撑；上海具有众多的高素质人才和强大的研发能力，具备完善的产业链条和雄厚的制造业基础，拥有较为成熟的金融市场（如证券交易所、期货交易所、黄金交易所3大金融市场）。因此，北京和上海总部经济综合发展能力在全国均处于领先地位。由表4–5可见，2005年以来，北京总部经济综合发展能力一直居于全国首位，上海一直居于第二位。北京和上海6大总部经济发展综合能力一级指标也都处于全国前列。

表4-5 北京和上海总部经济综合发展能力比较

时间	城市	综合实力 得分	综合实力 排名	基础条件 得分	基础条件 排名	商务设施 得分	商务设施 排名	研发能力 得分	研发能力 排名	专业服务 得分	专业服务 排名	政府服务 得分	政府服务 排名	开放程度 得分	开放程度 排名
2005	北京	87.33	1	77.51	3	98.23	2	87.84	1	99.99	1	91.99	3	84.63	1
2005	上海	84.74	2	82.63	1	98.94	1	72.54	2	89.66	2	99.10	1	79.23	2
2006	北京	87.03	1	79.04	3	98.95	2	94.97	1	99.99	1	72.11	9	90.70	1
2006	上海	82.84	2	79.96	2	99.25	1	78.96	2	91.05	2	87.71	2	82.12	2
2007	北京	88.09	1	81.61	3	99.04	2	91.54	1	99.99	1	70.40	8	90.07	1
2007	上海	85.53	2	82.10	2	85.17	2	84.29	2	55.43	2	85.02	2	82.82	2
2008	北京	85.60	1	77.04	3	98.54	1	90.94	1	93.96	1	71.12	8	82.02	2
2008	上海	83.73	2	77.57	2	98.32	2	78.24	2	95.74	2	80.33	5	84.16	1
2009	北京	87.95	1	80.64	1	98.27	2	90.61	1	95.96	1	85.82	3	79.71	3
2009	上海	85.35	2	79.27	2	98.08	2	77.43	2	95.12	2	97.50	1	81.08	1
2010	北京	88.19	1	82.12	1	98.61	2	89.23	1	99.95	1	85.74	4	78.90	2
2010	上海	85.84	2	80.12	2	98.80	1	77.40	3	94.06	2	97.77	1	84.30	1
2011	北京	89.60	1	82.53	1	99.57	2	87.80	1	99.99	1	84.19	8	85.75	2
2011	上海	87.45	2	81.38	2	96.90	2	82.55	2	92.37	2	93.25	1	84.36	3
2012	北京	88.66	1	82.53	1	99.57	2	87.80	1	99.99	1	84.19	8	85.75	2
2012	上海	86.35	2	81.38	2	96.90	2	82.55	2	92.37	2	93.25	1	84.36	3
2013	北京	88.99	1	84.33	1	95.94	2	87.57	1	99.98	1	85.56	3	84.71	2
2013	上海	86.11	2	80.96	2	95.08	2	82.11	2	94.82	2	91.11	1	83.34	3
2014	北京	86.35	1	82.27	1	97.59	1	86.89	1	92.45	2	2		78.18	3
2014	上海	83.23	2	75.47	3	96.75	2	80.85	2	94.37	1	1		83.21	2

资料来源：赵弘. 中国总部经济发展报告 [M]. 北京：社会科学文献出版社，历年。

②北京和上海总部经济的空间集聚特征均很明显。

北京总部经济的空间集聚特征明显，初步形成了朝阳商务中心区（CBD）、金融街、中关村科技园区海淀园、丰台总部基地等几大总部经济聚集区，各个总部经济聚集区均有自己的特色。上海以信息、商务、研发环境有类似要求的总部企业通常集聚发展，形成了一批总部经济相对集聚的区域，包括陆家嘴、徐家汇、静安区、浦东新区等总部经济聚集区。其中，陆家嘴是专门的金融总部区，徐家汇是上海起步较早的总部楼宇区，静安区以南京西路跨国公司总部区蜚声国内，浦东新区则以民营企业上海总部的聚集为特色。可见，两市总部经济的空间集聚特征均很明显。

(2) 北京与上海总部经济发展的不同点。

①上海总部经济的总体规模大于北京，总部经济的增长速度也快于北京。

北京和上海总部经济发展在全国均处于前列，但是上海总部经济的总体规模大于北京，总部经济的增长速度也快于北京。近年来北京和上海吸引经济总部的数量都呈快速增长的趋势。2007 年，北京吸引经济总部的数量为 295 家，比上一年度增长了 18%。同年，上海经济总部的数量为 339 家，比上一年度增长了 34%；2008 年，北京吸引经济总部的数量增加为 597 家，比上一年度增长了 102%。同年，上海吸引经济总部数量增加为 638 家，比上一年增长了 88%；2009 年，北京吸引经济总部的数量增加为 694 家，比上一年增长了 16%。同年，上海吸引经济总部数量增加为 835 家，比上一年增长了 31%。2009 年，由于受到金融危机的影响，两市总部经济增长幅度均小于往年。北京吸引经济总部的数量增加为 712 家，比上一年度增长了 2.59%。同年，上海吸引经济总部数量增加为 889 家，比上一年度增长了 6.47%。可见，近年来上海总部经济的总体规模大于北京，总部经济的增长速度也快于北京。

②外国总部在两市总部经济投资主体中所占比例较高，且上海外国总部的比例高于北京。

北京和上海总部经济投资主体均由外国总部或国内公司地区总部构成。

外国总部在两市总部经济中均占有较高的比例，且上海的外国总部在总部经济中所占比例高于北京。自2005年以来，外国总部在北京总部经济中所占比例一直高于70%，在上海总部经济中所占比例一直高于80%。2008年，外国总部在北京总部经济中所占比例为77%，上海为87%，比北京高10个百分点。2009年，外国总部在北京总部经济中所占比例为78%，上海为85%，比北京高7个百分点。截至2014年底，北京新增外资总部企业11家，北京拥有外资总部企业累计达259家，其中153家为市认定的跨国公司地区总部，另新增外资研发机构37家，累计达503家，共拥有跨国公司总部企业和研发机构762家。新增世界500强企业投资项目19个，累计有287家世界500强企业在京投资了698个项目；[①] 上海拥有跨国公司地区总部484家，投资性公司295家，外资研发中心379家，共拥有外国总部1 158家。可见，上海拥有的外国总部的规模和在总体中所占比例均高于北京。

③落户北京和上海的跨国公司类别不同。

在北京设立地区总部的大多是通信类和信息技术产业类的跨国公司。通信类的跨国公司地区总部之所以设在北京，是因为拓展通信领域的业务与政府打交道比较多；而信息技术产业的跨国公司将地区总部选在北京，是因为北京的人才、教育、科技资源优势明显。但是，北京周边各省市经济不如上海周边发达，其主要发展的产业也并没有同北京的总部经济形成完整的产业链，不能为总部经济的发展提供有力的支撑。对制造业类的跨国公司来讲，缺乏它们必须具备的上下游产业链条。而上海地处长江三角洲，其周围拥有完整的产业链，企业群极其密集。一些制造类的跨国公司就将生产厂建在长江三角洲，将采购中心、营运中心先设在上海，再渐渐升格为地区总部。正因为如此，在上海设立地区总部的跨国公司有四成以上是制造业。除制造业外，在上海设立地区总部的是金融业和商业等社会服务业和批零贸易餐饮业，这与上海准许开放外国金融机构较早有关。

---

① 2014年北京实际利用外资突破90亿美元[N]. 北京日报，2015-01-14.

由于北京所具有的首都优势，落户北京的世界500强企业数量要多于落户上海的数量。美国《财富》杂志发布了2016年世界500强企业名单，中国上榜企业继续保持强劲增长态势，达到110家，比上年度增加4家，其中有58家总部位于北京。然而，入驻上海的世界500强企业只有9家（见表4-6）。

表4-6　　　　　　　　2016年入驻上海的世界500强企业名单

排名	上年排名	公司名称（中英文）	营业收入（百万美元）
46	60	上海汽车集团股份有限公司（SAIC MOTOR）	106 684.4
153	190	交通银行（BANK OF COMMUNICATIONS）	57 068.2
207	227	中国联合网络通信股份有限公司（CHINA UNITED NETWORK COMMUNICATIONS）	44 085.1
227	296	上海浦东发展银行股份有限公司（Shanghai Pudong Development Bank）	42 030.0
229	342	中国华信能源有限公司（CEFC China Energy）	41 845.0
251	328	中国太平洋保险（集团）股份有限公司［CHINA PACIFIC INSURANCE（GROUP）］	39 335.8
275	218	宝钢集团有限公司（BAOSTEEL GROUP）	36 607.9
311	258	绿地控股集团有限公司（GREENLAND HOLDING GROUP）	33 023.6
465	—	中国远洋海运集团有限公司（China COSCO Shipping）	22 965.4

资料来源：财富中文网，http://www.fortunechina.com。

4.3.2　北京和上海总部经济综合发展能力比较

北京和上海总部经济综合发展能力在全国均处于领先地位，但北京总部经济综合发展能力略优于上海。由表4-6可见，北京近年来总部经济综合发展能力一直居于首位,上海一直居于第二位。2014 年,北京和上海总部经济综合发展能力六大一级指标均处于全国前列。在基础条件、商务设施、研发能力、方面,北京优于上海;在服务环境和开放程度方面,上海优于北京。下面将以《中国总部经济发展报告》总部经济发展能力评价指标体系的 6 个一级指标,对北京和上海总部经济综合发展能力进行进一步的比较。

(1) 北京和上海基础条件比较。

总部经济发展的基础条件主要包括经济实力、总部资源、基础设施、社会基础、人口与就业和环境质量共六个指标。表 4 – 7 显示了 2010 ~ 2014 年北京和上海基础条件得分及排名。由该表可见,2010 ~ 2014 年北京的基础条件在全国均排名第一,上海排名第二。北京经济实力强劲,尤其是现代服务业和生产性服务业发达,城市基础设施和公共设施水平较高,教育、医疗、文化、居民生活等公共服务配套体系完善,能够较好地满足国内外总部企业及员工的工作和生活需要。从各项分项指标来看,北京的经济实力、总部资源、环境质量、社会基础和人口与就业均高于上海,上海基础设施这一指标占有一定优势。环境质量这一指标,北京和上海两座城市的得分均较低,在全国范围内的排名均比较靠后。2010 ~ 2013 年上海的环境质量高于北京,但是 2014 年北京的环境质量高于上海。总的来看,两个城市都急需解决环境问题。

(2) 北京和上海商务设施比较。

商务设施主要包括商务基本设施和信息基础设施两个指标。其中,商务基本设施指标反映了城市为企业总部及相关机构提供商务办公、会议和展览等相关商务活动所需的配套设施水平;信息基础设施指标反映了城市在固定电话、移动电话和互联网等方面的信息服务水平。由表 4 – 8 可见,北京和上海在商务基本设施和信息基础设施两个分项指标上的得分不相上下,在全国均处于领先地位。

表4-7　2010~2014年北京和上海基础条件得分与排名

时间	城市	基础条件		经济实力		总部资源		基础设施		社会基础		人口与就业		环境质量	
		得分	排名	得分	排名	得分	排名	得分	排名	得分	排名	得分	排名	得分	排名
2010	北京	82.12	1	95.39	1	99.99	1	67.56	4	58.24	5	91.21	1	37.26	25
	上海	80.12	2	92.71	2	98.44	2	74.84	3	43.27	20	73.63	4	47.04	21
2011	北京	83.51	1	96.35	1	100.0	1	64.47	6	70.03	4	93.98	1	40.31	26
	上海	82.67	2	95.35	2	96.58	2	70.39	5	61.26	5	75.87	2	56.91	12
2012	北京	82.53	1	95.7	1	100.00	1	63.96	5	64.83	6	94.11	1	38.18	27
	上海	81.38	2	91.58	2	96.29	2	68.52	4	67.8	4	76.02	2	55.38	13
2013	北京	84.33	1	95.14	1	100	1	73.45	4	70.59	3	93.57	1	36.01	28
	上海	80.96	2	91.17	2	91.97	3	79.21	3	61.03	6	67.76	5	54.76	16
2014	北京	82.27	1	92.92	1	99.99	1	60.5	5	74.82	1	93.33	1	52.34	17
	上海	75.47	3	87.85	2	86.54	2	65.05	3	60.93	6	79.34	2	50.15	19

注：表中2005~2006年北京和上海分项指标中的基础设施一项为交通条件。

资料来源：赵弘.2005~2006年、2006~2007年、2007~2008年、2008~2009年、2009~2010年、中国总部经济发展报告[M].北京：社会科学文献出版社。

表4-8　　　　　2005~2014年北京和上海商务设施得分与排名

时间	城市	商务设施 得分	商务设施 排名	商务基本设施 得分	商务基本设施 排名	信息基础设施 得分	信息基础设施 排名
2005	北京	98.23	2	96.71	2	99.76	2
	上海	98.94	1	98.02	1	99.85	1
2006	北京	98.95	2	98.00	2	99.90	2
	上海	99.25	1	98.59	1	99.91	1
2007	北京	99.04	1	99.98	1	98.10	2
	上海	85.17	2	70.36	3	99.99	1
2008	北京	98.54	1	99.97	1	97.10	2
	上海	98.32	2	96.85	2	99.79	1
2009	北京	98.27	1	99.96	1	96.58	2
	上海	98.08	2	96.40	2	99.77	1
2010	北京	98.61	2	100.00	1	97.22	2
	上海	98.80	1	97.82	2	99.77	1
2011	北京	99.48	1	100.00	1	98.95	1
	上海	97.17	2	95.89	2	98.45	2
2012	北京	99.57	1	99.94	1	99.2	2
	上海	96.90	2	94.36	2	99.44	1
2013	北京	95.94	1	99.46	1	92.42	4
	上海	95.08	2	97.37	2	92.79	2
2014	北京	97.59	1	96.67	1	98.52	1
	上海	96.75	2	95.6	2	97.9	2

资料来源：赵弘. 中国总部经济发展报告 [M]. 北京：社会科学文献出版社，历年。

(3) 北京和上海研发能力比较。

研发能力包括人才资源、研发投入和科技成果三项指标。其中，人才资源指标反映城市研发人才的投入程度、密集程度和未来的供给能力；研发投入指标反映研发经费投入的规模和强度；科技成果指标则反映城市研发产出能力和技术创新的活跃程度。由表4-9可见，北京和上海的研发能力得分在全国均居于前列。但是，2006年以来两市的研发能力得分均有下滑的趋势，且上海的下滑幅度大于北京。北京的研发能力得分由2006年的94.97下降到2014年度的86.89，下降了8.51%；上海的研发能力得分由2007年度的84.29下降到2014年的80.85，下降了4.08%。2014年，北京的研发能力以6.04分的优势高于上海。在各分项指标中，人才资源、研发投入及科技成果的得分均高于上海。尤其是在科技成果方面，北京明显高于上海。2014年，北京科技成果得分比上海高10.09。

表4-9　　　　　　　　　北京和上海研发能力得分与排名

时间	城市	研发能力		分项指标					
				人才资源		研发投入		科技成果	
		得分	排名	得分	排名	得分	排名	得分	排名
2005	北京	87.84	1	76.14	1	100.00	1	99.10	2
	上海	72.54	2	51.54	12	87.49	2	99.57	1
2006	北京	94.97	1	89.99	1	100.00	1	99.91	1
	上海	78.96	2	64.37	7	88.70	2	98.39	2
2007	北京	91.54	1	83.10	1	99.99	1	99.99	1
	上海	84.29	2	72.31	2	92.55	2	99.98	2
2008	北京	90.94	1	82.14	2	99.99	1	99.49	1
	上海	78.24	2	61.85	5	90.08	2	99.15	2
2009	北京	90.61	1	81.68	1	99.99	1	99.10	1
	上海	77.43	2	61.74	6	87.61	2	98.62	2
2010	北京	89.23	1	78.73	1	99.99	1	99.46	1
	上海	77.4	3	60.82	7	88.63	2	99.36	2

续表

| 时间 | 城市 | 研发能力 ||分项指标||||||
| | | 得分 | 排名 | 人才资源 ||研发投入||科技成果||
				得分	排名	得分	排名	得分	排名
2011	北京	88.15	1	76.83	2	99.96	1	98.97	1
	上海	82.79	2	72.82	3	86.99	3	98.52	2
2012	北京	87.8	1	76.09	2	99.96	1	99.08	1
	上海	82.55	2	72.04	5	87.63	3	98.51	2
2013	北京	87.57	1	75.42	3	99.97	1	99.47	1
	上海	82.11	2	71.28	4	90.17	3	95.4	2
2014	北京	86.89	1	73.89	4	99.96	1	99.83	1
	上海	80.85	2	69.68	5	94.28	3	89.74	2

资料来源：赵弘. 中国总部经济发展报告［M］. 北京：社会科学文献出版社，历年。

（4）北京和上海专业服务比较。

专业服务主要包括金融保险和专业咨询两个指标。其中，金融保险指标反映的是城市的资金供给能力、保险服务能力等；专业咨询指标则反映的是城市为企业总部提供会计、审计、法律、咨询、广告和企业管理等各种专业化服务的能力与水平。总部经济的发展离不开完善的专业服务体系。这两个细分指标对城市专业服务的影响程度基本相同。从弹性分析看，一个城市的金融保险每增加1%，该城市的专业服务能力将增加0.488%；专业咨询每增加1%，该城市的专业服务能力将增加0.508%，专业咨询的贡献度将大于金融保险。由表4-10可见，2013年北京与上海在专业服务方面均处于全国领先地位，北京以5.16分的优势领先于上海。在各分项指标中，金融保险方面两市的差距不大，得分均接近于满分。但是，在专业咨询方面，北京相比于上海的优势比较明显，两市的得分差距超过10分。

表 4 – 10　　　　　　北京和上海专业服务得分与排名

时间	城市	专业服务 得分	专业服务 排名	金融保险 得分	金融保险 排名	专业咨询 得分	专业咨询 排名
2005	北京	99.99	1	99.98	1	100.00	1
	上海	89.66	2	99.96	2	79.35	2
2006	北京	99.99	1	99.97	2	100.00	1
	上海	91.05	2	99.98	1	82.12	2
2007	北京	99.99	1	99.99	1	99.99	1
	上海	95.43	2	99.98	2	90.87	2
2008	北京	99.96	1	99.93	2	100.00	1
	上海	95.74	2	99.99	1	91.49	2
2009	北京	99.96	1	99.91	2	100.00	1
	上海	95.12	2	99.98	1	90.26	2
2010	北京	99.95	1	99.90	2	100.00	1
	上海	94.06	2	99.98	1	88.14	2
2011	北京	99.95	1	99.90	2	100.00	1
	上海	92.41	2	99.97	1	84.85	2
2012	北京	99.99	1	99.99	1	100.00	1
	上海	92.37	2	99.96	2	84.78	2
2013	北京	99.98	1	99.96	1	100.00	1
	上海	94.82	2	99.95	2	89.69	2

资料来源：赵弘. 中国总部经济发展报告 [M]. 北京：社会科学文献出版社，历年。

（5）北京和上海政府服务比较。

政府服务包括政府的宜商、宜居、和谐城市建设竞争力等细分指标，是反映一个城市政府服务对总部经济发展的能力与水平影响的综合指标。2013年，北京政府服务得分为85.86，在全国排名第3；上海政府服务得分为91.11，在全国排名第1。《2013～2014年中国总部经济发展报告》指出政府服务得分大于74.79分,表明该城市的政府服务在全国35个城市中处于优势水平。[①] 按照这一标准,在政府服务方面,北京和上海均处于优势水平,上海的政府服务水平在全国最优。

(6) 北京和上海开放程度比较。

开放程度主要包括区域开放程度和国际开放程度两项指标。其中,区域开放程度指标反映的是城市与其他城市、区域之间的人员交流、货物流通程度以及信息交流程度;国际开放程度指标主要反映的是城市吸引国际投资的能力、城市与国际贸易联系的程度、城市的国际知名度等。由表4－11可见,两市的开放程度在全国均处于领先地位。近两年北京的开放程度有所下降,排名从2007年的第一位下降到2014年的第3位。2014年,上海的开放程度高于北京,居于全国第2位。在分项指标中,2014年北京和上海的国际开放程度排名分列第2位和第1位,但是北京和上海区域开放程度的排名分列第6位和第5位。由此可见,北京和上海还需要加快区域开放程度,从而提升整体的开放程度。

表4－11　　　　　　　　　北京和上海开放程度得分与排名

时间	城市	开放程度		分项指标			
				区域开放		国际开放	
		得分	排名	得分	排名	得分	排名
2005	北京	84.63	1	75.35	3	93.92	2
	上海	79.23	2	60.45	7	98.00	1
2006	北京	90.70	1	84.83	2	96.56	2
	上海	82.12	2	66.33	4	97.92	1
2007	北京	90.07	1	87.52	1	92.63	2
	上海	82.82	2	70.68	4	94.96	1
2008	北京	82.02	2	67.20	6	96.84	2
	上海	84.16	1	70.15	4	98.18	1

---

① 资料来源:赵弘.2013~2014年中国总部经济发展报告[M].北京:社会科学文献出版社.

续表

时间	城市	开放程度		分项指标			
				区域开放		国际开放	
		得分	排名	得分	排名	得分	排名
2009	北京	79.71	3	64.46	5	94.95	2
	上海	81.08	1	64.50	4	97.66	1
2010	北京	78.90	2	60.18	9	97.62	2
	上海	84.30	1	70.71	3	97.89	1
2011	北京	85.88	2	76.66	3	95.10	2
	上海	84.01	3	70.60	6	97.42	1
2012	北京	85.75	2	76.64	4	94.86	2
	上海	84.36	3	70.82	6	97.91	1
2013	北京	84.71	2	74.46	4	94.96	2
	上海	83.34	3	68.48	5	98.2	1
2014	北京	78.18	3	65.31	6	91.04	2
	上海	83.21	2	66.66	5	99.75	1

资料来源：赵弘. 中国总部经济发展报告［M］. 北京：社会科学文献出版社，历年。

通过上文对影响总部经济综合发展能力的6个一级指标的比较分析，可以发现北京和上海在基础条件、商务设施、研发能力、专业服务和开放程度方面均处于全国前列。然而，在政府服务方面二者均有待提高。2014年，在基础条件、商务设施、研发能力方面，北京优于上海；在服务环境和开放程度方面，上海优于北京。

4.4 北京发展总部经济的优势

北京是中国的政治中心、文化中心、国际交往中心和科技创新中心。与中国其他城市相比，北京至少具有以下发展总部经济的竞争优势：

4.4.1 首都优势

北京最大的优势就是首都优势。北京作为全国的政治中心，也是国家的决策中心和中央政府的所在地，国家的各项重大政治经济决策均在这里做出。作为首都，北京是全国重要的信息发源地。因此，在北京设立企业总部，能够非常便捷地了解全国，乃至全球的发展动态，便于企业加强与中央政府的互动，及时获得政府重要的政策信息，从而便于企业获得政策倾斜、政府采购以及资金扶持等政策支持。

4.4.2 教科文卫优势

北京是中国教育科技文化卫生最发达的城市，重点高校数量占全国的四分之一，央属科研机构占全国的75%，知名文化机构占全国的80%，全国一流的三级甲等医院50多家，医疗机构总数超过1万家。[1] 2014年，全市共有56所普通高校和80个科研机构培养研究生，全年研究生教育招生9.3万人，在学研究生27.4万人，毕业生7.7万人。全市89所普通高等学校全年招收本专科学生16万人，在校生59.5万人，毕业生14.7万人。全市成人本专科招生8.8万人，在校生23.8万人，毕业生9.4万人。[2]

研发投入是科技投入水平的基本反映，研发经费及其占国内生产总值的比例是国际上通用的衡量一个国家或地区科技投入规模和科技实力的两个非常重要的可行性指标。2014年，北京研究与开发经费支出1 286.6亿元，占地区生产总值的6.03%，为全国第一。而文化创意产业增加值超过2 700亿元，在国内生产总值中的比重从2008年的12.1%提高到13%左右。[3] 科技创

---

[1] 北京投资促进局网站，http://www.investbeijing.gov.cn.
[2] 北京2014年国民经济和社会发展统计公报.
[3] 2014年北京研发经费支出1 286.6亿元. 经济日报，2015 – 01 – 28.

新驱动呈现积极变化，文化创新驱动作用不断增强。科技研发和创新经济水平高是北京的一大优势。

4.4.3 人才优势

北京地区是全国最大的教育基地。重点高校占全国的四分之一，进入"211"工程的有20多所，全国高校有300多个博士点，北京就占了三分之一，硕士的规模占全国五分之一。丰富的人力资源优势能够为现代服务业的发展提供动力支撑。高端人才是经济社会发展的核心驱动力。在北京的户籍人口当中，大专以上的人数占就业人数的比例为五分之一，在全国名列第一。北京拥有中国一半以上的科学院和工程院院士，在校大学生和研究生超过80万人，高端人才超过150万。北京丰富的高端人才资源，为企业发展提供了强有力的智力支持。[①]

4.4.4 经济金融资源优势

北京作为环渤海地区和京津冀地区的核心，从区域经济的角度看，对外国直接投资具有很强的吸引力。从经济实力看，2014年北京地区人均生产总值为99 995元，居全国第二位。北京吸引外国直接投资的优势明显。同时，北京是中国的金融决策中心、监管中心和资金清算中心。中国三大金融监管机构均位于北京。中国最大的银行、保险、证券、基金、投资等公司的总部均设在北京，北京金融资产总量占全国近一半，居全国各城市之首。

4.4.5 国际化优势

首都地位奠定了北京的国际化根基。国际事务管理及处理功能，享誉中

---

① 北京投资促进局网站，http://www.investbeijing.gov.cn。

外的都市风貌和旅游资源等使北京在中国所有城市中具有最核心的国际影响力。更加开放的市场体系，发达的科技、教育资源禀赋，较强的经济实力以及全方位、多层次、宽领域的对外开放格局，加强了北京作为国际交流中心的城市地位，使其相对国内其他地区，在国际竞争中具有相对优势。

4.5 北京总部经济发展面临的问题

尽管北京具有发展总部经济的优势，其总部经济发展水平在全国也处于前列，北京总部经济发展也还存在一些问题。

4.5.1 总部经济的总体规模和增长速度较低

北京总部经济的增长速度一直低于上海，总体规模也低于上海。与世界其他总部经济发展较好的城市，如中国香港、纽约和新加坡比较，差距就更大。而且，北京所吸引的外国总部的规模小于上海。外国总部在总部经济总体中所占的比例也小于上海。此外，北京的外资总部主要还是面向中国国内市场的地区总部、投资公司和研发中心，面向亚太市场的总部项目，特别是综合性的营运中心项目所占比例还较低。2010年，由于受金融危机的影响，北京总部经济的增长速度明显小于往年。因此，北京应进一步推进总部经济发展的规模和速度。

4.5.2 商务成本上升过快

近年来，北京商务成本逐年攀高，突出表现在写字楼价格严重偏高。同时，急速攀升的房地产价格，又全面推动了其他商务成本的提高。由图4-1可见，2000年以来，北京综合、商服、住宅和工业四种用途的地价指数均出现明显上升趋势。由于北京民的房地产负担不断攀升，员工生存成本相应提高，企业必须提高员工收入以保持团队的稳定。因此，北京的人力资源成本也在水涨船高。由图4-2可见，1978年以来，北京城镇在岗职工平均工资呈现出明显的上涨趋势。人才紧缺和企业间激烈的人才竞争，不仅导致人才流动率较高，也给外企增加了不小的人才培训费用。商务成本的上涨势必影响跨国公司在北京设立地区总部的决心。2007年美国次贷危机爆发以来，金融危机在全球的蔓延导致一些外商投资企业考虑从新兴市场撤资，同时压缩办公成本，寻找租金更低的商务楼办公。

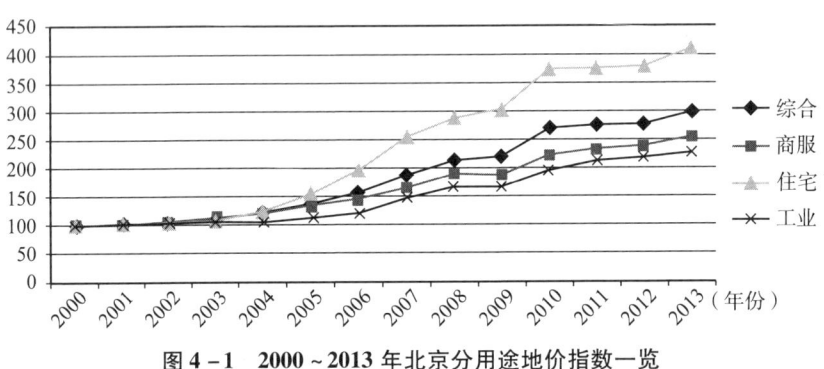

图4-1　2000~2013年北京分用途地价指数一览

资料来源：北京投资促进局网站，http://www.investbeijing.gov.cn。

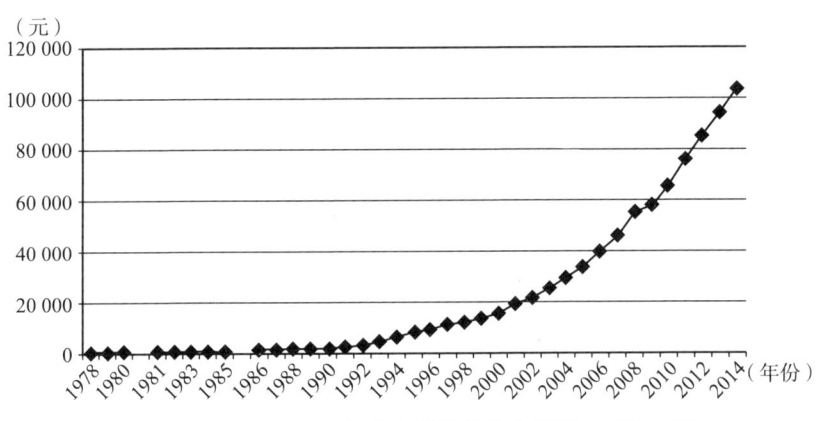

图4-2　1978~2014年北京城镇单位在岗职工平均工资

资料来源：2015年北京统计年鉴。

4.5.3 城市环境还需进一步改善，政府服务能力有待提高

首先，北京作为首都，近年来经济飞速发展，但城市规划、城市布局的更新却进行缓慢。北京的城市布局本身就存在着很大的交通隐患。随着中国汽车工业的迅猛发展，使得北京城区的交通问题越显突出，交通拥堵现象越来越严重。其次，近年来北京空气质量较差，雾霾频发。目前，北京的城市环境还难以适应总部经济对城市居住环境人本化、生态化的要求。最后，北京的法制环境较为完善，政府管理水平也相对较高，但是政府的服务效率相对较低，政府管理制度改革相对较为缓慢，因此，北京要进一步提高政府服务能力。

4.5.4 周边各省市没有为北京总部经济发展提供有力支持

通过总部经济的辐射、扩散作用，北京总部经济应该促进更大地区的经济发展。但是，目前北京还没有同周边各省市形成相互协调、相互合作的整体经济规模效应。北京缺乏制造业跨国公司发展所必须具备的上下游产业链条。河北、山东、山西、内蒙古等周边省市自然资源丰富，其主要优势行业在于矿产、冶金、农业等，技术、资金都相对密集的制造业处于劣势。此外，每年巨大的人才外流也阻碍了这些省市的经济发展。而且，北京同周边各省市缺少明显的分工合作。周边城市主要发展的产业没有同北京的总部经济形成完整的产业链，不能为其总部经济发展提供有力的支撑。

4.6 如何进一步推进北京总部经济的发展

由上文的比较分析可见，北京总部经济的增长速度一直低于上海，总体

规模也低于上海。与世界其他总部经济发展较好的城市,如中国香港、纽约和新加坡相比,差距就更大。[①] 北京总部经济发展也面临一些问题。因此,北京应进一步推进总部经济发展的规模和速度。为适应跨国公司投资需求,应对国际金融危机影响,2009年上半年,北京对1999年出台的《鼓励跨国公司在京设立地区总部的若干规定》进行了修订,扩大了地区总部的业务活动范围,增加了政府资助与奖励的政策条款,还增加了对地区总部在人才引进、出入境等便利化方面的政策条款。今后,北京应实时制定总部经济政策,以推进总部经济的进一步发展。

4.6.1 明确北京重点吸引的总部类型,对总部进行合理布局

北京吸引的外国总部的比例低于上海。因此,要进一步明确北京重点吸引的总部类型,对北京的总部进行合理布局。首先,依据北京的资源优势、产业基础以及城市功能定位,北京应重点吸引世界500强企业以及具有较大国际影响力的跨国公司亚太区总部、大中华区总部、中国区总部;积极吸引北京具有产业优势的电子信息、光机电、生物医药、汽车制造、新材料等外埠大企业总部;积极吸引国内外金融、会计、法律、信息、咨询、文化传媒等现代服务业企业总部;积极吸引国内外大型企业的研发中心,或吸引其在北京设立独立的技术开发机构。其次,要对北京的总部进行合理布局,加强空间规划,引导不同功能、不同产业的企业总部在不同区域聚集,形成具有特色的总部经济聚集区。以企业总部对于城市区位及服务配套需求为依据,合理规划总部聚集区;北京也应以各总部聚集区为核心,在适当的区域范围内完善休闲、娱乐、生活等配套功能,构建多中心、多层次、功能完善的总部经济空间体系。

---

① 邱敏,王希怡. 新加坡总部经济的成功之路 [N]. 广州日报,2008-2-27 (2).

4.6.2 完善北京总部经济聚集区各项配套服务设施

世界上成功发展总部经济的地区都有着完善的配套服务设施。纽约曼哈顿中城洛克菲勒中心是由 19 栋建筑共同围合起的城市绿洲，形成集办公、商业及娱乐功能于一体的商务办公设施。[①] 巴黎拉德芳斯区域内也拥有欧洲最大的购物中心，总面积超过 10 万平方米。纵使在面积狭小的东京新宿，也很强调高档商业设施建设，其地下商业空间面积就达到 11 万平方米。要完善北京总部经济聚集区的各项配套设施，首先，要明确总部经济聚集区所应具备的基本功能。[②] 总部经济聚集区作为城市经济的制高点或某类产业发展的聚集地，它应当具备商务办公、商业、居住和娱乐休闲、文化传播等多元功能，其中核心的功能是商务办公。其次，在总部经济聚集区建设过程中要有意识地协调各种功能占地的比例，既要为聚集区汇聚必要的人气、积淀必要的文化底蕴，也不能冲淡其商务办公的核心功能。总部经济聚集区的开发建设，尤其是其功能的体现，需要本着"统筹考虑、预留空间、比例协调"的原则扎实、协调地推进。[③]

4.6.3 完善北京总部经济发展环境

近年来，北京总部经济虽发展较快，但是也面临一些发展环境方面的问题。有一些跨国公司地区总部或投资性公司，尽管设立在北京，但已将营运中心设在其他地区（主要是上海），或一些经营活动正在逐步向京外地区转移。因此，北京应进一步完善总部经济发展环境。首先，要进一步加强对人

[①] Vanessa Strauss-Kahn, Xavier Vives. Why and where do headquarters move [J]. Regional Science and Urban Economics, 2009 (39): 168-186.
[②] 梅松. 关于北京总部经济发展的思考 [J]. 经济观察, 2006 (4): 76-79.
[③] 赵弘. 发展总部经济需解决三大问题 [J]. 投资北京, 2008 (8): 12-15.

才、科研资源的培育，构建人才高地，为总部经济发展提供良好的人力资源环境；其次，加强法律制度环境建设，尤其要加强知识产权保护；再次，创新金融政策，优化总部经济发展的金融环境；最后，要积极转变政府职能，增强政府服务意识，提高政府服务效率，进一步提高投资者对政府服务的满意度。精简大量行政审批项目，减少行政审批环节、降低政府服务成本，对现有审批体制进行系统的清理和改革，明确程序、时限和责任，增加透明度，健全监督机制。

4.6.4 处理好北京与周边城市的关系

发展总部经济不仅可以促进企业国际竞争力的提高，更能带动区域经济的联动发展。总部经济本质上是一种区域经济，强调要素禀赋不同的区域之间进行合作分工，进行企业价值链的空间分解，从而使得整个区域形成完善的产业配套能力，实现经济发展的共赢。由前面的分析可见，北京的区域开放程度还有待提高。北京在发展总部经济的同时，要处理好与周边地区的关系。京津冀协调发展战略，为北京加强与天津和河北的合作提供了很好的契机。北京发展总部经济要加强与京津冀、环渤海地区的交流与合作。通过"总部—加工基地"链条，将北京的人才、技术等资源辐射到周边地区，带动这些区域的经济发展。把不适合在北京发展的产业转移到周边地区，然后要利用北京的优势来吸引高端的产业、高端的服务业。北京总部经济发展应既能满足其制造业外迁后产业持续发展、经济结构调整的需求，同时也能满足周边区域企业发展所需要的人才、技术等资源需求。北京要以中关村为龙头大力发展高新技术产业，带动环渤海区域的创新基地，与周边区域一起打造一个高新技术产业、现代制造业基地。尤其要借京津冀协同发展的机遇，加强与天津和河北的战略协作。

北京总部经济发展与提升
利用外资水平研究

Chapter 5

第5章 北京利用外国直接投资研究

近年来，北京利用外国直接投资呈现出总体规模扩大、引资速度攀升、项目质量提高的良好发展态势。尽管北京利用外国直接投资在全国处于领先位置。但是，北京利用外国直接投资也存在一些问题。在当前形势下，有必要采取适当的措施推进北京利用外国直接投资进一步发展。

5.1 北京利用外国直接投资的历史发展

改革开放后北京利用外国直接投资逐步发展。1980年4月21日，"北京航空食品有限公司"经中央批准设立，成为北京第一家外商投资企业。伴随国家的改革开放政策，北京利用外国直接投资经历了三个阶段的发展。

(1) 北京利用外国直接投资的初始探索阶段（1980~1991年）。

这一阶段北京利用外国直接投资发展速度缓慢、规模小、投资领域窄、来源结构单一。当时，北京各方面的基础条件还不完善，利用外国直接投资的各项相关法律法规与政策环境不配套，致使这一阶段北京利用外国直接投资主要集中在合资饭店和制造业（如汽车、电视彩管）等领域。这一时期，北京共批准外商投资企业1 572家，平均每年批准100多家，最高的1991年批准735家，合同外国直接投资额为22.6亿美元。①

(2) 北京利用外国直接投资的快速发展阶段（1992~2001年）。

这一阶段北京利用外国直接投资发展速度加快，利用外国直接投资规模加大，外商投资领域拓宽，来源结构改善。首先，邓小平南方谈话促使北京利用外国直接投资的发展步伐加快，利用外国直接投资规模迅速加大。1992~1993年间，是北京利用外国直接投资增长最快的一年。由图5-1可见，1992年以来，北京利用外国直接投资增长明显加快。其次，外商投资领域拓宽，表现在房地产业利用外国直接投资得到蓬勃发展，高新技术产业和第三

---

① 数据来源于《北京统计年鉴1994》。

产业逐渐成为投资热点，外商投资兴办经济技术开发区和工业园区成为热潮。最后，欧、美、日等发达国家投资比重加大，使北京利用外国直接投资来源结构产生变化。1992~2001年，这10年间北京共批准外商投资企业15 435家，合同外国直接投资额为276.2亿美元，实际利用外国直接投资额为166.1亿美元。①

图5-1 1987~2014年北京实际利用外国直接投资额

资料来源：历年北京统计年鉴。

（3）北京利用外商直接投资的质量提升阶段（2002年至今）。

2001年，我国加入世贸组织后，对外开放也进入了一个全新阶段。北京的投资环境更加成熟。由图5-2可见，2002年以来北京吸引外国直接投资的规模不断扩大。2007年初的美国次贷危机，引发了全球的金融危机。危机爆发后，跨国公司的融资较为紧张，影响了其跨国投资的积极性。但是，北京吸引外国直接投资并未受到显著影响，仍然保持了上涨的趋势。2002~2009年，北京共批准外商投资企业10 957家，合同外国直接投资额为477.4亿美元。与此同时，利用外国直接投资的质量明显提高。北京利用外国直接投资中来自发达国家的外国直接投资不断增加，投资的产业结构也不断优化，第三产业吸引外国直接投资呈总体上升趋势，并已占据主导地位。2013年，

---

① 北京利用外资发展历程——30年跨越三个阶段．北京外资30年专刊，2009：10-12.

北京第三产业吸引外国直接投资占比达99%以上。总体来看，北京利用外国直接投资正在朝着结构更优、水平更高的方向发展。

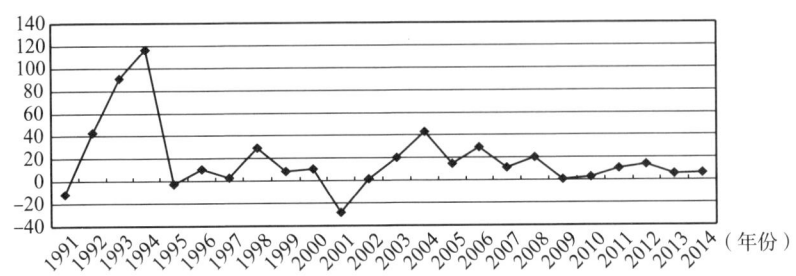

图5-2　1991~2014年北京实际利用外国直接投资额年增长率

资料来源：历年北京统计年鉴。

5.2　北京利用外国直接投资的现状

下面从北京利用外国直接投资的规模、结构、方式和来源地四个方面对北京利用外国直接投资的现状进行分析。

5.2.1　北京利用外国直接投资规模

由图5-1可见，1987年以来北京实际利用外国直接投资额呈总体增长趋势。由图5-3可见，1993~2014年北京外国直接投资金额占全国的比重有所增长。北京实际利用外国直接投资金额占全国的比重由1987年的4.11%提高到2014年的7.56%。2014年，北京实际利用外国直接投资金额为90.41亿美元，同比增长6.1%，连续13年实现增长，再创年度引资规模新高。截至2014年底，本市累计引进外资项目3.8万个，实际吸收外资达到875亿美元。[1] 2014年北京吸引外国直接投资金额为1987年（0.95亿美元）

---

[1] 北京利用外国直接投资连续13年实现增长［EB/OL］. 人民网-北京频道，2015-03-20.

的95.17倍。而且，不仅北京利用外国直接投资的绝对量增长迅速，其外国直接投资业绩指数也高于全国水平。

所谓外国直接投资业绩指数，是指在一定时期内，该省市外国直接投资的流入量占全国外国直接投资流入量的比重除以该省市国内生产总值（GDP）占全国国内生产总值的比重，如公式（5-1）所示：

$$\text{FDI 定绩指数} = \frac{\text{FDI}_i/\text{FDI}_c}{\text{GDP}_i/\text{GDP}_c} \quad i = 1, 2, 3, \cdots, n \quad (5-1)$$

其中，FDI_i = 第 i 个省市的外国直接投资流入量，FDI_c = 全国外国直接投资的总流入量。GDP_i = 第 i 个省市的国内生产总值，GDP_c = 全国的国内生产总值。如果外国直接投资业绩指数值等于1，则表明该省市外国直接投资占全国的比重与其占全国国内生产总值的比重相等；若指数值大于1，说明该省市吸收了比其经济规模更多的外国直接投资；若指数值小于1，表明该省市外国直接投资流入低于其经济规模应达到引资数量。这就改进了以外国直接投资流入的绝对量作为评价标准，各省市经济规模不同造成的影响。由图5-4可见，1987年以来北京外国直接投资业绩指数全部大于1，即相对于其地区生产总值规模来说，北京外国直接投资业绩指数高于全国水平。

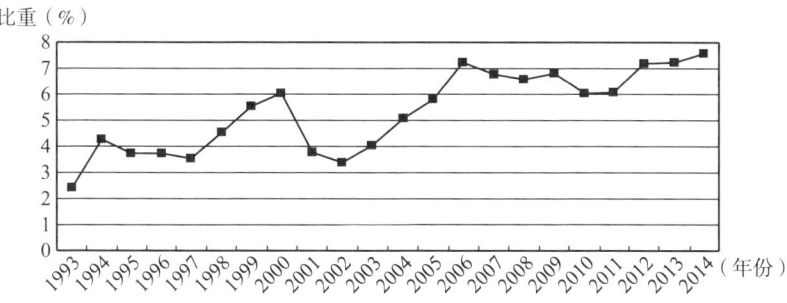

图5-3　1993~2014年北京实际利用外国直接投资金额及占全国的比重

资料来源：全国及北京统计年鉴（1994~2015年）。

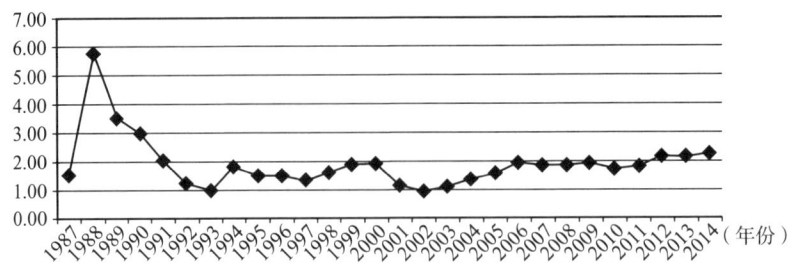

图 5-4　1987~2014 年北京实际利用外国直接投资业绩指数

资料来源：全国及北京统计年鉴（1988~2015 年）。

5.2.2 北京利用外国直接投资的产业分布情况

从产业分布来看，北京利用外国直接投资产业结构先后经历了从"三、二、一"到"二、三、一"再到"三、二、一"的变化过程。改革开放初期，第三产业吸引外资占的比重较高，到 20 世纪 90 年代中期，第二产业吸引外资的占比较高。之后，随着北京产业结构逐步升级，第三产业成为吸引外国直接投资最多的领域。1992 年北京确定了按照"三、二、一"产业结构发展的方针，第三产业被列为北京发展的重点。受其影响，第三产业吸引外国直接投资的规模和比重均有所增加。由图 5-5 可见，1994 年以来，北京第一产业，即农、林、渔、牧业吸引的外国直接投资所占比重一直较小，外国直接投资大部分集中在第二、三产业。2003 年以来，第一产业吸收外国直接投资所占比重一直较小，低于一个百分点。1994 年以后，第三产业在北京地区生产总值中所占的比重超过了第二产业。1994~2014 年期间，除 1995 年、1997 年和 1999 年，第三产业实际利用外国直接投资占全市的比重均保持在 60% 以上。其中，2007 年达到 80% 以上。2009 年以来，第三产业实际利用外国直接投资占全市的比重均保持在 80% 以上。其中，2013 年达到 99.76%。2014 年，北京第二产业吸引外国直接投资在吸引外国直接投资总量中的占比仅为 24.03%；第三产业占比达到 75.85%。2014 年，第三产业利用外国直接投资占比虽然有所下降，但是仍处于明显的主体地位。

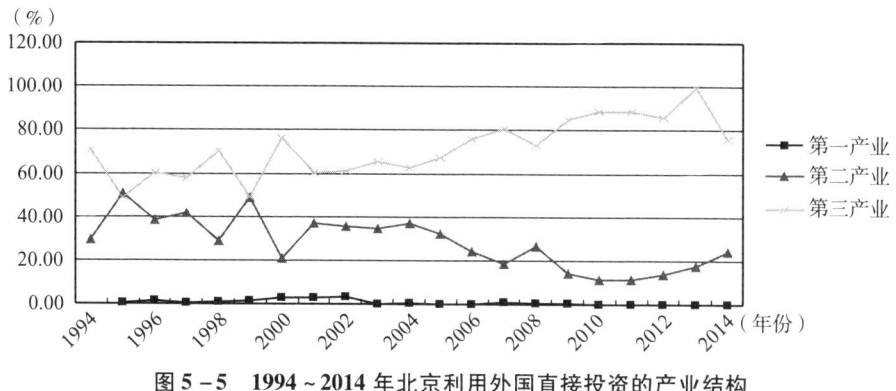

图 5-5　1994~2014 年北京利用外国直接投资的产业结构

资料来源：根据 1995~2015 年北京统计年鉴整理而得。

表 5-1 显示了 2003~2014 年北京各行业实际利用外国直接投资额占总额的比重。由此表可见，近年来北京利用外国直接投资主要集中在租赁和商务服务业、制造业和房地产业。2014 年，北京外国直接投资中租赁和商务服务业所占比重最大，达到 37.58%，接下来为房地产业（15.13%）和信息传输、计算机服务和软件业（12.75%）。近年来，北京利用外商投资的行业构成呈现出以下特点：一是农、林、牧、渔业和建筑业所占比重一直较小；二是制造业吸引外国直接投资所占比重呈下降趋势，从 2003 年到 2014 年，制造业吸引外国直接投资所占比重已经由 2003 年的 33.61%，下降到 2014 年的 9.32%；三是利用外商投资主要集中在租赁和商务服务业、房地产业和信息传输、计算机服务和软件业，而且，这些集中行业的排序发生了变化，2012 年以来租赁和商务服务业吸引外国直接投资超过房地产业；四是信息传输、计算机服务和软件业所占比重呈总体上升趋势，从 2003 年到 2014 年，该行业吸引外国直接投资额所占比重已经由 2003 年的 7.94%，上升为 2014 年的 12.75%。2014 年，服务业利用外资增长 13.1%，占全市实际利用外资的 87.7%。其中以商务、信息、科技、金融、物流等服务为主的生产性服务业实际利用外资增长 31%，占全市的 65.5%；投资型总部、金融租赁、科技研发项目实际外资分别增长 1.4 倍、54.2% 和 43.8%。[1]

---

[1] 2014 年北京实际利用外资突破 90 亿美元 [N]. 北京日报，2015-01-14.

表 5-1 2003~2014 年北京各行业利用外国直接投资占实际利用
外国直接投资总额的比重   单位: %

项目	2003年	2004年	2005年	2006年	2007年	2008年	2009年	2010年	2011年	2012年	2013年	2014年
农、林、牧、渔业	0.09	0.33	0.10	0.12	0.94	0.33	0.63	0.20	0.03	0.09	0.20	1.54
制造业	33.61	36.54	32.11	23.20	17.69	24.67	12.31	10.76	8.97	10.74	12.53	9.32
建筑业	0.85	0.42	0.25	0.28	0.17	0.28	0.41	0.06	0.33	0.05	0.02	0.08
信息传输、计算机服务和软件业	7.94	8.81	6.88	9.74	15.49	17.33	15.48	15.00	15.49	16.80	14.02	12.75
批发与零售业	3.20	2.07	0.73	5.36	6.58	5.70	9.05	10.38	16.36	9.24	10.88	6.06
住宿和餐饮业	5.93	0.34	0.18	0.41	1.15	0.55	1.38	0.55	0.24	0.36	0.21	0.23
房地产业	15.29	11.79	13.14	15.87	23.59	12.95	13.02	22.27	15.95	10.91	17.37	15.13
租赁和商务服务业	24.00	33.40	35.24	38.30	18.34	21.79	36.90	27.59	26.98	20.09	20.07	37.58
其他行业	9.09	6.29	11.38	6.73	16.05	16.38	10.82	13.18	15.64	31.71	24.68	17.31

资料来源: 北京统计年鉴 (2004~2015, 历年)。

5.2.3 北京利用外国直接投资的来源地分布情况

改革开放到 20 世纪 90 年代前期, 北京利用的外商直接投资主要来自亚洲, 其中香港是最大来源地, 合同以及实际投入总额均居首位。20 世纪 90 年代中期至今, 来自发达国家包括美国、英国、德国和日本等国家的外国直接投资不断增加, 但是占比一直较低。如表 5-2 所示, 2006 年以来, 香港在北京吸引外商直接投资中一直占据首位, 其实际投资金额远高于其他国家和地区, 且其所占比重呈上升趋势。2014 年, 香港在北京实际吸引外商直接投资金额中所占比例超过了50%。德国对北京外国直接投资所占比重位居第二，达11%，其他来源地所占比例均不超过10%。可见，北京吸引外国直接投资的来源地比较集中。

表5-2　　2006~2014年北京外商直接投资主要来源地实际投资额占利用外国直接投资总额的比重　　单位：%

地区＼年份	2006	2007	2008	2009	2010	2011	2012	2013	2014
中国香港	19.02	29.47	28.49	44.16	49.16	45.79	54.76	42.29	59.89
英属维尔京群岛	17.23	20.56	20.56	20.13	11.98	16.02	3.59	6.00	4.16
开曼群岛	6.06	13.55	12.41	6.76	7.10	5.10	7.38	5.16	4.07
日本	14.85	6.00	7.76	3.91	6.39	10.94	7.34	5.25	3.44
韩国	7.77	4.82	4.58	2.88	2.31	3.17	8.82	2.47	2.06
美国	4.40	3.61	2.94	3.04	3.36	4.28	2.62	4.56	1.73
新加坡	3.87	3.03	1.73	2.06	3.91	1.83	3.94	2.27	3.94
巴巴多斯	1.60	2.72	2.60	0.39	0.15	0.12	0.02	0.33	0.33
德国	10.50	2.27	4.38	2.34	3.51	2.54	3.20	12.61	11.06
毛里求斯	2.23	1.59	1.28	0.92	1.13	0.19	0.17	0.39	0.40
百慕大	0.36	1.49	0.28	0.73	0.76	0.12	0.18	0.03	0.22
萨摩亚	0.33	1.22	0.41	0.21	0.27	0.13	0.14	0.07	0.03
荷兰	1.01	0.96	4.69	0.80	1.67	0.52	1.06	1.72	1.34
法国	0.79	0.75	0.42	1.04	0.58	0.94	0.28	0.17	0.70
英国	0.65	0.65	0.81	0.69	0.18	0.89	0.48	0.28	0.19

资料来源：历年《北京统计年鉴》。

5.2.4　北京利用外国直接投资的投资方式

北京利用外国直接投资的主要方式是中外合资企业、中外合作企业和外商独资企业。对跨国公司而言，合资只是进入发展中国家的捷径。在外资的进入越来越便利的情况下，为避免公司核心技术的泄露以及从公司战略和管理出发，更多的外商投资企业青睐于成立独资企业。外商在北京的投资形式经历了以中外合资经营为主到外商独资为主的过程。1992年以来，随着我国进一步放宽了外商在国内的投资领域，北京外商独资项目明显增多。1996年后，中国加大了引资力度，进一步促进利用外国直接投资方式的多元化。2001年入世以后，独资成为外商投资的首选方式，同时有些外商也对已有的合资经营企业进行了独资化改造。如表5-3所示，2003年以来北京中外合资企业和中外合作企业的占比逐年下降，而外商独资企业的占比呈现出明显的上升趋势。北京外商独资企业所占比例从2003年的52.84%上升到2014年的77.91%，上升了25.09个百分点。2007年，这一比例达80.69%。可见，独资方式已经占据主导地位。

外国直接投资独资化趋势主要表现在商业批发零售业、计算机应用服务业等行业上，由于对于金融、保险、电信等行业，目前中国市场还没有完全向外资开放，对外商投资比例仍有限制，因此这些行业中外直接投资往往采用合资经营模式。随着第三产业一些领域逐渐向外商投资全面开放，包括银行、保险和证券在内的金融业，以及批发、零售、外贸、物流在内的流通业等业务将成为跨国公司进入的热点，这些行业独资化的趋势也将会进一步加强。

表5-3　　　　　2003~2014年北京利用外国直接投资方式　　　　单位：%

投资方式＼年份	2003	2004	2005	2006	2007	2008	2009	2010	2011	2012	2013	2014
合资经营	30.20	25.76	19.69	17.70	15.38	14.95	14.88	14.35	11.20	23.87	22.37	17.12
合作经营	16.96	9.02	6.69	7.26	3.56	3.51	5.27	3.60	2.14	1.76	2.68	0.57
独资经营	52.84	65.23	73.58	75.00	80.69	80.61	73.34	81.21	84.33	73.66	69.60	77.91
外商投资股份制	—	—	0.03	0.04	0.37	0.93	6.52	0.84	2.33	0.71	5.35	4.40

资为来源：《北京统计年鉴》（2004~2015，历年）。

5.3 北京和上海利用外国直接投资的比较研究

北京和上海是我国经济最发达的两个城市,它们在经济实力、区位优势等方面都存在相似性。葛顺奇和郑小洁(2003)的研究指出上海利用外国直接投资的总规模超过北京1倍以上,平均投资项目规模上海高出北京约50%;来自欧盟的外国直接投资在京、沪的投资高于全国水平,而来自中国台湾的投资则低于全国水平;20世纪90年代以来,合资方式所占的比例逐年下降,独资方式上升;从部门构成来看,北京吸引外资的最主要领域是第三产业,特别是社会服务业和房地产业。改革开放以来,两市在吸引外国直接投资方面都取得了优异的成绩。下文将从两市利用外国直接投资的总量、产业结构、来源地和引资方式四个方面对两市利用外国直接投资进行比较研究。

5.3.1 北京和上海利用外国直接投资规模比较

改革开放以来,北京和上海两市经济迅速增长,其利用外国直接投资规模也随之迅速增大。下文将从两市利用外国直接投资的绝对量和相对量两个角度比较两市利用外国直接投资的规模。首先,从绝对量来看,两市外国直接投资的金额和占全国比重均呈逐年增长的趋势。由图5-6可以很明显地看出,相比之下,上海市利用外国直接投资的规模要高于北京。由图5-7可见,上海市利用外国直接投资占全国的比重高于北京所占比重。

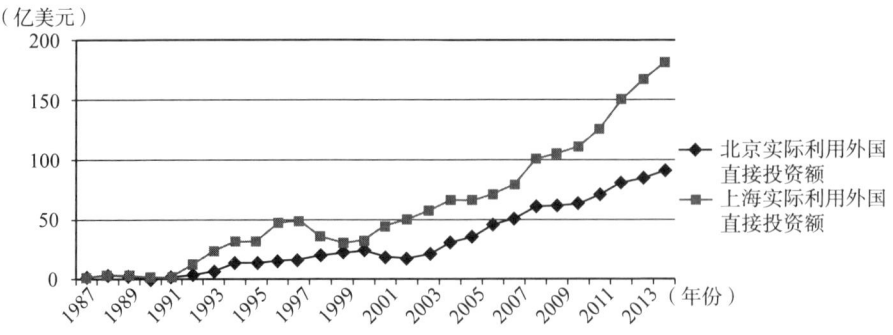

图5-6 1987~2014年北京和上海实际利用外国直接投资规模

资料来源：《北京统计年鉴》《上海统计年鉴》（1988~2015，历年）。

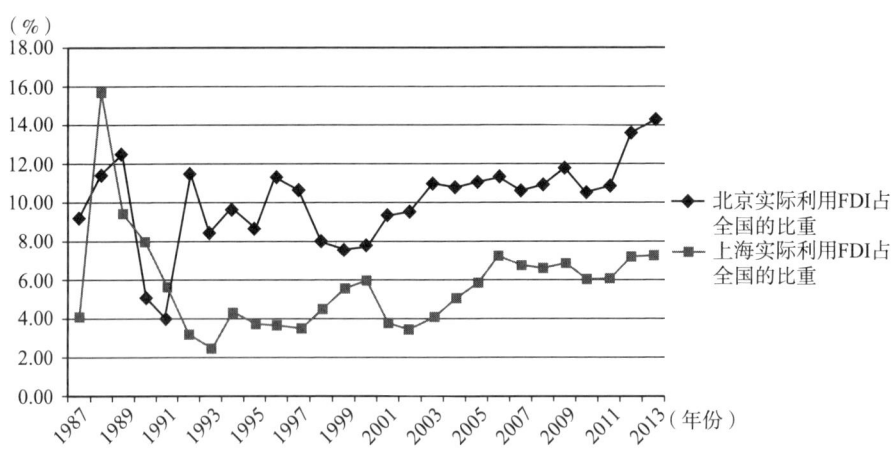

图5-7 1987~2014年北京和上海实际利用外国直接投资占全国的比重

资料来源：北京、上海统计年鉴（1988~2014年）。

对两市利用外国直接投资绝对量的比较没有考虑两市经济规模不同造成的影响，因此，进一步采用外国直接投资业绩指数，来比较两市利用外国直接投资的规模。如图5-8所示，1987年以来北京和上海两市外国直接投资业绩指数都大于1，即相对于其地区生产总值规模而言，其利用外国直接投资水平高于全国。其中，2002年以来上海市外国直接投资业绩指数均高于2，远高于全国水平。除1988~1991年、1999年和

2000年，其他年份上海市外国直接投资业绩指数均大于北京。所以，无论从绝对量看，还是从相对量来看，上海市利用外国直接投资规模都大于北京。

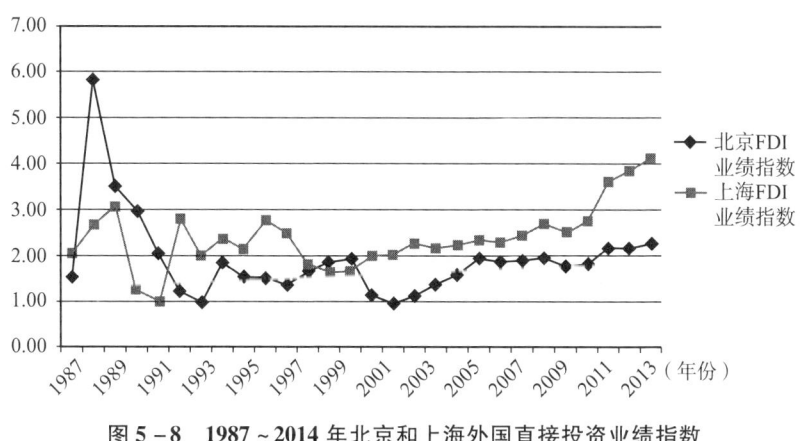

图5-8　1987~2014年北京和上海外国直接投资业绩指数

资料来源：《中国统计年鉴》《北京统计年鉴》《上海统计年鉴》（1988~2015，历年）。

5.3.2　北京和上海利用外国直接投资产业分布比较

总的来说，北京和上海利用外国直接投资的产业分布具有一定的相似性。第一产业，即农、林、渔、牧业吸引的外国直接投资占两市吸引外国直接投资总额的比重均较小。两市利用外国直接投资大部分集中在第二、第三产业。改革开放以来，北京吸引外国直接投资的规模不断扩大，1992年，北京确定了按照"三、二、一"产业结构发展的方针，第三产业被列为北京发展的重点，利用外国直接投资也紧密围绕着全市三大产业的发展格局。北京第三产业利用外国直接投资逐年增长。特别是1999年以后，北京第三产业吸引外国直接投资的规模无论在项目数还是资金数上均有所提高，第三产业的合同外国直接投资金额大大超过第二产业。如表5-4所示，1994~2014年间，除1995年、1997年和1999年，北京第三产业实际利用外国直接投资占全市实际利用外国直接投资比重均保持在60%以上。

从外国直接投资的行业投向变动来看,近年来北京制造业、房地产业和社会服务业吸纳外国直接投资比重之和始终保持在70%以上,产业集中度较高的特征仍然明显。2014年,北京外国直接投资中租赁和商务服务业占37.58%,信息传输、计算机服务和软件业占12.75%,房地产业占15.13%,制造业占9.32%。[①] 与改革开放20多年来外国直接投资的存量结构相比,北京外商投资的行业构成呈现出两个方面的变化:一是外商投资集中的行业排序发生了变化,社会服务业吸引外国直接投资超过房地产业;二是外商投资开始向其他领域扩张和转移,特别是第三产业中的批发和零售贸易餐饮业、金融保险业等行业的比重开始缓慢上升。

上海作为我国重要的工业制造业基地之一,其产业定位和北京有所不同,外商投资项目普遍呈现投资金额大、技术层次高、产业链延伸广等特点。特别是2000年以来,20多年的改革开放使得上海的城市综合实力不断加强,外国投资者纷纷抢占上海,作为进军中国以及世界市场的工业基地。与北京相比,上海第二产业外国直接投资呈现出先上升后下降的趋势,且第二产业利用外国直接投资主要集中于工业部门。上海外国直接投资投入行业也由最初的食品加工业、纺织业,逐渐向普通机械制造业、电气制造业,再向科技含量更高的汽车、电子通信制造业等行业转变。如表5-4所示,1994~2002年上海市第二产业外国直接投资所占比重从37.7%升至62.29%,而第三产业利用外国直接投资比重有所降低,由62.1%降至37.53%。2003年以后,上海第三产业利用外国直接投资比重增长迅速,超过第二产业。近年来,上海外国直接投资正在加快向商贸、物流、广告、金融等现代服务业领域拓展。2014年,第三产业利用外国直接投资占比已经超过90%。

---

① 北京统计局,国家统计局北京调查总队. 北京2009年国民经济和社会发展统计公报,北京统计信息网,2010-02-02.

表 5-4　1994~2014 年北京和上海两市第二、第三产业利用外国直接投资比重

单位：%

年份	北京 第一产业	北京 第二产业	北京 第三产业	上海 第一产业	上海 第二产业	上海 第三产业
1994	0	29.40	70.60	0.2	37.70	62.10
1995	0.4	50.70	48.90	0.1	38.40	61.50
1996	1.2	38.50	60.30	0.5	44.20	55.30
1997	0.6	41.70	57.70	0	57.90	42.10
1998	0.8	29.00	70.20	0.7	69.20	30.10
1999	1.6	48.90	49.50	0.36	52.16	47.48
2000	2.8	20.80	76.40	0.19	63.47	36.34
2001	2.8	36.90	60.30	0.39	60.35	39.26
2002	3.2	35.60	61.20	0.18	62.29	37.53
2003	0.1	34.46	65.44	0.12	42.75	57.04
2004	0.34	36.96	62.70	0.36	54.85	44.62
2005	0.1	32.36	67.54	0.09	49.81	52.12
2006	0.12	24.03	75.85	0.08	37.75	62.14
2007	0.94	18.44	80.62	0.08	32.79	67.11
2008	0.34	26.72	72.94	0.13	32.09	67.78
2009	0.63	14.46	84.91	0.78	26.95	72.27
2010	0.20	11.30	88.51	0.80	19.79	79.41
2011	0.03	11.45	88.52	0.30	16.93	82.77
2012	0.09	13.97	85.94	0.11	16.39	83.50
2013	0.20	17.60	99.76	0.02	19.13	80.85
2014	0.12	24.03	75.85	0.02	9.79	90.20

资料来源：根据 1995~2015 年北京和上海统计年鉴整理得到。

5.3.3　北京和上海利用外国直接投资来源地比较

自从我国开始利用外国直接投资以来，到 20 世纪 90 年代前期，北京

和上海所利用的外国直接投资主要来自亚洲，其中香港是两市外商直接投资的最大来源地，合同以及实际利用的外国直接投资总额均居首位。20世纪90年代中期至今，由于欧美公司对世界市场的争夺扩展到了发展中国家，进入两市的跨国公司大幅增长，来自发达国家包括美国、英国、德国和日本等国家的外国直接投资不断增加。中国加入世界贸易组织之后，原来给予的超国民待遇逐步取消，从而使优惠政策导向型的外商投资相对减少。来自港澳台地区和东南亚国家的外国直接投资很多是中小企业，比较看重优惠政策。"两税合一"及超国民待遇的取消对这类投资产生了一定的影响。但是，随着2003年《内地与香港关于建立更紧密经贸关系的安排》（CEPA）协议的签订，内地与香港合作领域不断拓宽，香港地区在两市的投资持续增长。

表5-2显示，2006年以来，北京实际利用外商直接投资金额所占比例较大的有中国香港、日本和德国。其中，香港始终排名第一，且实际投资金额远高于其他国家和地区；日本、韩国的外国直接投资金额所占比重呈现下降趋势；来自作为国际避税地的英属维尔京群岛的外国直接投资金额呈现上升后下降的趋势。表5-5显示，2003年以来，上海实际利用外商直接投资额中香港外商所占比重居首位，且比重逐步上升；来源于德国的外国直接投资受2007年美国次贷危机引发的金融危机影响，呈现出先下降后上升的趋势；来源于美国、日本和韩国的外国直接投资有下降趋势。但是，总体来看，北京利用外国直接投资来源于英属维尔京群岛、开曼群岛等避税港的比重高于上海市。

综上所述，北京和上海两市外国直接投资来源地分布呈现明显的不均衡，香港是两市外商直接投资的最大来源，来自北美和欧洲发达国家的外国直接投资所占比重较低，且近年来外国直接投资来源地不均衡的状态没有明显改观。来源于美国、日本和韩国的外国直接投资在北京和上海外国直接投资中的占比都呈现下降趋势。

表 5-5　1999~2014 年上海外商直接投资主要来源地实际投资比例　　单位: %

年份 地区	2003	2004	2005	2006	2007	2008	2009	2010	2011	2012	2013	2014
中国香港	25.57	25.03	12.76	19.04	24.92	30.74	37.53	41.68	44.79	45.06	49.77	63.74
中国澳门	0.10	0.08	0.03	0.13	0.09	0.06	0.08	0.07	0.05	0.03	0.09	0.17
中国台湾	7.20	3.65	3.47	4.43	1.29	1.25	1.13	0.90	0.71	2.86	1.09	1.71
日本	18.85	18.19	18.04	11.71	11.02	9.24	8.12	9.08	9.46	11.92	9.90	6.86
韩国	0.91	1.28	0.79	1.62	1.67	0.98	1.91	1.31	1.47	1.35	0.75	0.43
新加坡	3.50	5.09	3.88	4.21	3.85	4.71	3.32	11.35	11.64	6.42	7.59	4.57
泰国	1.54	0.18	0.03	0.14	0.06	0.05	0.01	0.07	0.03	0.05	0.05	0.00
德国	3.66	4.82	8.51	10.37	4.55	1.87	6.44	3.42	2.49	1.67	1.84	1.16
英国	4.41	1.18	3.28	1.91	1.11	1.22	0.66	1.27	1.15	0.52	0.26	0.54
法国	2.02	0.98	1.24	0.66	1.81	1.32	2.08	2.54	1.99	1.34	1.34	0.44
意大利	0.07	0.24	0.10	0.44	0.88	1.01	0.48	0.29	0.29	0.45	0.35	0.62
美国	9.86	10.41	6.82	5.11	6.65	4.11	4.42	4.02	2.44	4.62	7.53	5.49
加拿大	0.31	0.18	0.32	0.27	0.34	0.45	0.36	0.60	0.13	0.09	0.17	0.06
澳大利亚	0.36	0.58	0.41	1.38	0.38	0.25	0.21	0.39	0.15	0.16	0.21	0.06

资料来源: 上海统计年鉴 (2000~2013, 历年)。

5.3.4　北京和上海利用外国直接投资投资方式比较

北京和上海利用外国直接投资的主要方式是中外合资企业、中外合作企业和外商独资企业。由表 5-6 可见, 2003 年以来, 两市利用外国直接投资中外合资企业和中外合作企业的占比都有所下降, 而外商独资企业的占比呈现明显上升趋势。外商独资企业占北京利用外国直接投资总额的比重由 2003 年的 52.84% 上升到 2014 年的 77.91%; 外商独资企业占上海利用外国直接投资总额的比重由 2003 年的 63.61% 上升到 2014 年的 83.2%。1992 年以来, 随着我国进一步放宽外商在国内投资的领域, 北京和上海外商独资项目明显

表5-6 2003~2014年北京和上海外国直接投资方式分布情况

单位：%

城市	投资方式	2003	2004	2005	2006	2007	2008	2009	2010	2011	2012	2013	2014
北京	合资经营	30.20	25.76	19.69	17.70	15.38	14.95	14.88	14.35	11.20	23.87	22.37	17.12
	合作经营	16.96	9.02	6.69	7.26	3.56	3.51	5.27	3.60	2.14	1.76	2.68	0.57
	独资经营	52.84	65.23	73.58	75.00	80.69	80.61	73.34	81.21	84.33	73.66	69.60	77.91
	外商投资股份制	—	—	0.03	0.04	0.37	0.93	6.52	0.84	2.33	0.71	5.35	4.40
上海	合资经营	31.49	27.06	21.23	22.29	21.62	19.50	15.34	16.04	15.77	17.90	15.88	12.07
	合作经营	4.82	5.21	2.41	2.62	1.97	2.21	1.94	1.52	2.05	3.79	3.55	4.56
	独资经营	63.61	67.54	68.35	75.00	76.30	78.17	82.73	81.57	81.00	77.90	79.31	83.20

资料来源：《北京统计年鉴》《上海统计年鉴》（2004~2015，历年）。

增多。1996年后，中国加大了引资力度，进一步促进利用外国直接投资方式的多元化，使国际资本可以选择投资风险更低、边际报酬率更高的投资方式。由于跨国公司在全球范围内安排生产活动，为了直接管理海外生产企业使其完全纳入跨国公司的全球生产链之中，越来越多的跨国企业采用独资的投资方式。此外，经济全球化使得国际企业面临更激烈的竞争，为保持自身在竞争中处于不败之地，跨国公司加强对核心技术的垄断，这也是进入中国的外资企业更多采取独资经营的一个重要原因。北京和上海两市利用外资中独资方式呈明显的上升趋势。

5.4 北京利用外资存在的问题

近年来北京利用外资发展较快，但是也还存在一些问题。李明（2009）研究了改革开放30年来北京吸引和利用外资问题。他指出北京利用外资规模稳步上升，外资质量不断提高，外资结构不断优化，对北京的经济和社会发展做出了巨大贡献。北京利用外资存在的问题主要有：经济实力有待提高；基础设施建设需进一步加强；政策法规环境较差；人才培养存在结构性缺陷；国际化水平尚有提升空间；产业集群发展不成熟，制造业的配套企业发展滞后。此外，全球经济危机的蔓延和外资转型是当前形势下北京面临的严峻挑战。本节从以下几个方面对北京利用外国直接投资存在的问题进行了分析。

5.4.1 利用外资的规模和水平仍有待提升

北京是我国的首都，是我国的政治经济和文化中心。但是，2013年北京外商投资企业投资总额为1 771亿美元，在全国的排名为第6名。2013年，上海外商投资企业投资总额4 579亿美元，接近北京的3倍，在全国排名第3。近年来，上海不仅利用外国直接投资的总规模超过北京1倍以上，而且其平均投资项目规模也高出北京约50%。北京吸引的跨国公司总部的数量也不如上海。因此，北京利用外资的规模和水平仍有待提升。从2006年起，北京已经从以投资推动的外延式经济增长模式向以科技创新为推动力量的内涵式经济增长模式转变，北京利用外资面临着向资本和技术密集型转型和升级的问题。如何进一步鼓励和促进外资顺利的实现转型，从而提升利用外资的规模和水平是北京利用外资必须考虑的重要问题。因此，北京应采取有效对策提升利用外国直接投资的规模和水平。

5.4.2 产业集群发展不成熟，制造业的配套企业发展滞后

北京吸引外国直接投资最大的"瓶颈"是没有形成产业集群，存在严重的产业断链现象，没有形成类似于长江三角洲、珠江三角洲经济圈产业配套的良性模式。北京虽然属于环渤海经济圈的重要成员，但是没有同周边各省市形成相互协调、相互合作的整体经济规模效应。北京缺乏制造业类的跨国公司发展所必须具备的上下游产业链条。河北、山东、山西、内蒙古等周边省市自然资源丰富，其主要优势行业在于矿产、冶金、农业等，技术、资金都相对密集的制造业处于劣势。此外，每年巨大的人才外流也阻碍了这些省市的经济发展。而且，北京同周边各省市缺少明显的分工合作。周边城市主要发展的产业没有同北京形成完整的产业链，不能为其经济发展提供有力的支撑。与此形成对比的是，长江三角洲、珠江三角洲等地外商投资制造业发展迅速，原因是那里民营企业主要集中发展相关制造业产业集群，从而使外商很容易在当地找到合适的配套企业，形成高效的企业关联效果和聚集效应。

5.4.3 北京利用外资的来源地较为集中

近年来，北京外商直接投资来源地不均衡的状态没有明显的改观。北京外商投资来源地分布主要在亚洲，以港澳台地区为主，其中港资是最大来源。

2003 年以来,北京实际利用外商直接投资金额所占比例较大的有香港、英属维尔京群岛、开曼群岛、日本和韩国等国家和地区。其中,香港始终排名第一,且实际投资金额远高于其他国家和地区。2006 年以来,北京地区外国直接投资来自作为国际避税地的英属维尔京群岛的外国直接投资金额快速增长,来自日本和韩国的外国直接投资金额呈现下降趋势,来自北美和欧洲发达国家的比重总体较低。2014 年,来自香港的外商直接投资占外商投资总额的 59.89%、来自德国的外商投资占 11.06%,来自其他国家和地区的外商直接投资均不超过 5%。可见,北京利用外商直接投资的来源地仍较为集中。

5.4.4 外资投资环境有待改善

北京作为首都,近年来经济飞速发展,但北京利用外国直接投资的环境还有待改善。主要表现在以下方面:一是政府管理制度改革较为缓慢。一些政府部门办事效率较低,行政手续繁杂,政府公务员服务意识不强,部分政策法规的制定和实施尚不够规范。二是北京城市规划、城市布局的更新进行缓慢。北京的城市布局本身就存在着很大的交通隐患。随着中国汽车工业的迅猛发展,使得北京城区的交通问题越显突出,交通拥堵现象越来越严重。三是北京的国际化程度有待提高。国际人力咨询企业美世管理顾问公司发布的 2015 年全球主要城市生活质量排行榜,为跨国企业向海外派驻员工时提供参考。奥地利首都维也纳再次蝉联榜首,欧洲城市继续名列前茅。中国城市中排名最高的是香港,列第 70 位;其次是台北,第 83 位;再次是台中,第 99 位。大陆地区排名最高的是上海,列第 101 位,北京列第 118 位。[1] 因此,北京应进一步提升国际化水平,以改善吸引外国直接投资的环境。

---

[1] 2015 年全球主要城市生活质量排行榜——中国城市重庆西安提升最快 [N]. 新民晚报,2015 – 03 – 06.

5.4.5 独资方式成为北京利用外资的主体，为跨国公司转移定价提供了便利

由于独资方式在北京利用外资中已占有绝对优势。独资化使跨国公司内部进行关联交易、虚报利润、转移利润、逃避税收等变得更加容易。转移定价通常被视为一种跨国公司广泛运用的避税手段，而跨国公司的独资化倾向，为价格转移的顺利进行创造了越来越便利的条件。转移定价可以达到变相资本流动的目的。高报进口、低报出口，结果是资本外流；高报出口、低报进口，结果是资本内流。中国境内外商投资企业借助转移定价方式转移的资金规模相当庞大。通过在境外离岸金融中心设立离岸公司，以离岸公司作为境内企业的交易对手，就可以避免为由此积累的账面利润付出高额税收成本。

由上述研究可见，北京吸引外资的总体水平还不尽如人意。北京总部经济的兴起给提升利用外资的水平和质量提供了很好的契机。北京应该采取有力措施进一步促进总部经济的发展，同时提升利用外资的质量和水平。

5.5 推进北京利用外商直接投资的对策

（1）采取有效的宏观经济调控措施确保经济稳定增长，并进一步优化北京利用外国直接投资结构。

2007年，美国次贷危机爆发，引发了全球金融危机。之后，世界经济步入衰退。近年来，世界经济整体上持续低迷。在这样的国际经济背景下，北京经济的稳步增长无疑会成为其吸引外资进入的重要砝码。因此，北京应采取有效的宏观经济调控措施确保经济稳定增长，以进一步提高其利用外资的规模。当前，北京应当与中央扩大内需政策保持一致，把内需拉动的经济增长放在首位，积极拉动内需，力保北京经济平稳增长，以保持其相对外国直

接投资的吸引力。在确保经济稳定增长的同时,我们还要进一步优化北京利用的结构。

首先,进一步优化北京利用外国直接投资的资金来源结构。如前所述,目前北京外商直接投资的来源地主要为中国香港、英属维尔京群岛和开曼群岛。而英、美、日、德等发达国家对北京的投资相对较少。今后,北京应进一步增加吸收来源于英国、美国等发达国家的外国直接投资,扩大发达国家在北京吸收外国直接投资中的比重,以优化外国直接投资的来源结构。其次,强化吸引外国直接投资的产业导向,进一步优化北京利用外资的产业结构。今后,应继续加强对外国直接投资的引导,进一步围绕加快转变经济发展方式和推动产业结构优化升级的需要,引导更多的外资投向高端制造、高新技术产业、新能源、节能环保和现代服务业等领域;鼓励企业开展技术创新,增强配套能力,延伸产业链;注重提高生产制造层次,并积极向研究开发、现代流通等领域拓展,充分发挥外商投资企业的集聚和带动效应。近年来,矿产采掘业、基础设施建设以及服务业成为新的投资热点。围绕北京经济优先发展现代服务业的经济调整方向,北京今后应加大金融、交通运输、邮电通信等服务业的开放范围和开放力度。最后,北京还应引导外国直接投资向郊区转移,优化外资在北京的城区和郊区的地理分布。一方面可以促进郊区的基础设施建设、优化城郊产业布局;另一方面可以引导外资在郊区形成电子信息、汽车、新材料、生物制药、装备制造等重点产业的产业链。

(2) 完善投资环境,处理好与周边城市利用外资的关系。

为进一步提升北京利用外资的规模和水平,还需要进一步完善北京的投资环境、处理好与周边城市利用外资的关系。完善投资环境,首先要树立为外商投资企业服务的意识,切实转变政府职能,减少审批环节,提高办事效率;其次继续改善投资硬环境,重点抓好能源供应、交通运输体系等基础设施建设;再次完善市场经济体制,增加信息的披露程度,做到制度公开公平,提高市场透明度,成立外商投资的中介机构,增加市场活动的主体,促进市场发展的活力;最后,根据北京的具体情况,创造一个宽松的、有利于外商经营的公平、公正的法律环境。全面推进依法行政，营造廉洁高效的投资服务环境。

北京利用外资政策的制定还应处理好与周边城市和地区的关系。北京要加强与京津冀、环渤海等周边地区的合作，充分发挥周边地区的作用。北京吸引外资政策制定应与周边区吸引外资政策相协调。北京应主要吸收高端制造、高新技术产业、新能源、节能环保和现代服务业，而周边地区重点吸引制造业外资。在周边地区发展既与北京经济发展相适应，又能充分发挥当地优势的制造业，与周边各省市区经济发展形成有机的整体，从而促进北京总部经济的发展。通过"总部—加工基地"链条，将北京的人才、技术等资源辐射到周边地区，带动这些区域的经济发展。周边地区经济的发展也必将为北京经济发展提供有力的支撑。

（3）加强对外商投资企业的监管。

由于独资方式已经成为北京利用外资的主要方式，北京应进一步加强对外商投资企业的监管。加强对外商投资企业的财会管理及价格监督，防范跨国公司的转移定价问题。首先，加强外商投资企业纳税申报制度，严格要求外商投资企业及时、准确、真实地向税务机关申报企业所有的经营收入、利润成本和费用的列支情况；其次，加强外商投资企业会计审计制度，严格对企业涉外会计业务的审计；再次，加强外商投资企业所得核实制度，如外商投资企业不能提供符合要求的收入、成本、费用凭证，不能正确计算应税所得额时，应由税务机关严格按税法中的规定标准核定一个相关的所得额，然后据此征税；最后，加强对外资企业进口的管理，对其实物投资进行较严格的监管，以利于实现以先进的资本货物进口促进产业结构升级，进而带动出口结构优化的良性循环。

北京总部经济发展与提升
利用外资水平研究

Chapter 6

第6章 外国直接投资对北京经济发展的影响研究

20世纪80年代以来，有关外国直接投资对中国经济影响的研究一直是学术界关注的热点问题。改革开放以来，流入北京的外国直接投资越来越多，其对北京经济的影响也越来越大。一些学者对外国直接投资对北京经济的影响进行了研究。肖亦卓（2006）研究了外国直接投资与北京经济增长之间的关系，指出从总体上看，外国直接投资促进了北京经济增长。但是，外国直接投资未对北京整体的技术进步产生显著影响。唐勇和温晓红（2007）研究了外国直接投资对北京地区技术进步的影响，认为外国直接投资对于北京地区技术进步有正向溢出效应，但溢出效应很小。本章将从几个方面，对外国直接投资对北京经济发展的影响进行研究。

6.1 北京服务业外国直接投资的经济增长效应研究

自20世纪80年代以来，随着国际分工的深化和全球产业结构的调整，服务业在各国国民经济中所占比重不断提高。20世纪80年代末90年代初，以服务业为主的第三产业成为外国直接投资的主要投资领域。之后，服务业外国直接投资在全球利用外国直接投资总额中所占比例呈现上升趋势。进入21世纪后，全球外国直接投资从制造业向服务业转移的趋势更加明显。近年来，服务业在我国吸收外国直接投资总额中的占比也有所增长，成为提升我国服务贸易竞争力、促进产业结构升级的重要因素之一。服务业外国直接投资的经济增长效应也得到更多学者的关注。

作为我国的政治、经济和文化中心，北京服务业发展水平在全国一直比较靠前。由图6-1可见，2000年以来，北京第三产业地区生产总值增长迅速。2014年，第三产业地区生产总值为16 627亿美元，远远高于第二产业的4 544.8亿美元和第一产业的159亿美元。由图6-2可见，1978年以来，北京第一产业地区生产总值占比呈现出先上升后下降的趋势，第二产业地区生产总值占比呈现明显的下降趋势，而第三产地区生产总值占比呈现出明显的上升趋势。"十二五"期间，北京服务业占比由 2010 年的 75.5% 提高到 2014 年的 77%，服务业增加值规模和占比处于全国前列，率先在全国形成了服务业主导的产业结构。服务业提供了北京 75% 以上的就业岗位，创造了 85% 左右的税收，集中了 90% 的固定资产投资和实际利用外资。[①] 2015 年上半年，全市第三产业实现增加值 8 557.8 亿元，占地区生产总值的比重为 80.9%，这是北京服务业占国内生产总值的比重持续攀升多年后首次超过 80%。同期，服务业对北京经济增长的贡献率也高达 88.1%。这意味着北京的服务业发展水平与伦敦、纽约等国际大都市的差距越来越小。

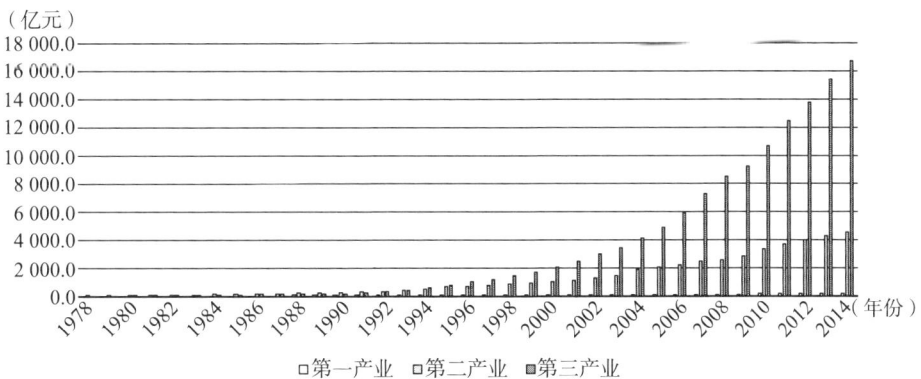

图 6-1　1978~2014 年北京各产业地区生产总值

资料来源：《北京统计年鉴（2015）》。

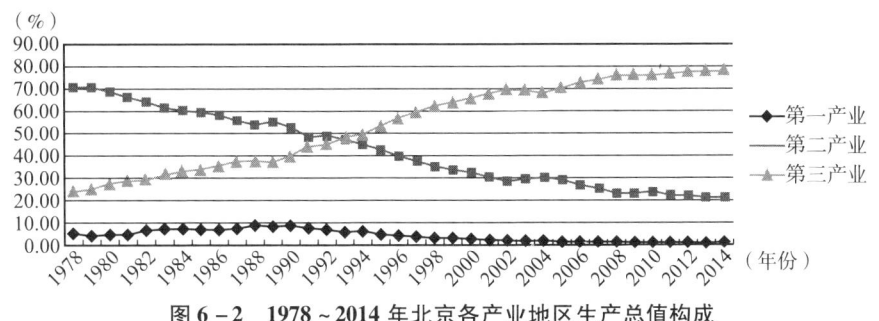

图 6-2　1978~2014 年北京各产业地区生产总值构成

资料来源：《北京统计年鉴（2015）》。

[①] 北京投资促进局网站：http://www.investbeijing.gov.cn，2015-08-06.

北京在吸引服务业外国直接投资上，具有明显的优势。近年来，北京服务业吸收外国直接投资持续增加，直接推动了北京服务业的快速发展。本节首先研究北京服务业吸收外国直接投资的状况，然后从理论和实证两个方面研究北京服务业外国直接投资的经济增长效应，最后提出提升北京服务业外国直接投资经济增长效应的政策建议。

6.1.1 文献综述

进入 21 世纪以来，随着服务业吸收外国直接投资增多，其经济增长效应日益受到关注。

（1）国外学者的研究。

一些学者的研究关注了服务业外国直接投资对技术水平提高的影响。大部分研究表明，服务业外国直接投资具有较强的技术外溢效应。科特基和皮特拉斯（Kostecki & Pietras，1996）研究了中东欧国家服务业与外国直接投资的关系，结果表明服务业外国直接投资对这些国家的贡献在于提高国内员工的技术水平、改善服务质量，以及与全球的金融业、电信业和商务服务业的网络连为一体。斯代尔（Stare，2001）研究了斯洛文尼亚的生产性服务业与外国直接投资的关系，得出外国直接投资是提高生产性服务业发展水平的重要方式，服务业外国直接投资对当地经济的溢出效应主要表现在知识和技术的转移，间接提高了服务业的生产率及质量。然而，一些学者的研究得出了不一样的结论。阿戈辛和梅尔（Agosin & Mayer，2000）发现 20 世纪 80 至 90 年代期间，服务业外国直接投资在东亚国家产生挤入效应，而在拉美国家却产生挤出效应。穆尼尔·贝卢米（Mounir Belloumi，2014）的研究得出，服务业外国直接投资与经济增长之间不存在显著的格兰杰因果关系。

（2）国内学者的研究。

国内学者的研究也关注了服务业外国直接投资通过溢出效应，促进经济

第6章 外国直接投资对北京经济发展的影响研究

增长。贺梅英（2005）认为服务业外国直接投资的技术贡献在于培训人员和提供软技术，而不是转让硬技术或通过国外附属企业的研发活动来转让。王新华（2007）利用固定效应模型对1997~2003年服务业各行业外国直接投资进行了短期效应和长期效应分析，结果表明服务业外国直接投资具有一定的经济增长效应，但是在不同时间段差异较大。于海静和吴国蔚（2009）借鉴贸易引力模型实证研究了北京外商直接投资对服务业增长的作用机制，得出结论：北京外商直接投资对服务业增长的六个增长路径中，产业结构效应、技术效应、就业效应有正向推动作用，而资本效应、贸易效应和制度效应则不太显著。纪传如和蒋兰陵（2013）认为，服务业外国直接投资可以为我国新型服务业的发展注入大量优质物质资本；具有高素质、先进技术和管理经验的人力资本随服务业外国直接投资的流入，必将带来我国服务业技术知识、管理水平、生产效率和生产规模的极大改善。

一些学者用时间序列的方法，研究了中国服务业外国直接投资与经济增长之间的关系。有研究发现服务业外国直接投资是服务业经济增长的原因，但是服务业经济增长却不是服务业外国直接投资的原因（戴枫，2005；胡芸，2005）。庄丽娟和贺梅英（2005）对1984年至2003年中国服务业利用外商直接投资与经济增长关系进行了实证研究，结果表明：中国存在由服务业利用外商直接投资到经济增长单向格兰杰因果关系，技术效应、贸易效应和就业效应是中国服务业外商直接投资对经济增长最为显著的增长路径。王小平（2005）认为我国服务业利用外资与服务业经济增加值、服务业就业、服务贸易等指标虽保持直接相关性，但相关性较弱，服务业利用外资的作用主要体现在促进和带动服务业体制改革、管理创新、技术进步、产业带动与服务业的外向型发展等间接促进作用上。贺梅英（2005）利用广东的数据得到的结论略有不同，即广东经济增长和服务业外国直接投资之间具有双向因果关系。

一些学者的研究认为，服务业内部各行业外国直接投资经济增长效应不同。陈朗（2005）发现宁波市服务业增加值和服务业外国直接投资有较强的关联性，但是就具体行业而言，除了建筑业与外国直接投资有较强的相关性外，其他行业的外资投入与该行业的增长没有明显的关联性。查冬兰和吴晓兰（2006）运用1998~2003年江苏省服务业行业数据进行研究，得出服务业主要行业外国直接投资对其经济增长有不同影响，其中房地产业引入外资对地区生产总值的贡献比较大，其次是交通运输、仓储及邮电通信业，科学研究和综合技术服务业，而社会服务业外国直接投资对地区生产总值无显著影响。查贵勇（2007）指出服务业总体及技术、人力资本密集型服务业吸引外国直接投资具有显著的正溢出效应，而劳动力和物质资本密集型服务业外国直接投资具有不显著的负溢出效应。刘静（2012）认为外国直接投资在多数服务行业具有不显著的正向溢出效应，但在信息传输、计算机服务和软件业，金融业以及科学研究、技术服务与地质勘查业等技术密集型行业中溢出效应显著。

还有一些相关研究发现，外国直接投资对我国工业的平均贡献率要远远超过服务业。江小涓（2005）指出2001年和2002年外商投资企业对服务业增长的贡献率分别为17.6%和17.3%，远低于对工业的贡献率。魏作磊（2006）利用一个扩展的柯布－道格拉斯生产函数（Cobb－Douglas production function）测算了1984~2003年外国直接投资对我国农业、工业和服务业增长的平均贡献率，发现外国直接投资对我国工业的平均贡献率远远超过农业和服务业。

总之，虽然服务业外国直接投资的经济增长效应已经得到学者们的关注，但是有关这一问题的研究长期滞后于实践发展。北京作为首都，服务业在其经济发展中占据重要地位。服务业外国直接投资也是北京引进外资的主要领域。但是，关于北京服务业外国直接投资经济增长效应的研究还有待深入，已有研究表明外国直接投资对服务业的经济增长效应小于制造业。因此，研究北京服务业外国直接投资经济增长效应具有重要的理论与现实意义。

6.1.2 北京服务业吸收外国直接投资现状

(1) 北京服务业吸收外国直接投资的规模。

北京作为全国的政治、经济和文化中心,在承接服务业国际产业转移中具有明显优势。随着北京服务业的迅速发展,进入该行业的外国直接投资也逐步增长。由图 6-3 可见,2000 年以来,服务业占北京实际利用外国直接投资总额的比重有所波动,但是总体占比较高,一直保持在 60% 以上。2014年,服务业利用外国直接投增长 13.1%,占全市实际利用外资额的 87.7%。其中,以商务、信息、科技、金融、物流等服务为主的生产性服务业实际利用外资增长 31%,占全市的 65.5%;投资型总部、金融租赁、科技研发项目实际利用外资分别增长 1.4 倍、54.2% 和 43.8%,共有 138 个千万美元以上大项目入资,占全市实际外资八成以上。其中服务业大项目 125 个,入资金额占全市七成以上。

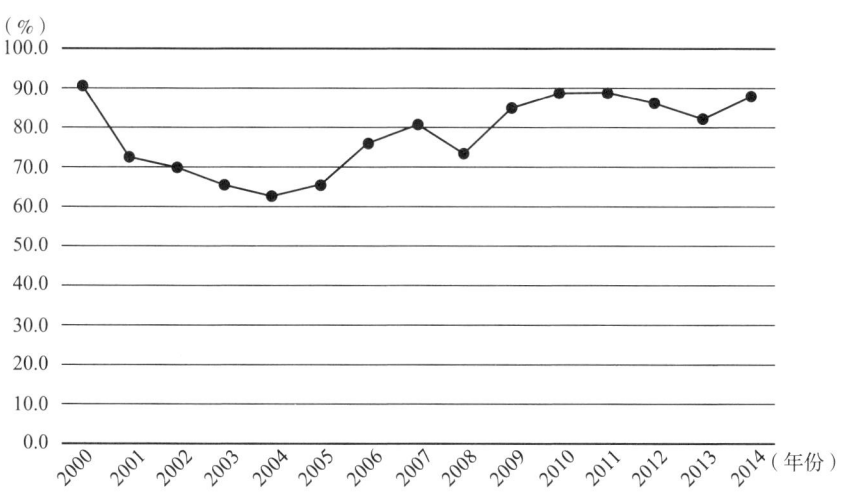

图 6-3 2000~2014 年北京服务业实际利用外国直接投资占全市的比重

资料来源:《北京统计年鉴(2015)》。

北京服务业吸引外国直接投资规模较大,位居全国前列。由图6-4可见,全国和北京服务业利用外国直接投资总量均呈逐年增长趋势。由图6-5所示,2003~2006年,北京服务业利用外国直接投资占全国的比重一直在增加。2007年以来,这一比重有所波动,有下降趋势,但总体稳定在10%左右。

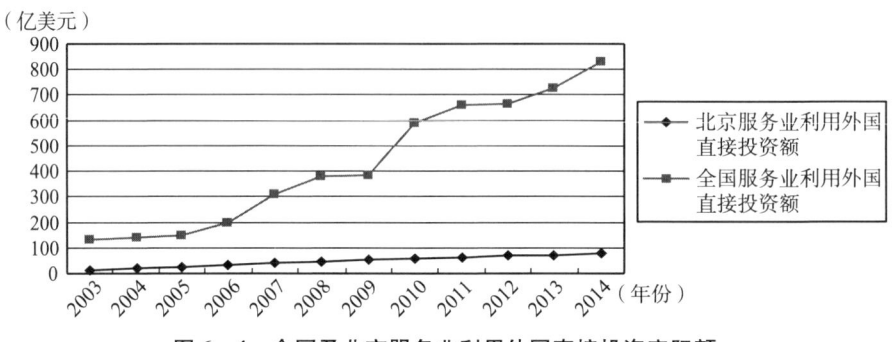

图6-4　全国及北京服务业利用外国直接投资实际额

资料来源:历年《中国统计年鉴》、《中国外资统计》(2011~2015,历年)和历年《北京统计年鉴》。

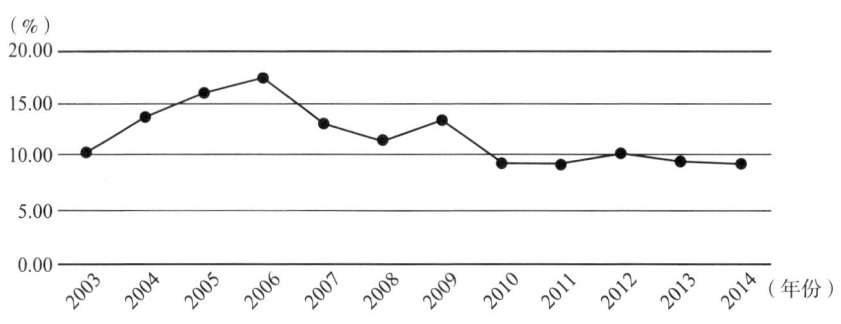

图6-5　2003~2014年北京服务业利用外国直接投资额占全国的比重

资料来源:《中国统计年鉴》、《中国外资统计》(2011~2015年)和《北京统计年鉴》。

服务业外国直接投资业绩指数能反映北京服务业吸引外国直接投资相对于其经济规模的情况。服务业外国直接投资业绩指数是指在一定时间内,该地区服务业外国直接投资流入量占全国服务业外国直接投资流入量的比重除以该地区国内生产总值占全国国内生产总值的比重。公式如下：

$$\text{服务业 FDI 业绩指数} = \frac{\text{FDI}_{sb}/\text{FDI}_{sc}}{\text{GDP}_{b}/\text{GDP}_{c}} \qquad (6.1)$$

公式（6.1）中，FDI_{sb}表示北京服务业外国直接投资流入量，FDI_{sc}表示全国服务业外国直接投资流入量，GDP_{b}表示北京地区生产总值，GDP_{c}表示我国国内生产总值。若服务业外国直接投资业绩指数值等于1，则表明北京服务业外国直接投资占全国的比重与其占全国国内生产总值的比重相等；指数值大于1，表明相对于其经济规模，北京吸收了更多的服务业外国直接投资；指数值小于1，说明相对于其经济规模，北京服务业外国直接投资流入低于其应该达到的数量。由图6-6可知，2003～2014年以来，北京服务业外国直接投资业绩指数都大于3。因此，相对于北京地区生产总值规模而言，北京服务业外国直接投资业绩指数较高，说明北京服务业吸引外国直接投资规模较大。

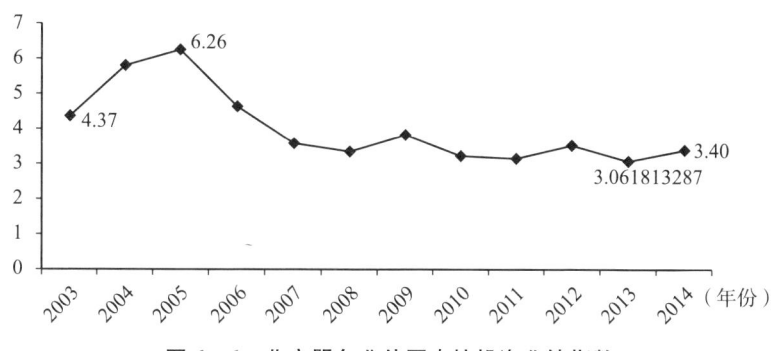

图6-6 北京服务业外国直接投资业绩指数

资料来源：根据《北京统计年鉴》和《中国统计年鉴》相关数据计算而得。

（2）北京服务业吸收外国直接投资的行业分布。

由于北京服务业内部各行业的开放程度不同，其吸收外国直接投资的水平也有差异。由表6-1可以看出，2003年以来北京服务业吸收外国直接投资呈现出以下特点：第一，信息、计算机和软件业吸收外国直接投资占比较大，而且总体呈上升趋势。该行业为高附加值、知识和技术密集型的行业，对服务业整体结构升级有促进作用；第二，交通运输、仓储和邮政业所占比重明显下降，表明传统服务业吸引外资的能力逐渐下降；第三，科学研究、技术和地质勘查业和金融业占比较小，但呈现总体出上升趋势；第四，房地产业吸收外国直接投资占比较大，但随着我国房地产调控政策的实施，房地产业外国直接投资所占比重变化幅度较大。可见，北京服务业利用外国直接投资有向商务服务业、信息传输业、计算机服务和软件业等知识技术密集型服务业集中的趋势。

表6-1　　　　　　　北京服务业利用外国直接投资行业结构　　　　　单位：%

服务业 年份	交通运输、仓储和邮政	信息、计算机和软件业	金融业	房地产业	科学研究、技术和地质勘查业
2003	1.35	7.94	1.75	15.29	0.63
2004	0.97	8.81	1.70	11.79	0.92
2005	0.87	6.88	2.08	13.14	1.70
2006	0.92	12.84	2.97	20.92	3.67
2007	5.41	19.21	1.48	29.25	10.43
2008	7.88	23.76	2.78	17.76	8.29
2009	2.28	18.23	1.50	15.33	5.67
2010	2.65	16.95	3.33	25.16	7.15
2011	2.61	17.50	4.43	18.02	7.09
2012	16.6	19.55	5.26	12.70	10.14
2013	3.55	17.05	10.90	21.12	8.61
2014	0.84	14.54	5.55	17.26	10.94

资料来源：历年《北京统计年鉴》。

6.1.3　北京服务业外国直接投资经济增长效应研究

表6-2显示了北京三次产业对地区生产总值的拉动情况。由此表可见，

2001年以来北京地区生产总值主要是由第二产业和第三产业拉动的,其中第三产业的拉动作用最大。第三产业主要由服务业构成。因此,服务业对于北京地区生产总值增长做出了重要贡献。大量的外国直接投资流入服务业,产生了重要的溢出效应,促进了服务业经济增长效应的发挥。本节将对北京服务业外国直接投资的经济增长效应进行实证研究。

表6-2 2001~2014年北京三次产业对地区生产总值增长的拉动 单位:%

年份	地区生产总值	第一产业	第二产业	第三产业
2001	11.7	0.1	3.1	8.5
2002	11.5	0.1	2.7	8.7
2003	11.1	…	3.7	7.4
2004	14.1	…	5.3	8.8
2005	12.1	…	3.2	8.8
2006	13.0	…	3.1	9.9
2007	14.5	…	3.6	10.9
2008	9.1	…	0.2	8.9
2009	10.2	…	2.7	7.5
2010	10.3	…	3.5	6.8
2011	8.1	…	1.6	6.5
2012	7.7	…	1.8	5.9
2013	7.7	…	1.9	5.8
2014	7.3	…	1.6	5.7

注:①本表数据按可比价格计算。2013年数据为第三次全国经济普查数据。②2013年开始,地区生产总值行业划分执行《国民经济行业分类》GB/T 4754—2011标准。③2013年开始,地区生产总值三次产业划分执行国家统计局《三次产业划分规定》(国统字[2012]108号)。④三次产业拉动指地区生产总值增长速度与各产业贡献率之乘积。

资料来源:《北京统计年鉴(2015)》。

(1)变量选取和数据来源。

选取1992~2014年北京服务业外国直接投资(SFDI)和历年地区生产总值(GDP)的时间序列数据(见表6-3)为样本,运用时间序列的研究方法，探讨北京服务业外国直接投资与经济增长的关系。研究中所用的数据均来源于历年北京统计年鉴。服务业外国直接投资的数据为将北京统计年鉴中各服务行业的数据加总求和而得，并运用人民汇率中间价将其单位转换为亿元。人民币汇率中间价数据来源于2015年中国统计年鉴。

表6-3　　1992~2014年北京服务业外国直接投资和国内生产总值

年份	SFDI（万美元）	年人民币兑美元汇率中间价	SFDI（亿元）	GDP（亿元）
1992	5 963.7	5.5146	3.288742002	709.1
1993	27 052	5.762	15.5873624	886.2
1994	170 087	8.6187	146.5928827	1 145.3
1995	101 671	8.351	84.9054521	1 507.7
1996	117 008	8.3142	97.28279136	1 789.2
1997	76 898	8.2898	63.74690404	2 077.1
1998	196 918.9	8.2791	163.0311265	2 377.2
1999	179 501.1	8.2783	148.5963956	2 678.8
2000	196 118.1	8.2784	162.3544079	3 161.7
2001	129 137.9	8.277	106.8874398	3 708.0
2002	100 141.8	8.277	82.88736786	4 315.0
2003	140 499	8.277	116.2910223	5 007.2
2004	193 351	8.2768	160.0327557	6 033.2
2005	238 168	8.1917	195.1000806	6 969.5
2006	345 267	7.9718	275.2399471	8 117.8
2007	408 407	7.604	310.5526828	9 846.8
2008	443 625	6.9451	308.1019988	11 115.0
2009	519 725	6.831	355.0241475	12 153.0
2010	563 213	6.7695	381.2670404	14 113.6
2011	624 435	6.4588	403.3100778	16 251.9
2012	691 101	6.3125	436.2575063	17 879.4
2013	701 014	6.1932	434.1519905	19 800.8
2014	792 884	6.1428	487.0527835	21 330.8

资料来源：根据1993~2015年《北京统计年鉴》整理所得。

(2) 单位根检验。

由于在经济模型中非平稳时间序列之间经常发生伪回归现象而造成结论无效,所以对经济变量的时间序列进行回归分析之前,首先要进行单位根检验,以判别序列的平稳性。只有平稳的时间序列数据,才能进行回归分析。选取 ADF(Augmented Dichey – Fuller Test)单位根检验对序列的平稳性进行检验。ADF 检验假定序列服从 AR(P)过程。检验方程为:

$$\nabla y_t = \gamma y_{t-1} + \varepsilon_1 \nabla y_{t-1} + \varepsilon_2 \nabla y_{t-2} + \cdots + \varepsilon_{p-1} \nabla y_{t-p+1} + \varepsilon_t \qquad (6.2)$$

①对序列 SFDI 和 GDP 的 ADF 平稳性检验。

对序列 SFDI 和 GDP 进行 ADF 检验,结果如表 6-4 所示。对序列 SFDI 进行 ADF 检验,p=6 时,检验方程的 SIC 值最小。检验 t 统计量值为 -1.956634,大于显著性水平为 10% 的临界值,表明序列 SFDI 为非平稳时间序列;对序列 GDP 进行 ADF 检验,p=6 时,检验方程的 SIC 值最小,检验 t 统计量值为 -2.872036,大于显著性水平为 10% 的临界值,表明序列 GDP 也为非平稳时间序列。

表 6-4　　　　　　　　序列 SFDI、GDP 的 ADF 检验结果

	ADF 检验统计量	检验的临界值	t 统计量
SFDI	-1.956634	1% 临界值*	-4.440739
		5% 临界值	-3.632896
		10% 临界值	-3.254671
GDP	-2.872036	1% 临界值*	-4.667883
		5% 临界值	-3.733200
		10% 临界值	-3.310349

②对序列 LSFDI 和 LGDP 的 ADF 平稳性检验。

对 SFDI 和 GDP 取对数得 LSFDI 和 LGDP,再对其进行 ADF 检验。由表 6-5 的检验结果可见,LSFDI 和 LGDP 的水平值在 10% 的显著性水平下均无

法通过平稳性检验,为非平稳序列。但是其一阶差分在10%的显著性水平下均为平稳序列,因此说明 LSFDI 和 LGDP 都是一阶单整的时间序列变量,它们之间可能存在某种平稳的线性组合。因此,对序列 LSFDI 和 LGDP 进一步进行协整检验。

表6-5　　　　　　　　　ADF 单位根检验结果

变量		ADF 检验统计量	临界值			结论
			1%	5%	10%	
LSFDI	水平值	-2.211572	-4.571559	-3.690814	-3.286909	非平稳
	一阶差分	-4.868899	-3.831511	-3.029970	-2.655194	平稳
LGDP	水平值	-1.771992	-4.440739	-3.632896	-3.254671	非平稳
	一阶差分	-2.751499	-3.831511	-3.029970	-2.655194	平稳

(3) 协整检验。

LSFDI 与 LGDP 同为一阶单整序列,所以对这两个序列进行协整检验,以检验二者之间是否存在长期稳定的关系。若 LSFDI 与 LGDP 二者之间存在协整关系,则表明它们之间存在长期稳定的关系。反之,则不能证明它们之间存在长期稳定的关系。关于协整检验的方法常采用的主要有 Engel – Granger 检验法和 Johansen 极大似然估计法。由于本研究是对 LSFDI 与 LGDP 两个同阶变量进行协整检验,所以采用 Engel – Granger 检验法。

首先,对 LSFDI 与 LGDP 序列进行最小二乘回归,设回归方程如公式(6.3) 所示:

$$\ln\hat{GDP} = \hat{\alpha} + \hat{\beta}\ln SFDI \tag{6.3}$$

其中 $\hat{\alpha}$、$\hat{\beta}$ 为待定参数,应用普通最小二乘法(OLS),得到表6-6所示检验结果。

表6-6　　　　　　　　　普通最小二乘法回归检验结果

变量	系数	标准误	t统计量	概率
C	4.682203	0.541415	8.648082	0.0000
LSFDI	0.761497	0.105877	7.192302	0.0000

由表6-6可见，$\hat{\alpha}$、$\hat{\beta}$分别为4.682203、0.761497。变量LSFDI的系数的t值为7.192302，是高度显著的，说明服务业外国直接投资对北京地区生产总值有显著的促进作用。变量LSFDI的系数为0.761497，说明服务业外国直接投资对北京地区生产总值的弹性系数为0.76，服务业外国直接投资每增加1%，北京地区生产总值增长0.76%。

依据EG检验，为检验LGDP与LSFDI是否存在协整关系，需要考察方程中回归残差是否平稳，如果回归残差平稳，则说明存在协整关系，回归方程描述了变量之间的长期稳定关系。仍然采用ADF检验法检验回归残差的平稳性。设e为LSFDI与LGDP回归模型的残差，对残差e进行单位根检验，结果如表6-7所示。检验t统计量值为-2.463554，小于显著性水平为10%的临界值，表明序列e为平稳时间序列，即北京地区生产总值与服务业外国直接投资之间存在协整关系。所以，北京地区生产总值与北京服务业外国直接投资之间存在长期稳定的均衡关系。

表6-7　　　　　　　　　　ADF单位根检验结果

ADF检验统计量	临界值 1%	临界值 5%	临界值 10%	结论
-2.463554	-2.674290	-1.957204	-1.608175	平稳

（4）误差修正模型。

由于序列LSFDI和LGDP之间具有协整关系，故可以建立误差修正模型

ECM，其误差修正估计检验结果如表6-8所示。系数方程的总体回归决定系数的 R^2 和 $\overline{R^2}$ 较低，可能是缺少其他解释变量所致。但是不影响已有变量之间的关系。序列 LSFDI 和 ECM 的回归系数均通过了显著水平为5%的 T 检验。纠正系数的绝对值为0.025，值较小。因此，二者的关系呈现出短期偏离围绕长期均衡震荡并衰减趋向长期均衡的趋势。误差修正项通过了显著水平为5%的检验，就平均而言，外国直接投资每年对上一年的非均衡的纠正程度为8.4%。

表6-8　　　　　　　　LSFDI 和 LGDP 的 ECM 估计结果

变量	系数	标准误	T 统计量	概率
C	0.143881	0.007534	19.09764	0.0000
DLSFDI	0.025482	0.012901	1.975155	0.0638
E(-1)	-0.084808	0.017758	-4.775790	0.0002

$R^2 = 0.590312$

$\overline{R^2} = 0.54479$

（5）格兰杰（Granger）因果关系检验。

格兰杰因果检验方法的基本依据是，如果变量 X 是变量 Y 变化的原因，则 X 的变化先于 Y 的变化。因此，在做 Y 对其他变量的回归时，如果把 X 的过去或滞后值包括进来能显著地改进对 Y 的预测，我们就可以说 X 是 Y 的格兰杰原因。格兰杰因果检验实际上是建立在两个变量回归的基础上，所以在进行检验前都应考察序列的平稳性。而在对非平稳序列进行因果关系检验前，应对序列进行协整检验，若二者存在协整关系，再对二者进行因果关系检验。上文已经得出，1992年到2014年间北京地区生产总值与服务业外国直接投资之间存在协整关系，因此，可以对二者进行格兰杰因果关系检验。滞后期长度的选择要以检验模型中随机干扰项不存在序列相关性为基础并受到样本容量的限制，1到3阶滞后期的格兰杰因果关系检验结果如表6-9所示。由检验结果可见，北京地区生产总值是服务业外国直接投资的格兰杰原因，服务业外国直接投资也是北京地区生产总值的格兰杰原因。

表 6-9　　　　　　　　　　格兰杰因果关系检验结果

零假设	滞后期数	F 统计量	概率	判断
地区生产总值不是服务业外国直接投资的格兰杰成因	1	8.42892	0.0091	拒绝
服务业外国直接投资不是地区生产总值的格兰杰成因	1	0.00731	0.9328	接受
地区生产总值不是服务业外国直接投资的格兰杰成因	2	13.3379	0.0004	拒绝
服务业外国直接投资不是地区生产总值的格兰杰成因	2	4.70680	0.0247	拒绝
地区生产总值不是服务业外国直接投资的格兰杰成因	3	4.23108	0.0271	拒绝
服务业外国直接投资不是地区生产总值的格兰杰成因	3	2.66054	0.0918	拒绝

6.1.4　提升北京服务业外国直接投资经济增长效应的政策建议

由上文的实证研究可见，北京服务业外国直接投资与地区生产总值之间存在长期稳定的均衡关系，北京服务业外国直接投资是地区生产总值的格兰杰成因。因此，服务业外国直接投资流入会促进北京经济增长。北京应采取有效措施，进一步促进服务业外国直接投资经济增长效应的发挥。

（1）优化服务业外国直接投资行业结构，引导其流向知识技术密集型行业。

知识技术密集型服务业外国直接投资能够更有效地提高服务业水平及国际竞争力，更有利于促进技术进步。但是，知识技术密集型服务业要求的承接环境较高,必须有相应的技术、人才以及基础设施环境。北京作为首都,在承接这种高端服务业上具有一定的优势。一方面,北京应有步骤、有计划地逐步引进高端服务业外国直接投资,对知识技术密集型服务业适当放宽持股比例;另一方面,北京应通过采取更加灵活的引资模式,扩大引资渠道,引导外资积极投向金融保险业、信息传输、计算机服务和软件业等知识技术密集型行业。

(2) 加大服务业高端人才的培训力度。

北京人力资源优势突出。但是,随着服务业的发展,必然还需要很多具备新知识和技能的高端人才。因此,为充分发挥外资企业在人才培养方面的积极性,北京应制定政策鼓励企业加大人才培训力度。鼓励外资企业、学校、科研机构合作开展专门的职业培训,建立一整套有利于现代服务业发展的新型职业培训模式,努力把北京建成现代服务业创新人才的成长基地和发展总部。

(3) 提高北京服务企业国际竞争力,鼓励企业走出去。

首先,要从政策上减少对民营企业发展的限制,实现外资企业与民营企业的公平待遇。其次,在学习国外先进生产技术、管理经验的同时,引导和鼓励本土企业形成自我创新、自我发展的机制。通过创建外资企业、国内企业、科研机构等共同参与的开放型创新体系,增强本土企业自主创新能力。最后,政府应制定有利政策扶持北京具有优势的服务业企业,积极走出去,参与国际竞争。

(4) 扩大服务业开放领域,优化投资环境。

首先,履行服务业开放承诺,进一步扩大服务业对外开放领域。其次,逐步稳妥地推进金融业对外开放水平,加快科学研究、技术服务和地质勘查业以及教育业的开放进度。再次,提高政府行政服务效率,深化政府审批制度改革,健全外国直接投资审批和管理。最后,加强政府在维护市场秩序、创造公平竞争环境、提高监管水平方面的能力。

6.2 外国直接投资对北京产业结构的影响研究

总部经济聚集区的发展，对于城市有效解决制造业外迁带来的"空心化"问题，实现产业结构优化升级和城市功能提升，促进经济转型，具有积极意义。外国直接投资流入北京后，促进了技术进步、提高了经济发展水平、也对北京产业结构升级发挥了重要作用。

6.2.1 文献综述

（1）国外学者的研究。

国外学者较早对外国直接投资对产业结构的影响进行了研究。他们的研究认为外国直接投资主要通过资本供给、技术溢出、对外贸易等渠道对产业结构变动产生影响。一些学者的研究表明，外国直接投资通过其技术外溢效应推动了东道国的产业结构升级，促进了经济增长（Cave，1974；Globerman，1979；Blomstrom & Persson，1983；Kokko，1996）。作为产业结构优化的决定性因素，外资的技术转让是其产业带动效应的核心，外国直接投资可以直接或间接地引起特定区域内的要素重组和要素生产率的提高（Teece，1977；Caves，1982；Helleiner，1989）。联合国《1992年世界投资报告》指出，外资对东道国技术进步的直接作用是，可以通过技术溢出提高要素生产率，改变产品结构特别是出口产品结构，促进国外分支机构进行研究与开发，引起组织创新，提高管理水平；间接作用则通过与当地研究与开发机构合作、向当地后向与前向合作者转移技术、外国机构的出现对竞争和当地生产率的影响及受训人员总数等表现出来。玛库森和维纳布尔斯（Markusen & Venables，1999）指出，跨国公司通过关联效应能够促进发展中国家的产业发展，成为发展中国家产业发展的催化剂。长期来看，外国直接投资的流入对于行业结构调整具有积极意义。卡米拉（Camilla, 2000）选用1989~1996年波兰的出口数据，研究发现外国直接投资对波兰技术密集型产品的出口有显著的促进作用。

然而，一些学者的研究表明外国直接投资对于东道国产业结构调整的正向效应不明显。格里马（Grima, 2001）运用英国制造业1991~1996年的行业面板数据研究发现，从整体上看没有证据表明外国直接投资有技术溢出效应，但在竞争程度较高的行业中存在正向溢出效应，促进了这些产业的技术进步和生产率提高；胡恩雅（Hunya, 2002）研究了罗马尼亚制造业外资公司的表现，发现外资公司频繁投资的行业与出口行业相一致，外资的进入并未改变该国的传统优势产业；阿克巴和博瑞德（Akbar & Bride, 2004）以匈牙利银行业为例研究了外资公司的投资意图、外国直接投资和经济发展国家之间的关系，指出以市场为导向的外国直接投资有利于经济转轨国家的长期发展，而以资源为导向的外国直接投资不利于东道国企业的技术进步和国民福利增长。

（2）国内学者的研究。

我国学者在20世纪90年代后期就开始关注外国直接投资对我国产业结构的影响。杨刚（2005）认为，外国直接投资通过资源补缺效应、产业关联效应、出口示范效应、传统产业优化效应、就业效应等多种效应，能够直接和间接地推动我国产业结构的调整与升级。孙军（2006）利用1983~2003年的时间序列数据建立经济计量模型，对外商直接投资对我国三次产业结构变动的影响作了分析，得出外商直接投资对第二产业的贡献最大，对第三产业的影响正在逐步上升，对第一产业影响最少的结论。张娟（2006）指出外国直接投资在中国主要投向第二、第三产业。第二产业实际吸引的外国直接投资集中在制造业，第三产业实际吸引的外国直接投资集中在房地产业、批发零售餐饮业和交通运输仓储及邮电通信业。通过回归分析得出，外国直接投资有利于中国第二、第三产业的发展，不利于第一产业的发展。张修成（2006）认为外国直接投资与京津冀地区电子信息产业的发展之间存在重要的相关性，外国直接投资对京津冀地区的产业结构调整具有非常重要的影响。陈继勇和盛杨怿（2009）利用1984~2007年的时间序列数据，对我国外国直接投资通过资本供给和知识溢出两种渠道影响产业结构的变动进行了实证研究。结果表明：我国引进外国直接投资所带来的资本供给效应、技术溢出效应促进了产业结构高级化、高效化的发展；然而，受当前引资结构和质量的影响，外国直接投资强化了我国三次产业结构发展的不均衡，并且外国直接投资引致的国际知识溢出对我国产业发展和结构优化的作用也有限。

随着北京吸引外国直接投资增多，一些学者开始关注外国直接投资对北京产业结构的影响。杨维凤（2011）认为外国直接投资对北京产业结构升级的影响，主要是通过提供资本、产业转移和技术溢出等途径进行的。但还存在一些制约北京产业结构升级的因素和问题，为提高利用外国直接投资的质量，提升北京产业结构水平，应着力改善投资环境、优化投资结构、创新引资方式和手段、完善公平竞争机制、扩大本土企业与外企的合作交流。彭佑元（2012）通过建立不同行业外资与北京总体经济、三大产业、各功能区经济灰色关联模型，考察它们之间的关联度，得到不同行业外资与北京三大产业灰色关联度差异明显，不同功能区域外资与北京总体经济关联度差异异常的结论。徐鑫和蒋毅一（2012）认为外国直接投资通过改变北京的资本、技术和劳动力等资源的供给结构以及消费结构，促进产业结构的调整和升级。外国直接投资对北京产业结构调整具有促进作用，同时第三产业结构变动也会促进该产业外国直接投资数量的增加。因此，应该增加第三产业，尤其是符合北京产业发展需要的现代服务业吸引外国直接投资的力度。

总之，有关外国直接投资对中国产业结构的影响早已得到学者们的重视。近年来有关外国直接投资对北京产业结构影响的研究也受到了关注。因此，有必要在分析北京产业结构现状的基础上，对外国直接投资对北京产业结构的影响进行进一步的理论与实证研究。

6.2.2 北京产业结构现状分析

改革开放以来,北京产业结构逐步调整,渐趋合理,并向高度化、合理化的方向发展。北京产业结构调整的过程是现代产业自身不断扩张,以及现代产业对传统产业不断渗透与改造的过程,是北京经济社会发展的必然结果。近年来,北京产业结构调整主要表现在以下两个方面:第一,在产业部类之间,产业由劳动密集型向资本技术密集型转变,由农业向制造业,再向服务业发展变化;第二,在产业部类内部,由低技术、低附加值产品或服务向高技术、高附加值产品或服务升级。21世纪后,北京经济持续平稳增长,第三产业已成为北京经济发展的主导力量。由图6-1可以看出,2000~2014年,北京第一、第二和第三产业的产值均平稳增长。2000年,三次产业产值分别为79.3亿元、1 033.3亿元和2 049.1亿元,到2014年分别增长到1 590亿元、4 544.8亿元和16 627亿元,分别增长了19.05%、341.54%和709.06%。第三产业增长的速度明显高于第二产业和第一产业。2015年,北京实现地区生产总值22 968.6亿元,第一产业增加值为140.2亿元,占0.6%,第二产业增加值为4 526.4亿元,占19.6%,第三产业增加值为18 302亿元,占79.8%。

6.2.3 外国直接投资对北京产业结构影响的理论分析

(1)外国直接投资对北京产业结构的积极影响。

外国直接投资会通过以下途径促进北京产业结构升级。

①外国直接投资通过资源补缺效应促进产业结构升级。

外国直接投资流入会带来资本,还会带来技术溢出和先进的管理经验,从而促进北京产业结构升级。首先,外国直接投资流入会增加资本供应,逐年增长的外国直接投资额使北京的资本供应随之增加,有利于资本密集型产业的发展，从而促进北京产业结构升级；其次，外国直接投资流入会带来高新技术引进，内资企业可以学习到国外企业的先进技术，带来技术溢出效应。因此，外国直接投资流入会提高本地企业的技术水平，缩小国内企业与发达国家企业之间的技术差距。科学技术水平提高不仅会开拓出新的产业，还可以推动传统产业进行技术改造，促使产业结构由劳动密集型向技术密集型转变。

②外国直接投资通过就业效应促进产业结构升级。

按照配第·克拉克定理，随着经济发展，人均国民收入提高，劳动力逐渐向第二产业转移，随着人均收入的进一步提高，劳动力逐渐向第三产业转移。改革开放以来，北京三次产业从业人员比例变化很大。外国直接投资流入带来就业效应，推动北京产业结构升级。首先，跨国公司在北京成立的子公司在雇佣劳动力方面有一定的优势，具体体现在薪资、培训以及良好的工作环境等方面。外资企业往往更加注重员工的培训与再教育，有利于劳动者素质的提升。其次，外资企业进入后往往会和国内企业争夺高端人才，也会给内资企业带来压力。为了留住高素质人才，内资企业也必须加强人力资源管理。最后，外国直接投资流入会提升劳动力素质，促进劳动力在不同产业之间转移。外商投资企业提供大量的就业岗位，培训劳动力，直接和间接地促进农村剩余劳动力向第二、第三产业转移。近年来，流入北京的外国直接投资日益转向第三产业，促进了劳动力从第一、第二产业转向第三产业，从而有利于北京产业结构升级。

③外国直接投资通过产业关联效应促进产业结构升级。

跨国公司在东道国的外国直接投资，通过有一定广度和深度的关联效应，与东道国经济内部建立一种一体化的过程，从而使外国直接投资的效应不仅仅限于引进国外资本的部门，在经济中的其他环节也会产生一种反映机制。关联效应包括后向联系和前向联系。后向联系是指由东道国当地厂商为跨国公司子公司提供成品生产或制造所需的原材料、零部件和各种服务。前向联系是指由东道国当地厂商为跨国公司子公司提供成品市场营销服务、半成品、零部件或原材料的再加工和各种服务。一般认为，后向联系比前向联系对东道国产业技术扩散和技术升级更为重要。

④外国直接投资通过提升消费需求促进产业结构升级。

外国直接投资进入北京后，会提升生产和生活消费需求。首先，外国直接投资进入北京重点发展的高新技术领域，生产出更多科技含量较高，更能满足消费者需求的新兴产品。这些产品往往具有较高的性价比，更易吸引消费者，从而提升消费者的生活需求。其次，外资企业的薪资水平普遍高于本地企业，工资收入增加，也使消费者的购买力增强，促使其生活消费升级。由表6-10可见，北京城镇居民家庭收入逐年递增，人均消费支出也随之增加。消费能力与消费需求增加，会使人们对所消费产品的要求提升。生产者为了满足消费者越来越高的需求而更新其产品生产，从而促进产业结构升级。最后，外资企业不仅是产品和技术的供给者，同时也是市场中的需求者。他们对产品的质量、性能和创新速度都提出了更高要求。但是，由于国内企业生产水平受限，导致许多国外企业进入本地区的同时产生了大量的相关配套企业，扩大了生产消费需求，带动了相关配套产业发展，使产业结构趋于完整和合理。

表6-10　　　　　　　　北京城镇居民家庭基本情况

年份	人均家庭总收入（元）	人均可支配收入（元）	人均可支配收入实际增长（%）	人均消费性支出（元）
2000	12 560.3	10 349.7	8.9	8 493.5
2001	13 768.8	11 577.8	8.5	8 922.7
2002	13 253.3	12 463.9	15.6	10 285.8
2003	14 959.3	13 882.6	11.2	11 123.8
2004	17 116.5	15 637.8	11.5	12 200.4
2005	19 533.3	17 653.0	11.2	13 244.2
2006	22 417.0	19 978.0	12.2	14 825.0

续表

年份	人均家庭总收入（元）	人均可支配收入（元）	人均可支配收入实际增长（%）	人均消费性支出（元）
2007	24 576.0	21 989.0	11.2	15 330.0
2008	27 678.0	24 725.0	7.0	16 460.0
2009	30 674.0	26 738.0	9.7	17 893.0
2010	33 360.0	29 073.0	6.2	19 934.0
2011	37 124.0	32 903.0	7.2	21 984.0
2012	41 103.0	36 469	10.84	24 046
2013	45 274	40 321	10.56	26 275
2014	49 730	43 910	8.9	28 009

资料来源：《北京统计年鉴》（2015）。

（2）外国直接投资对北京产业结构的消极影响。

外国直接投资流入对北京产业结构升级也有一些消极影响，具体表现在以下方面。

①外国直接投资流入加重了北京产业结构失调。

为追求利润最大化，外国直接投资往往大量投向有潜力、回报大的行业。就北京而言，近年来外国直接投资较多地流向了第三产业中的房地产业、商务服务业等利润较高的消费服务行业，流向通讯、金融保险、卫生体育和社会福利业、教育、文化艺术和广播电影电视业等行业的投资较少，具有知识密集型特点的科学研究、综合技术服务、咨询、邮电通信、交通运输等生产性服务领域的比重偏小。这种投资结构加重了北京产业结构失调。

②外国直接投资流入往往会挤压内资企业生存空间。

外资企业凭借其资本、技术和管理的优势迅速占领市场，在市场竞争中进一步形成垄断，给刚刚起步的本国企业形成了很高的壁垒。即使在一些领域国内部分企业技术水平与外国直接投资企业差距不大，但从竞争实力上也无法相提并论。外商投资企业拥有雄厚的资本和先进的技术，可以通过降低价格等方式与本地企业竞争。此外，外国直接投资进入的目的不仅仅是利用中国低廉的劳动力、土地、能源和自然资源。当前，外国直接投资已经进入深度发展阶段，甚至已经开始以控制市场为目的，以期获得高额利润，给中资企业的生存和发展带来很大压力。

6.2.4 外国直接投资对北京产业结构影响的实证研究

根据钱纳里的经济发展标准结构理论，产业结构的动态演变具有一定客观规律并且是循序渐进的。当经济处于初级产品生产阶段时，农业占据主导地位；当经济发展到工业化初级和中级阶段时，农业在国民经济中的比重出现下降，工业的比重得到迅速提高，第三产业开始缓慢发展；当工业化高级阶段来临时，第三产业的产值比重超过其他产业产值比重的总和；当经济发达阶段来临时，第三产业产值比重将达到60%以上。由此可以看出，产业结构转变的主要指标之一是三次产业增加值的相对变动。1978年以来，第一产业在北京地区生产总值中所占比重一直较低，第二产业在北京地区生产总值所占比重逐渐下降，第三产业所占比重逐渐上升。1994年以后，北京第三产业在地区生产总值中所占比重超过第二产业，之后第三产业所占比重不断提升。本书选取第三产业在地区生产总值中的比重 W_3 为被解释变量，将外国直接投资（FDI）作为解释变量，采用时间序列的方法研究外国直接投资对北京三次产业结构的影响。设定外国直接投资对北京三次产业间的结构效应模型如下：

$$W_3 = \alpha_0 + \alpha_1 FDI \tag{6.4}$$

（1）ADF 检验。

先对各变量进行平稳性检验。W_3 和 FDI 都存在向上延展的趋势性，从而可以大致推断出这两个序列均为非平稳时间序列。

①对序列 W_3 和 FDI 的 ADF 检验。

对序列 FDI 和 W_3 进行 ADF 检验，结果如表 6 - 11 所示。对序列 FDI 进行

ADF 检验，p=0 时，检验方程的 SIC 值最小。检验 t 统计量值为 -1.880702，大于显著性水平为 10% 的临界值，可见 FDI 为非平稳时间序列。同理，W_3 也是非平稳时间序列。

表 6-11　　　　　　　序列 W_3 和 FDI 的 ADF 检验结果

	ADF 检验统计量	检验的临界值	T 统计量
W_3	-0.044403	1% 临界值*	-4.339330
		5% 临界值	-3.587527
		10% 临界值	-3.229230
FDI	-1.880702	1% 临界值*	-4.339330
		5% 临界值	-3.587527
		10% 临界值	-3.229230

②对序列 LW_3 和 LFDI 的 ADF 检验。

对序列 LFDI，LW_3 的 ADF 检验结果如表 6-12 所示。对序列 LFDI 进行 ADF 检验，p=6 时，检验方程的 SIC 值最小。检验 t 统计量值为 -1.190653，大于显著性水平为 10% 的临界值，可见 LFDI 为非平稳时间序列。同理，在 10% 的显著水平下，LW_3 也是非平稳时间序列。

表 6-12　　　　　　　序列 LW_3 和 LFDI 的 ADF 检验结果

	ADF 检验统计量	检验的临界值	T 统计量
LW_3	-2.609629	1% 临界值*	-3.699871
		5% 临界值	-2.976263
		10% 临界值	-2.627420
LFDI	-1.190653	1% 临界值*	-3.788030
		5% 临界值	-3.012363
		10% 临界值	-2.646119

③对序列 LW_3 和 LFDI 的一阶差分的 ADF 检验。

对序列 LFDI 和 LW_3 的一阶差分的 ADF 检验结果如表 6-13 所示。对序列 DLFDI 进行 ADF 检验，p=6 时，检验方程的 SIC 值最小。检验 t 统计量值为 -5.970590，小于显著性水平为 10% 的临界值，可见 LFDI 的一阶差分为平稳时间序列。同理，在 10% 的显著水平下，LW_3 的一阶差分也是平稳时间序列。所以，LFDI 和 LW_3 均为一阶单整序列。

表 6-13　　　　序列 LFDI，LW_3 的一阶差分的 ADF 检验结果

	ADF 检验统计量	检验的临界值	T 统计量
DLW_3	-3.251106	1% 临界值*	-3.711457
		5% 临界值	-2.981038
		10% 临界值	-2.629906
DLFDI	-5.970590	1% 临界值*	-3.808546
		5% 临界值	-3.020686
		10% 临界值	-2.650413

（2）协整检验。

LFDI、LW_3 的一阶差分均为平稳的时间序列，所以其均为一阶单整序列，满足协整检验的前提条件。对 LFDI 和 LW_3 进行协整检验，如下：

对序列 LFDI 和 LW_3 进行最小二乘回归，结果如表 6-14 所示：

表 6-14　　　　序列 LW_3 和 LFDI 的最小二乘回归结果

变量	系数	标准差	T 统计量	概率
C	3.237141	0.051516	62.83811	0.0000
LFDI	0.176247	0.010288	17.13103	0.0000

由最小二乘回归结果，可得：

$$LW_3 = 0.176247 LFDI + 3.237141 \tag{6.5}$$

第6章 | 外国直接投资对北京经济发展的影响研究

$$令\ E = LW_3 - 0.176247LFDI - 3.237141 \qquad (6.6)$$

对 E 进行 ADF 检验，检验结果如表 6-15 所示。检验 t 统计量值为 -3.325082，小于显著性水平为 10% 的临界值，可见估计残差序列 E 为平稳序列，表明序列 DLFDI 和 DLW₃ 具有协整关系。

表 6-15　　　　　　　　序列 E_1 的 ADF 检验结果

ADF 检验统计量	检验的临界值	T 统计量
-3.325082	1% 临界值*	-3.788030
	5% 临界值	-3.012363
	10% 临界值	-2.646119

（3）误差修正模型。

由于序列 DLFDI 和 DLW₃ 具有协整关系，故可以建立误差修正模型 ECM。序列 DLFDI 和 DLW₃ 的向量误差修正估计检验结果如表 6-16 所示。序列 DLFDI 和 ECM 的回归系数均通过了显著水平为 5% 的 T 检验。系数方程的总体回归决定系数的 R^2 和 $\overline{R}^2$ 较低，可能是缺少其他解释变量所致。但是，不影响已有变量之间的关系。纠正系数的绝对值较小，$\theta_2 = 0.232419$，因此，二者的关系呈现出短期偏离围绕长期均衡震荡，并衰减而趋向长期均衡的趋势。误差修正项通过了显著水平为 5% 的检验，就平均而言，外国直接投资每年对上一年的非均衡的纠正程度为 1.9%。

表 6-16　　　　　　DLFDI 和 DLW₃ 的 ECM 估计结果

变量	系数	标准差	T 统计量	概率
C	0.024061	0.005787	4.158118	0.0004
DLFDI	0.019639	0.014135	1.389347	0.1775
E(-1)	-0.232419	0.078190	-2.972480	0.0066

$R^2 = 0.269129$
$\overline{R}^2 = 0.208223$

(4) 格兰杰 (Granger) 因果关系检验。

为了考察外国直接投资与第三产业在北京地区生产总值中所占比重之间的因果关系,采用格兰杰因果关系法进行检验,结果如表 6-17 所示:

表 6-17　　　外国直接投资与第三产业在北京地区生产总值中
所占比重的格兰杰因果关系检验

原假设	滞后期	F 统计量	概率	判断
第三产业在北京地区生产总值中所占比重不是外国直接投资的格兰杰成因	1	6.38231	0.0185	拒绝
外国直接投资不是第三产业在北京地区生产总值中所占比重的格兰杰成因	1	9.13331	0.0059	拒绝
第三产业在北京地区生产总值中所占比重不是外国直接投资的格兰杰成因	2	0.54899	0.5856	接受
外国直接投资不是第三产业在北京地区生产总值中所占比重的格兰杰成因	2	8.92116	0.0016	拒绝
第三产业在北京地区生产总值中所占比重不是外国直接投资的格兰杰成因	3	2.13438	0.1315	拒绝
外国直接投资不是第三产业在北京地区生产总值中所占比重的格兰杰成因	3	8.27469	0.0011	拒绝
第三产业在北京地区生产总值中所占比重不是外国直接投资的格兰杰成因	4	2.05548	0.1378	拒绝
外国直接投资不是第三产业在北京地区生产总值中所占比重的格兰杰成因	4	6.36780	0.0033	拒绝

注:本表中的概率值表示零假设成立的概率。

由表 6-17 可见,第三产业在北京地区生产总值中所占比重不是外国直接投资的格兰杰成因的原假设,拒绝它犯第一类错误的概率是 1.85%,表明第三产业在北京地区生产总值中所占比重不是外国直接投资的格兰杰成因的概率较小，拒绝原假设，第三产业在北京地区生产总值中所占比重是外国直接投资的格兰杰成因。同理可知，外国直接投资是第三产业在北京地区生产总值中所占比重的格兰杰成因。

（5）结论。

①协整分析的结果表明，北京外国直接投资和第三产业在北京地区生产总值中所占比重之间存在着长期均衡关系。从误差修正模型可以看出，在短期内外国直接投资可能会偏离它与第三产业在北京地区生产总值中所占比重的长期均衡水平，但是通过误差修正可以恢复到稳定状态。这也从另一角度证明了外国直接投资和第三产业在北京地区生产总值中所占比重之间的长期均衡关系。

②格兰杰因果关系检验表明，外国直接投资是第三产业在北京地区生产总值中所占比重的原因，说明外资企业推动了第三产业在北京地区生产总值中所占比重的增长。随着外国直接投资流入，第三产业在北京经济发展中越来越重要。

③格兰杰因果关系检验表明，第三产业在北京地区生产总值中所占比重的增长也是北京外国直接投资的格兰杰成因。随着第三产业在北京地区生产总值中所占比重的增长，北京服务业的发展水平越来越高，这也增强了北京对外国资本的吸引力，促进更多的外国直接投资流入北京。

6.2.5 政策建议

为了更好地发挥外国直接投资促进北京产业结构升级的作用，笔者提出以下建议。

（1）加强产业引导。

由上文的实证研究可见，第三产业利用外国直接投资上升会提高北京服务业发展水平，促进北京产业结构升级。因此，应鼓励外商加大对第三产业的投资，并引入竞争机制，促进第三产业发展，同时要优化第三产业的内部结构。此外，外国直接投资在北京第三产业中各行业的投资比例并不均衡。今后，应鼓励外商更多的投向第三产业中的通信、金融保险、卫生体育和社会福利业、教育、文化艺术和广播电影电视业、科研和综合技术服务业等行业，以进一步提高北京服务业发展水平，更好的发挥外国直接投资对北京产业结构升级的推动作用。

（2）改善公平竞争机制。

首先，要加大研发投入、提升本土企业自身的技术和管理水平。可以通过鼓励外资企业与本土企业合作等措施，促使内资企业从合作中学习先进技术和管理经验，并将其转化成自身核心竞争力。其次，还需缩短内资与外资企业间的待遇差距。实现公平竞争，让国内企业在一个良心竞争环境中发展。如前所述，外资企业进入还有可能挤压内资企业生存空间。因此，应引进多家外资企业，以使他们之间形成竞争，避免某一个跨国公司在某一行业形成垄断。

6.3 外国直接投资对北京进出口的影响研究

外国直接投资对发展中国家进出口的影响一般比东道国本地的公司更大。因为跨国公司一般是外向型的，而且国际化程度更高（Caves，1996）。在一些发展中国家和地区，外商投资企业对于其出口的发展发挥了重要作用。与此同时，外国直接投资的流入往往也会伴随着资本品进口的增长。因此，外国直接投资的流入往往会对东道国的进出口产生重要影响。

6.3.1 文献综述

（1）国外学者的研究。

国外学者有关外国直接投资对国际贸易的影响，主要有两种观点：一种观点认为外国直接投资减少贸易（即外国直接投资和国际贸易之间是替代关系）；另一种观点认为外国直接投资流入会增加国际贸易（即外国直接投资和国际贸易之间是互补关系）。替代模型最早由罗伯特．蒙代尔（Robert Mundell，1957）提出。他根据标准的要素价格均等化（赫克歇尔—俄林—萨缪尔森定理，H－O－S）定理认为：在存在关税的情况下，投资与贸易具有替代性，贸易障碍会产生投资，投资障碍会导致贸易。1960年，海默（Hymer）解释了美国企业不选择商品出口和许可证交易方式来利用其垄断优势，而选择直接投资的原因在于：①东道国关税壁垒阻碍企业通过出口扩大市场，因此企业必须以外国直接投资方式绕过关税壁垒，维持并扩大市场；②外国直接投资可以保证企业对国外经营的控制及技术运用的保密，并能获取技术资产的全部优势。很显然，这一理论认为贸易和投资是替代的关系。阿德勒和史蒂文斯（Adler & Stevens，1974）对美国1966年在加拿大、德国和日本的海外生产和母公司的出口额进行了比较分析，发现海外子公司的销售和母公司的出口负相关，支持了投资替代贸易的观点。拜尔德波斯和斯鲁威志（Belderbos & Sleuwaegen，1996）利用公司层面的数据发现：在目标市场存在着贸易保护的情况下，投资与贸易之间存在着替代关系。赫尔普曼、梅利慈和耶普尔（Helpman，Melitz & Yeaple，2004）研究了出口和外国直接投资之间的关系，也发现了两者的替代关系。

1973年，小岛清发表了《对外直接投资的宏观探讨》一文。他认为对外直接投资可以分成"顺贸易导向型"和"逆贸易导向型"投资两种。顺贸易导向型对外直接投资是指投资国把相对比较劣势的产品转移到被投资国相对比较优势的产业中，从而带来贸易的扩大和经济福利的增加。与此相反，逆贸易导向型对外直接投资是指投资国把比较优势的产业投资到被投资国比较劣势的产业中，从而获得垄断利润。他认为日本对外直接投资有顺贸易导向型的特点；欧美对外直接投资则有逆贸易导向型的特点。小岛清认为对外直接投资应当促进直接投资双方比较优势的发展，从而扩大两国的贸易，贸易和投资是互补关系，而不像海默、维农等人分析的那样，贸易和投资是替代关系。帕伐冯美尔（Pfaffermayr，1994）利用格兰杰因果检验研究了奥地利外国直接投资和出口之间的因果关系，发现两者之间具有双向因果关系。斯温森（Swenson，1997）发现日本企业在美国投资生产汽车，从本国进口大量的零部件。约书亚·艾真曼和宜兰诺伊（Joshua Aizenman & Ilan Noy，2006）把207个国家分为发展中国家和工业化国家两类，分析了其对外直接投资和国际贸易数据，发现在发展中国家贸易和外国直接投资的相关系数显示为正，而在工业化国家则不太明显。

(2) 国内学者的研究。

我国学者的研究大多认为外国直接投资促进了我国出口贸易规模增长和出口贸易结构优化。刘恩专（1999）通过回归分析指出，外国直接投资促进了我国出口贸易在商品结构上从初级产品为主向以工业制成品为主的根本转变，促进了我国出口贸易结构的优化。江小娟（2002）通过对外资企业与国内企业的高新技术产品出口份额的比较，得出了外国直接投资对扩大我国出口规模和提升出口商品结构做出了突出贡献的结论。王洪亮、徐霞（2003）研究日本对华贸易与直接投资的关系，发现日本对华直接投资和中日贸易之间存在长期的互补关系。邱斌、唐保庆和孙少勤（2006）的研究得出，外国直接投资对国际贸易的影响存在显著的地区差异。基于全国数据的国际贸易与外国直接投资之间没有相互促进关系，基于江苏省数据的国际贸易和外国直接投资之间只具有单向促进作用。张磊和王敏（2008）对上海市实际利用外资同进出口之间的关系进行了协整分析，指出上海市外国直接投资与进出口之间较弱的趋同性以及外国直接投资行业分布同上海市贸易密集行业的不一致是造成上海市外国直接投资与进出口不具有长期均衡关系的主要原因。顾国达、俞开江（2008）运用截面时间序列模型实证分析了外国直接投资对浙江外贸结构的优化效应，认为外国直接投资促进了浙江出口贸易结构的优化，并且外国直接投资对各产业的贸易结构优化存在一定差异，对机电产业的优化效应最大，而对第一产业的优化效应最小。王博（2009）采用我国1983~2006年期间的数据，研究了外国直接投资与我国出口商品结构的关系，发现外国直接投资优化了我国出口贸易结构，并且不同来源国的外国直接投资出口绩效存在一定差异。

总之，我国学者对于外国直接投资对我国进出口的影响进行了较多的研究。但是，对于有关外国直接投资对北京进出口影响的研究较少。北京作为中国的政治中心、文化中心和国际交往中心，在吸收外国直接投资方面有着特殊的优势，其对外贸易也有着不同于全国和其他地区的特点。本节将研究外国直接投资对于北京进出口的影响。

6.3.2 外国直接投资对北京进出口影响的实证研究

外国直接投资流入会对东道国进出口贸易产生直接影响和间接影响。首先，如果外商是为了利用东道国的自然资源，如廉价的劳动力资源，然后将在东道国生产的产品出口回本国，那么外国直接投资流入就直接促进了东道国的出口。其次，外国直接投资流入对东道国进出口贸易的间接影响是通过技术溢出效应产生的。一般来说，外国直接投资流入可以增强东道国产品的出口竞争力。因为，跨国公司的进入通常伴随着先进技术、工艺和技巧的引进，从而可以提高整个行业的生产效率、降低成本，进而提升该行业出口厂商的利润，促进该行业产品的出口。在一些发展中国家和地区，外商投资企业对于其出口的发展发挥了重要作用。再次，外资企业在东道国的生产经营活动，还会对当地企业产生外溢效应，对提高国内企业的出口竞争力也有促进作用。这是由于发展中国家出口产品的国际竞争力低，往往是由于技术水平低下，生产中存在薄弱环节，致使终端的出口受到影响。而通过外国直接投资的引进，可以使发展中国家尽快突破自身的薄弱环节，为出口建立坚强的基础，出口产品的竞争力也会大大提高。最后，出口的增加导致人们消费收入的增加，会使人们增加对进口产品的购买，从而间接促进了东道国的进口贸易。

由图 6-7 可见，1987~2000 年北京进出口贸易总额均较低。2001 年，中国加入世界贸易组织以来,北京利用外国直接投资出现了较快增长,北京进出口贸易规模也出现了较大幅度的增长。北京出口总额由2001年的1 177 236万美元增长到2014年的6 233 597万美元,增长了429.51%;进口总额由2001年的3 972 572万美元增长到2014年的35 320 213万美元,增长了789.1%。虽然,近年来北京进出口总额均出现了较大幅度的上涨,但是出口总额要远远小于进口额,且贸易逆差不断拉大,与全国的贸易顺差形成鲜明对比。这与北京吸引外国直接投资中跨国公司总部较多有关。下面运用时间序列的方法对外国直接投资对北京进出口的影响进行实证研究。运用eviews7.0软件进行计量分析。

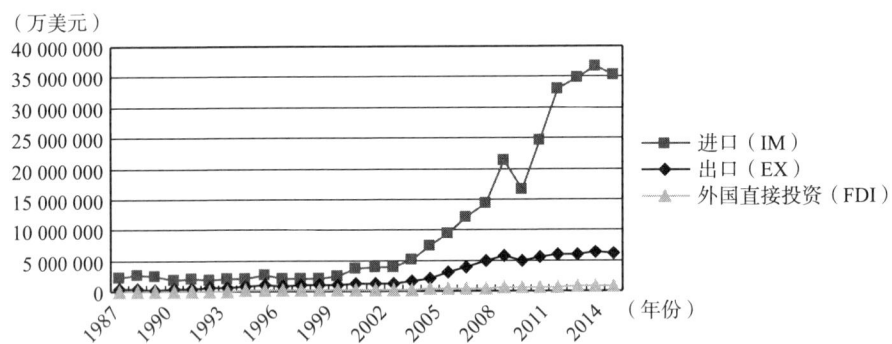

图6-7 1987~2014年北京外国直接投资(FDI)、进口(IM)和出口(EX)

资料来源:历年《北京统计年鉴》。

(1) 数据选取。

北京外国直接投资(FDI)、进口(IM)和出口(EX)的数据,来源于历年北京统计年鉴。外国直接投资采用的是北京实际利用外国直接投资额。样本区间设定在1987~2014年。

(2) 时间序列的平稳性ADF检验。

①对序列FDI、IM和EX的ADF检验。

对序列FDI、IM和EX的ADF检验结果如表6-18所示。对序列FDI进行 ADF 检验，p＝0 时，检验方程的 SIC 值最小。检验 t 统计量值为 －0.677623，大于显著性水平为 10% 的临界值，表明序列 FDI 为非平稳时间序列；对序列 IM 进行 ADF 检验，p＝7 时，检验方程的 SIC 值最小，检验 t 统计量值为 －1.054706，大于显著性水平为 10% 的临界值，表明序列 IM 也为非平稳时间序列；对序列 EX 进行 ADF 检验，p＝0 时，检验方程的 SIC 值最小，检验 t 统计量值 1.617319，大于显著性水平为 10% 的临界值，表明序列 EX 也为非平稳时间序列。

表 6－18　　　　　　序列 FDI、IM、EX 的 ADF 检验结果

	ADF 检验统计量	检验的临界值	T 统计量
FDI	－0.677623	1% 临界值*	－4.339330
		5% 临界值	－3.587527
		10% 临界值	－3.229230
IM	－1.054706	1% 临界值*	－4.339330
		5% 临界值	－3.587527
		10% 临界值	－3.229230
EX	－1.617319	1% 临界值*	－4.339330
		5% 临界值	－3.587527
		10% 临界值	－3.229230

②对序列 LFDI、LIM 和 LEX 的 ADF 检验。

对序列 LFDI、LIM 和 LEX 的 ADF 检验结果如表 6－19 所示。对序列 LFDI 进行 ADF 检验，p＝4 时，检验方程的 SIC 值最小，检验 t 统计量值为 －1.923078，大于显著性水平为 10% 的临界值，LFDI 为非平稳时间序列；对序列 LIM 进行 ADF 检验，p＝3 时，检验方程的 SIC 值最小，检验 t 统计量值为 －1.979722，大于显著性水平为 10% 的临界值，可见 LIM 仍为非平稳时间序列；对序列 LEX 进行 ADF 检验，p＝0 时，检验方程的 SIC 值最小，此时

检验 t 统计量值为 -3.103592，大于显著性水平为 10% 的临界值，可见 LEX 为非平稳时间序列。

表 6-19　　　　序列 LFDI、LIM、LEX 的 ADF 检验结果

	ADF 检验统计量	检验的临界值	T 统计量
LFDI	-1.923078	1% 临界值*	-4.356068
		5% 临界值	-3.595026
		10% 临界值	-3.233456
LIM	-1.979722	1% 临界值*	-4.339330
		5% 临界值	-3.587527
		10% 临界值	-3.229230
LEX	-3.103592	1% 临界值*	-4.394309
		5% 临界值	-3.612199
		10% 临界值	-3.243079

③对序列 LFDI，LIM 和 LEX 的一阶差分的 ADF 检验。

对序列 LFDI，LIM 和 LEX 的一阶差分的 ADF 检验结果如表 6-20 所示。对序列 DLFDI 进行 ADF 检验，p=6 时，检验方程的 SIC 值最小。检验 t 统计量值为 -3.532696，小于显著性水平为 10% 的临界值，可见 LFDI 的一阶差分为平稳时间序列。同理，LIM 和 LEX 的一阶差分，在 10% 的显著水平下，都是平稳序列。所以，LFDI，LIM 和 LEX 均为一阶单整序列。

表 6-20　　　对序列 LFDI，LIM 和 LEX 的一阶差分的 ADF 检验结果

	ADF 检验统计量	检验的临界值	T 统计量
DLFDI	-3.532696	1% 临界值*	-3.808546
		5% 临界值	-3.020686
		10% 临界值	-2.650413

续表

	ADF 检验统计量	检验的临界值	T 统计量
DLEX	-5.584586	1%临界值*	-3.711457
		5%临界值	-2.981038
		10%临界值	-2.629906
DLIM	-4.648332	1%临界值*	-3.711457
		5%临界值	-2.981038
		10%临界值	-2.629906

（3）协整检验。

LFDI、LIM 和 LEX 的一阶差分均为平稳的时间序列，所以其均为一阶单整序列，满足协整检验的前提条件。

对 LFDI 和 LEX 进行协整检验，如下：

LFDI 和 LEX 的最小二乘回归结果，如表 6-21 所示：

表 6-21　　　　　序列 LEX 和 LFDI 的最小二乘回归结果

变量	系数	标准差	T 统计量	概率
C	4.846502	0.682622	7.099833	0.0000
LFDI	0.775476	0.056042	13.83741	0.0000

由最小二乘回归结果，可得：

$$\text{LEX} = 0.775476\text{LFDI} + 4.846502 \tag{6.7}$$

$$\text{令 } E_1 = \text{LEX} - 0.775476\text{LFDI} - 4.846502 \tag{6.8}$$

对 E_1 进行 ADF 检验，检验结果如表 6-22 所示。检验 t 统计量值为 -3.557905，小于显著性水平为 10% 的临界值，可见估计残差序列 E_1 为平稳序列，表明序列 DLFDI 和 DLEX 具有协整关系。

表6-22　　　　　　　　　序列 E_1 的 ADF 检验结果

ADF 检验统计量	检验的临界值	T 统计量
-3.557905	1%临界值*	-3.788030
	5%临界值	-3.012363
	10%临界值	-2.646119

对 LFDI 和 LIM 进行协整检验，如下：

对 LFDI 和 LIM 进行最小二乘回归检验，结果如表6-23所示：

表6-23　　　　序列 LIM 和 LFDI 的普通最小二乘法回归检验结果

变量	系数	标准误	t 统计量	概率
C	6.706760	1.202967	5.575181	0.0000
LFDI	0.729951	0.098761	7.391057	0.0000

由 LIM 和 LFDI 的普通最小二乘法回归检验结果可得：

$$\text{LIM} = 0.729951 \text{LFDI} + 6.706760 \quad (6.9)$$

$$\text{令 } E_2 = \text{LIM} - 0.729951 \text{LFDI} - 6.70676 \quad (6.10)$$

对 E_2 进行 ADF 检验，检验结果如表6-24所示。检验 t 统计量值为 -2.05068，小于显著性水平为5%的临界值，可见估计残差序列 E_2 为平稳序列，表明序列 DLFDI 和 DLIM 具有协整关系。

表6-24　　　　　　　　　序列 E_2 的 ADF 检验结果

ADF 检验统计量	检验的临界值	T 统计量
-2.05068	1%临界值*	-2.653401
	5%临界值	-1.953858
	10%临界值	-1.609571

(4) 误差修正模型。

由于序列 DLFDI 和 DLEX、序列 DLFDI 和 DLIM 具有协整关系，故可以建立误差修正模型 ECM。序列 DLFDI 和 DLEX 的向量误差修正估计检验结果如表 6-25 所示。系数方程的总体回归决定系数的 R^2 和 $\overline{R}^2$ 较低，可能是缺少其他解释变量所致。但是不影响已有变量之间的关系。序列 DLFDI 和 ECM 的回归系数均通过了显著水平为 5% 的 T 检验。纠正系数的绝对值为 0.16，值较小。因此，二者的关系呈现出短期偏离围绕长期均衡震荡并衰减趋向长期均衡的趋势。误差修正项通过了显著水平为 5% 的检验，就平均而言，外国直接投资每年对上一年的非均衡的纠正程度为 9.2%。

表 6-25　　　　　　　　DLFDI 和 DLEX 的 ECM 估计结果

变量	系数	标准差	T 统计量	概率
C	0.078643	0.035496	2.215544	0.0365
DLFDI	0.160134	0.098023	1.633633	0.1154
E1(-1)	-0.092016	0.106249	-0.866033	0.3950

$R^2 = 0.100110$
$\overline{R}^2 = 0.025119$

序列 DLFDI 和 DLIM 的向量误差修正估计及相关检验结果如表 6-26 所示：

表 6-26　　　　　　　　DLFDI 和 DLEX 的 ECM 估计结果

变量	系数	标准差	T 统计量	概率
C	0.083891	0.042205	1.987718	0.0584
DLFDI	0.090279	0.105202	0.858151	0.3993
E2(-1)	-0.073327	0.065892	-1.112841	0.2768

$R^2 = 0.059784$
$\overline{R}^2 = 0.018568$

系数方程的总体回归决定系数的 R^2 和 $\overline{R^2}$ 较低，可能是缺少其他解释变量所致。但是不影响已有变量之间的关系。纠正系数的绝对值较小，$\theta_2 = 0.090279$。因此，二者的关系呈现出短期偏离围绕长期均衡震荡，并衰减而趋向长期均衡的趋势。就平均而言，外国直接投资每年对上一年的非均衡的纠正程度为 7.3%。

（5）结论。

协整分析的结果表明，北京外国直接投资和出口、进口之间存在着长期均衡关系。从误差修正模型可以看出，在短期内外国直接投资可能会偏离它与出口和进口的长期均衡水平，但是通过误差修正可以恢复到稳定状态。这也从另一角度证明了外国直接投资和进出口之间的长期稳定的均衡关系。

6.4 外国直接投资对北京就业结构的影响研究

外商投资企业在东道国的生产经营活动既直接创造就业机会，也间接创造就业机会。随着北京吸收外国直接投资的增多，其对北京就业产生了重要影响。外商投资企业对北京的就业效应可以通过外商投资企业对就业数量的直接贡献度（外商投资企业年末从业人员数与全部年末从业人员数的比率）来衡量。表 6-27 显示了 2003~2014 年北京外商投资企业从业人员状况。由该表可以看出，2003 年以来外商投资企业对北京就业数量的直接贡献度总体呈上升趋势。其中，2011 年外商投资企业对就业数量的直接贡献度最大，达到 13.15%。外国直接投资流入不但影响就业数量，对于就业结构也会产生影响。就业结构是根据不同的标准对就业人口进行划分之后，对各类就业人口之间的比例关系，包括就业产业结构、地区结构和知识结构等多个方面。本章节的研究仅限于就业产业结构。

表 6-27　　　　　2003~2014 年北京外商投资企业从业人员状况

年份	全部从业人员数	外商投资企业从业人员数（万人）	港澳台商投资企业从业人员数（万人）	外资企业从业人员数（万人）	外国直接投资对就业数量的直接贡献度（%）
2003	703.3	31.5	17.3	48.8	6.94
2004	854.1	45	18.3	63.3	7.41
2005	878	49.6	21.7	71.3	8.12
2006	919.7	57.3	23.5	80.8	8.79
2007	942.7	69.3	28.8	98.1	10.41
2008	980.9	72.7	33.4	106.1	10.82
2009	998.3	71.2323	36.6115	107.8438	13.12
2010	1 031.6	73.3511	38.9209	117.3	11.37
2011	1 069.7	77.4446	44.3648	121.8094	13.15
2012	1 107.3	81.8702	47.9876	129.8578	11.73
2013	1 141	84.375	48.8513	133.2263	11.68
2014	1 156.7	83.0194	52.4962	135.5156	11.72

资料来源：历年《北京统计年鉴》。

6.4.1　文献述评

关于外国直接投资流入对东道国就业的影响一直是学者们关注的热点问题。随着对外国直接投资就业效应研究的进一步深入，学者们不只关心外国直接投资对就业数量的影响，还开始关注其对东道国就业结构的影响。经济合作与发展组织（1995）的研究表明，如果外国直接投资主要流向劳动密集型企业，就可以增加东道国的就业并减轻东道国国内贫困。外国直接投资还会从结构上影响就业，特别是可以影响就业歧视。托马什（Tomasz，2000）等人运用描述性的阶段模型研究了捷克、匈牙利、斯洛伐克和爱沙尼亚四国外国直接投资对工作岗位创造和保有的影响，及其在就业结构变化中的角色，发现外国直接投资只能作为工作岗位创造和保有的补充渠道，而不能作为替代渠道。不同国家单位资本外国直接投资的流入量与外国直接投资就业部门分布的产业差异增加紧密相关。外国直接投资的种类多样性更高对东道国更有利，会带来更多的技术溢出和转移。沃廉姆斯（Williams，2003）认为外国直接投资对就业的影响取决于外商投资企业所选择的进入模式，外国直接投资进入对东道国就业有积极影响。

国内学者的研究也关注了外国直接投资对我国就业结构的影响。柳云（2005）认为外国直接投资对增加我国第二产业和第三产业就业人数的贡献是比较突出的，在吸收我国传统行业的剩余劳动力方面具有积极影响。张二震和任志成（2006）认为外国直接投资促进中国就业结构演进主要有两个途径：一是推进农业劳动力向非农产业的转移；二是促进劳动力素质结构升级。罗茜（2009）认为基于宏观层面外国直接投资对发展中东道国的就业影响是积极的。这种积极的效应不仅体现在就业总量上，还体现在通过外溢效应对发展中东道国劳动力素质的提升及对劳动力市场体制的建设上。基于微观层面上，外资对发展中东道国的就业影响是呈复杂动态发展的，无法给其以唯一而确定的研究结论。刘辉群和卢进勇（2009）认为外国直接投资对就业的弹性取决于各部门所占的劳动比例、各部门中劳动生产率对劳动的弹性以及外国直接投资在各部门中所占的比例；外国直接投资对中国第一产业就业是负向推动作用，对第二产业就业有正向促进作用，对第三产业就业影响不足。但总的来看，外国直接投资对我国就业结构升级有促进作用。秦小玲和董有德（2007）认为外商投资企业吸纳了境内大批劳动力，并对我国典型的二元就业结构起到了积极作用。但随着外国直接投资逐渐由劳动密集型向资本技术密集型行业过渡，就会导致资本、技术替代人力，必定释放出大量的非熟练劳动力，使我国面临巨大的就业压力。祖强和张丁榕（2008）认为外国直接投资对我国的就业效应表现为抑制就业人数的增长，对第一产业就业的增加起负作用，对第二产业中的制造业、电力、煤气及水的生产与供应业、建筑业三个行业表现为抑制就业，而间接就业效应却表现为创造就业，且大于其直接创造就业的作用。孙庆刚（2009）认为外国直接投资促进了第一产业就业人员的减少，第二、第三产业就业人员的增加，在外国直接投资对三大产业的影响中，对第产业就业结构的影响最低,并通过协整分析得出第一、二、三产业的外国直接投资与就业量之间存在长期稳定的均衡关系。龚建(2010)指出外商投资企业所吸纳的大多数就业人员分布在第二产业,第三产业次之,最后是第一产业。

已有研究多是从国家的角度,研究外国直接投资对一国就业数量或结构的影响。关于外国直接投资对北京就业结构影响的研究还较少。本节主要研究外国直接投资对北京就业产业结构的影响。

6.4.2 北京就业产业结构现状

图 6-8 显示了 1978～2014 年北京三次产业从业人员年末人数及构成。由此图可见,改革开放之初,北京第二产业从业人员所占比重最高,其次为第三产业,第一产业所占比重最低。改革开放以来,北京第一产业从业人员所占比例逐渐下降,第二产业从业人员所占比例先上升后下降,但是第三产业从业人员所占比例呈现出明显的上升趋势。1994 年,第三产业从业人员所占比重超过第二产业。之后,第三产业从业人员所占比重不断上升。2014 年,北京第三产业从业人员所占比重已经接近 80%。北京三次产业从业人员变化情况与其吸收外国直接投资产业结构分布的变化情况有很大的相似性。

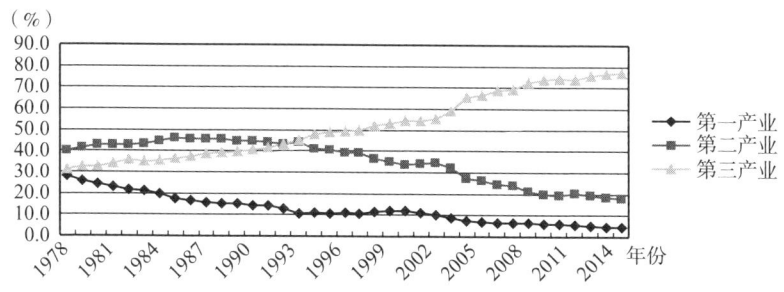

图 6-8 北京三次产业从业人员年末人数及构成(1978～2014 年)

注:①2010 年及以前,劳务派遣人员按照"谁发工资谁统计"的原则进行统计。2011 年以后,劳务派遣人员按照"谁用工谁统计"的原则进行统计。②自 2012 年开始,三次产业划分执行国家统计局《三次产业划分规定》(国统字[2012]108 号)。

资料来源:《北京统计年鉴(2015)》。

6.4.3 外国直接投资对北京就业结构影响的理论分析

外国直接投资不仅带来了资本，还带来了技术、管理和市场渠道。资本、技术、管理等一揽子资源与劳动力要素结合构造出新的生产函数，必然对劳动力就业结构产生重要影响。同时，外国直接投资一般为长期投资，涉及固定资产投入，和其他投资形式相比更加稳定，其对就业结构演进的影响也比较长久。随着北京吸引外国直接投资产业分布结构的变化，其对北京就业结构也产生了重要影响。外国直接投资流入对北京就业结构既有积极影响，也有消极影响。

（1）外国直接投资对北京就业结构的积极影响。

首先，外国直接投资对北京就业结构的影响是通过引起劳动力在不同产业之间的动态配置实现的。改革开放之前，北京就业结构呈现典型的二元结构特征。早期进入北京的外国直接投资以港澳台为主，多为劳动密集型行业的出口导向型企业。因此，早期外国直接投资主要集中在第二产业。通过增加第二产业就业需求，促进剩余劳动力从农业转移到工业，推动北京就业结构优化。20世纪90年代中期以后，北京吸收外国直接投资逐渐转向第三产业，促进了北京服务业的发展，也推动了北京产业结构升级。与此同时，就业人员向北京第三产业转移。

其次，外国直接投资通过提高劳动生产率促进就业结构升级。外国直接投资不仅直接增加资本供给，还带来技术、培训、管理等外溢因素。外国直接投资与劳动力要素结合后，提高劳动生产率，改变资本结构，减少单位资本所要求的劳动力要素供给。被资本和技术所替代的劳动力最终会向第三产业转移，以实现东道国就业结构升级。近年来，跨国公司纷纷将生产企业和研发机构转移到北京。进入北京的外国直接投资从初期的出口导向型投资为主逐渐转变为市场导向型投资为主。与出口导向型外国直接投资相比，市场导向型外国直接投资多是技术密集型和资金密集型，其对北京劳动生产率提高的作用更加明显。外国直接投资首先是扩大了对熟练劳动力的需求。投入到相对高技术含量产业中的外国直接投资招收员工将直接增加对熟练劳动力的需求，而外国直接投资的技术外溢也将使本土企业的生产技术水平加速提高，并进而增加对熟练劳动力的需求。中国熟练劳动力稀缺，因此外国直接投资将提高熟练劳动力的工资水平；而由于中国非熟练劳动力大量过剩，外国直接投资不受非熟练劳动力工资水平的影响，因此熟练劳动力对非熟练劳动力的相对工资水平也将增加。熟练劳动力工资水平上升又会刺激熟练劳动力供给的增加。

（2）外国直接投资对北京就业结构的消极影响。

改革开放后，外国直接投资最初主要流入北京第二产业，尤其是制造业，导致北京就业人员过多地集中在第二产业。近年来，外国直接投资对第三产业的投资逐年增长。目前，第三产业已经成为北京吸收外国直接投资最多的产业。但是，第三产业的外国直接投资过多集中在金融、房地产等周期短、盈利高的行业，一定程度上对北京就业分布的不平衡产生了消极影响。

6.4.4 外国直接投资对北京就业产业结构影响的实证分析

（1）变量选取和数据来源。

选取 1978~2014 年期间北京实际利用外国直接投资额（FDI）、地区生产总值（GDP）作为因变量，三次产业就业人数作为自变量，其中：L_1 为第一产业就业人数；L_2 为第二产业就业人数；L_3 为第三产业就业人数。数据如表 6-28 所示。下面运用最小二乘回归方法研究外国直接投资对北京就业产业结构的影响。

表 6-28　　1978~2014 年北京外国直接投资、地区生产总值和三次产业就业人数

年份	FDI	GDP	L_1	L_2	L_3
1987	3.54865014	326.8	92.3	264.1	223.8
1988	18.71397438	410.2	88.4	267.6	228.1
1989	11.99033746	456	91.0	266.3	236.6

续表

年份	FDI	GDP	L_1	L_2	L_3
1990	13.24755072	500.8	90.7	281.6	254.8
1991	13.03250306	598.9	90.8	279.7	263.5
1992	19.29227664	709.1	84.5	281.6	283.2
1993	38.4285066	886.2	65.1	279.4	283.3
1994	124.5057402	1 145.3	73.2	272.2	318.9
1995	117.1453227	1 507.7	70.6	271.0	323.7
1996	129.1112118	1 789.2	72.5	260.1	327.6
1997	132.0449083	2 077.1	71.0	257.6	327.2
1998	170.8930427	2 377.2	71.5	226.0	324.7
1999	184.6094013	2 678.8	74.5	216.2	327.9
2000	203.4822442	3 161.7	72.9	208.2	338.2
2001	146.5029	3 708	71.2	215.9	341.8
2002	148.1285028	4 315	67.6	235.3	376.3
2003	177.6864975	5 007.2	62.7	225.8	414.8
2004	255.2184387	6 033.2	61.5	232.8	559.8
2005	288.8704705	6 969.5	62.2	231.1	584.7
2006	362.8691614	8 117.8	60.3	225.4	634.0
2007	385.1973488	9 846.8	60.9	228.1	653.7
2008	422.3815357	11 115	63.0	207.4	710.5
2009	418.1214114	12 153	62.2	199.6	736.5
2010	430.7825481	14 113.6	61.4	202.7	767.5
2011	455.6341084	16 251.9	59.1	219.2	791.4
2012	507.626	17 879.4	57.3	212.6	837.4
2013	527.9195158	19 800.81	55.4	210.9	874.7
2014	555.3613338	21 330.83	52.4	209.9	894.4

资料来源：根据1993~2015年《北京统计年鉴》整理所得。

(2) 最小二乘回归。

设定回归方程为：

$$L_i = C(1)_i + C(2)_i * \text{LFDI} + C(3)_i * \text{LGDP} \qquad (6.11)$$

第6章 | 外国直接投资对北京经济发展的影响研究

进行最小二乘回归后,回归结果如表6-29、表6-30和表6-31所示,得到以下回归方程:

$$L_1 = 84.58107 - 0.093488 * LFDI + 0.001046 * LGDP \quad (6.12)$$
$$L_2 = 273.0138 - 0.243103 * LFDI + 0.001046 * LGDP \quad (6.13)$$
$$L_3 = 218.8135 + 0.710622 * LFDI + 0.015189 * LGDP \quad (6.14)$$

由上述回归方程可知,外国直接投资对北京第一产业和第二产业就业人数具有负效应,而对第三产业就业人数具有正效应。外国直接投资每增长1%,第一产业就业人数下降9.3488%,第二产业就业人数下降24.3103%,第三产业就业人数增长71.0622%。说明,随着外国直接投资流入,促进了北京就业人员从第一和第二产业向第三产业的转移。

表6-29　　　　　　LFDI、LGDP和L_1的最小二乘回归结果

变量	系数	标准差	T统计值	概率
C	84.58107	2.065619	40.94707	0.0000
FDI	-0.093488	0.023004	-4.063985	0.0004
GDP	0.001046	0.000632	1.655547	0.1103
决定系数 R^2	0.766987	因变量的样本平均值		70.22179
修正的决定系数 R^2	0.748345	因变量的样本标准差		11.82679
回归标准差	5.932931	AIC,赤池信息准则		6.499871
残差平方和	879.9918	SC,施瓦茨准则		6.642607
对数似然函数	-87.99819	HQC,汉南—奎因准则		6.543507
F统计量	41.14497	D-W统计量		0.952947
F统计量的收尾概率	0.000000			

表6-30　　　　　　LFDI、LGDP和L_2的最小二乘回归结果

变量	系数	标准差	T统计值	概率
C	273.0138	5.313529	51.38089	0.0000
FDI	-0.243103	0.059175	-4.108211	0.0004

续表

变量	系数	标准差	T统计值	概率
GDP	0.003231	0.001626	1.987306	0.0579
决定系数 R^2	0.727728	因变量的样本平均值		238.8675
修正的决定系数 R^2	0.705947	因变量的样本标准差		28.14421
回归标准差	15.26167	AIC,赤池信息准则		8.389523
残差平方和	5 822.963	SC,施瓦茨准则		8.532259
对数似然函数	-114.4533	HQC.汉南—奎因准则		8.433159
F统计量	33.41005	D-W统计量		0.489754
F统计量的收尾概率	0.000000			

表6-31　　　　　LFDI、LGDP和 L_2 的最小二乘回归结果

变量	系数	标准差	T统计值	概率
C	218.8135	12.32091	17.75952	0.0000
FDI	0.710622	0.137213	5.178950	0.0000
GDP	0.015189	0.003770	4.028832	0.0005
决定系数 R^2	0.977400	因变量的样本平均值		472.8211
修正的决定系数 R^2	0.975592	因变量的样本标准差		226.5138
回归标准差	35.38847	AIC,赤池信息准则		10.07161
残差平方和	31 308.59	SC,施瓦茨准则		10.21434
对数似然函数	-138.0025	HQC.汉南—奎因准则		10.11524
F统计量	540.5949	D-W统计量		0.442521
F统计量的收尾概率	0.000000			

6.4.5　政策建议

由上文的实证研究可见,外国直接投资流入,可以促进从业人员从第一、第二产业流向第三产业,从而优化北京就业产业结构。为更好地发挥外国直

接投资对北京就业结构的积极效应，提出以下建议。

首先，加强对引进外国直接投资的引导。北京引进外国直接投资应注重吸引资本技术密集型外资，鼓励外商投向产业关联度高，就业推动作用明显的制造业、电力、煤气及水的生产与供应业、建筑业等行业。

其次，北京引进外国直接投资应有利于自主创新战略的实施。要优化北京就业产业结构，就要提高北京企业的国际竞争力。然而，企业国际竞争力提升的根本在于企业技术水平的提升。北京产业技术水平提升需要自主创新战略的支撑。自主创新战略并不是要排斥外资进入，而是要更好地利用外资，使之服务于自主创新战略。因此，必须对外资项目有所甄别，除了要全面考察对方的全球战略和技术能力外，还要重视对方的合作承诺和资源承诺，要重视对方对关键知识开放的程度，对合资、合作项目进行选择，力求获得技术外溢效应。

再次，规范外资企业跨国并购，促进外资企业就业效应的发挥。近年来，并购已逐渐成为跨国公司进入北京的主要方式。跨国并购不但不会增加就业，相反往往会引起大量裁员，直接减少就业机会。因此，北京应结合际情况，制定既有利于引进外资，又可以促进国内相关产业发展、增加就业机会的外资并购法及其配套的法律、法规政策，填补在外资并购方面的法律空白，为跨国并购提供相应的法律依据，提高对跨国并购的监管水平。

最后，重视人力资源，进一步提高劳动者素质。跨国公司往往对劳动者素质要求较高。如果本土劳动者素质较低，就不能满足外资企业对高级管理和技术人员的需求。外资企业进入北京后，必然要增加对劳动力进行培训的成本，从而增加外资企业进入成本，降低外资企业投资的积极性。因此，限制了外资对北京就业数量的拉动作用。要提高劳动力素质，根本所在还是加大教育投入。积极发展职业教育，通过加大技能培训和知识的普及来促成非熟练劳动力向熟练劳动力和专业技工的转变，从而增加有效劳动力供给，使劳动力能够更好地适应外资企业的要求。

北京总部经济发展与提升
利用外资水平研究
Chapter 7

第 7 章　北京和上海外国直接投资经济效应的比较研究

国外关于外国直接投资经济效应的研究大多集中在国家和行业层面上。中国地区之间的发展很不平衡，导致外国直接投资地区分布的不均衡。外国直接投资对国内各省市经济的影响也有所不同。因此，学术界开始深入研究外国直接投资的区域效应。但值得注意的是，大部分学者都是针对某个区域或某个城市进行研究，对于大城市之间的比较研究还较少。

北京和上海是我国经济增长最快的两个城市，也是我国吸引外国直接投资的主要城市。特别是我国加入世贸组织之后，两市吸引和利用外国直接投资的规模和水平均有了很大的提高。从区位优势看，两市同是直辖市，同是国际性的大都市，都在各自所属的区域经济中发挥着举足轻重的作用。随着全球范围内的新一轮产业结构调整，北京、上海纷纷发挥各自的区位优势，改善投资环境。近年来，北京和上海两市大力引进外国直接投资，带动地区相关产业的发展，提高两市的经济发展水平。本章将从外国直接投资的经济增长效应、对内资的挤入挤出效应和技术溢出效应三个方面，对北京和上海两市外国直接投资的经济效应进行比较研究，探寻它们之间的异同点及造成这些差异的影响因素，并就两市如何进行引资目标定位，发挥比较优势，提高吸引外国直接投资的综合竞争力提出相关政策建议。

7.1 北京和上海外国直接投资经济增长效应的比较研究

7.1.1 外国直接投资经济增长效应文献综述

国外学者关于外国直接投资对经济增长影响的研究大都集中在国家和行业层面上。巴克利、皮特和克莱格等（Buckley, Peter J. & Clegg et al, 2002）利用中国29个省市的数据进行实证研究，结果表明：外国直接投资与经济增长的关系受东道国（省）环境的影响，经济越发达，外国直接投资的经济增长效应越大。吉米和贾恩（Jimmy Ran & Jan P. Voon，2007）基于中国 19 个行业和 30 个省份的相关数据，建立面板数据模型进行研究，得出：外国直接投资的增多和经济增长并不一定成正比，虽然外国直接投资的地区效应是积极的，但是区域差距一直在增长。安德鲁（Andrew Delios，2007）从外国直接投资的引进时间、引进模式、产业特点和生存率四个方面，调查转型经济条件下，北京和上海政治经济的变化对日本外商直接投资的影响，实证结果显示：上海市对日本外资的吸引力大于北京，日本外国直接投资对上海经济的影响较大。樵和琳达（Chyau Tuan & Linda F. Y. Ng，2009）利用中国改革开放以来的相关数据，在城市层面上，建立面板数据模型，对外国直接投资在区域经济发展中的作用和促进经济增长的传导机制进行研究，得出外国直接投资促进了长三角和珠三角两个地区的经济增长。

国内多数学者对外国直接投资对北京经济增长的影响持乐观态度。胡卫国（2003）利用 1992～2001 年的数据，通过实证分析得出：外国直接投资的流入对北京经济增长有积极影响，但目前北京外国直接投资的存量有限，不能高估其对北京经济的提升作用。肖亦卓（2006）运用 1987～2004 年的相关数据，通过研究外国直接投资与国内投资以及全要素生产率之间的关系，揭示了外国直接投资影响北京经济增长的作用机制，得出：从总体上看外国直接投资促进了北京经济增长的结论。高珊珊（2009）采用北京地区 1987～2006 年相关数据，对实际国内生产总值和实际利用外国直接投资总额进行了协整检验和格兰杰因果检验，得出外国直接投资与北京地区的国内生产总值增长是相互影响的，两者呈高度的正线性相关关系的结论。吕鑫（2010）利用 1997～2007 年北京外国直接投资和高技术产业数据进行了实证性分析和检验，表明北京外国直接投资与高技术产业增长之间存在长、短期稳定的正向关系。郎郸妮（2015）运用面板数据模型对外商直接投资对京津冀地区产业结构的影响程度进行了实证检验，得出了外商直接投资与京津冀三地产业结构优化存在内在联系，对区域产业结构的调整发挥了积极作用的结论。

国内学者对于外国直接投资对上海经济增长的影响所持观点不一。张铁铸（2005）根据1991~2002年期间上海外国直接投资和国内生产总值的时间序列数据，研究了外国直接投资与上海经济增长之间的关系，表明上海经济增长与外国直接投资之间并不存在直接的因果关系。杨振宁（2006）运用ADF检验、格兰杰因果检验，对外国直接投资与上海经济增长之间的关系进行了实证分析，发现外国直接投资是上海经济增长的格兰杰原因，促进了上海的经济增长。王晓云和王胜强（2009）运用多元回归模型，研究发现上海外国直接投资的外溢效应相当明显，对上海的经济增长产生了积极影响。闫明勤（2011）运用分布滞后模型对外国直接投资对上海产业结构的影响进行实证研究，发现外国直接投资不仅促进了上海经济快速发展，而且推进了上海产业结构的调整和优化。

上述研究分别对外国直接投资对北京和上海经济增长的影响进行了研究。但是，外国直接投资对北京和上海两市经济增长影响的系统的比较研究仍比较欠缺。本节将采用时间序列方法检验外国直接投资对两市经济增长的影响，然后再进行比较分析。

7.1.2　模型构建及变量选取

从经济学总需求角度考虑设立模型，外国直接投资作为一种投资是国内生产总值的组成部分，其对经济增长会有短期效应和长期效应之分，为了区分两者之间的差距，本节选取当期外国直接投资及滞后两期外国直接投资分别考察其对国内生产总值的影响。选取北京和上海统计年鉴中1987~2014年国内生产总值和外国直接投资的数据（如表7-1所示），建立时间序列模型如下：

$$\text{LNG}_1 = \alpha_0 + \alpha_1 \text{LNF}_1 + \alpha_2 \text{LNF}_{1(t-1)} + \alpha_3 \text{LNF}_{1(t-2)} + \mu \quad (7.1)$$

$$\text{LNG}_2 = \beta_0 + \beta_1 \text{LNF}_2 + \beta_2 \text{LNF}_{2(t-1)} + \beta_3 \text{LNF}_{2(t-2)} + \mu \quad (7.2)$$

其中，G_1、G_2分别表示北京和上海的国内生产总值，F_1和F_2分别表示北京和上海实际利用外国直接投资金额，并对其以当年平均汇率进行变换，统一量纲,原始数据如表 7-1 所示。由于对数变换不影响原始变量之间的协整关系,而且可以消除异方差现象,所以对各序列分别进行对数变换。用 LNG_1、LNG_2、LNF_1 和 LNF_2 表示重新调整后的序列变量,$LNF_{i(t-n)}$($i=1$、2,$n=1$、2)分别表示序列 F_1 和 F_2 滞后期的时间序列。α_0、β_0 分别表示常数项,α_1、β_1 分别表示北京和上海外国直接投资经济增长的短期效应,α_2、α_3 和 β_2、β_3 分别表示北京和上海外国直接投资经济增长的长期效应。

表 7-1　1987~2014 年北京和上海国内生产总值和实际利用外国直接投资金额

年份	北京 国内生产总值（亿元）	北京 外国直接投资（亿美元）	上海市 国内生产总值（亿元）	上海市 外国直接投资（亿美元）	当年汇率（100 美元）
1987	326.8	0.95	545.46	2.12	372.21
1988	410.2	5.03	648.30	3.64	372.21
1989	456	3.18	696.54	4.22	376.51
1990	500.8	2.77	781.66	1.77	478.32
1991	598.9	2.45	893.77	1.75	532.33
1992	709.1	3.5	1 114.32	12.59	551.46
1993	886.2	6.67	1 519.23	23.18	576.20
1994	1 145.3	14.45	1 990.86	32.31	861.87
1995	1 507.7	14.03	2 499.43	32.49	835.10
1996	1 789.2	15.53	2 957.55	47.15	831.42
1997	2 077.1	15.53	3 438.79	48.08	828.98
1998	2 377.2	20.6	3 801.09	36.38	827.91
1999	2 678.8	22.3	4 188.73	30.48	827.83
2000	3 161.7	24.6	4 771.17	31.6	827.84
2001	3 708.0	17.68	5 210.12	43.91	827.70
2002	4 315.0	17.9	5 741.03	50.3	827.70
2003	5 007.2	21.5	6 694.23	58.5	827.70
2004	6 033.2	30.8	8 072.83	65.4	827.68
2005	6 969.5	35.3	9 247.66	67.11	819.17

续表

年份	北京 国内生产总值（亿元）	北京 外国直接投资（亿美元）	上海市 国内生产总值（亿元）	上海市 外国直接投资（亿美元）	当年汇率（100美元）
2006	8 117.8	45.5	10 572.24	71.07	797.18
2007	9 846.8	50.7	12 494.01	79.2	760.40
2008	11 115.0	60.82	14 069.87	100.84	694.51
2009	12 153.0	61.21	15 046.45	105.38	683.10
2010	14 113.6	63.64	17 165.98	111.21	676.95
2011	16 251.9	70.54	19 195.69	126.01	645.88
2012	17 879.4	80.42	20 181.72	151.85	631.25
2013	19 800.8	85.24	21 818.15	157.80	619.32
2014	21 330.8	90.41	23 567.70	181.66	614.28

资料来源：1988~2015年《北京统计年鉴》和《上海统计年鉴》。

7.1.3 北京利用外国直接投资经济增长效应的实证检验

本节首先对北京和上海外国直接投资（FDI）与国内生产总值（GDP）的时间序列进行普通最小二乘回归，然后分别对变量及残差序列进行平稳性检验，即 ADF 检验，确定两个序列存在协整关系，最后进行比较分析。以 LNF_1 及滞后两期时间序列 $LNF_1(t-1)$、$LNF_1(t-2)$ 为自变量，LNG_1 为因变量，对两序列进行普通最小二乘回归，得到回归结果如表7-2所示：

表7-2　1987~2014年北京利用外国直接投资经济增长效应回归结果

变量	回归系数	系数估计量的标准差	T值	P值
C	3.60672	0.33625	10.72633	0.00000
LNF_1	0.54537	0.21602	2.52471	0.01860
$LNF_1(t-1)$	0.38633	0.19209	2.01124	0.05570

续表

变量	回归系数	系数估计量的标准差	T值	P值
R^2 统计量	0.909356	F统计量		120.3860
调整 R^2 统计量	0.901802	F统计量对应的P值		0.000000
D.W. 统计量	0.250562			

回归方程如下：

$$LNG_1 = 0.5454 LNF_1 + 0.3863 LNF_{1(t-1)} + 3.6067 \quad (7.3)$$
$$(2.5247) \quad (2.0112) \quad (10.7263)$$
$$R^2 = 0.9094 \quad \overline{R^2} = 0.9018 \quad F = 120.3860$$

回归结果显示，$LNF_{1(t-2)}$没有通过显著性检验，在1987~2014年期间，LNG_1变化的91%可由变量LNF_1和$LNF_{1(t-1)}$来解释，拟合度较高。在10%的显著性水平下，自由度$n-k-1=25$，其中n表示样本含量，k表示自变量个数。自由度为25的t统计量的临界值$t_{0.025}(25)=1.708$，模型中的所有t值都大于该临界值，所以拒绝原假设，通过了显著性检验，而且LNF_1及$LNF_{1(t-1)}$前的参数符号也是合理的。查表得临界值$F_{0.05}(1,25)=4.24$，F值大于该临界值，表明模型的线性关系在95%的置信水平下显著成立。因此，北京外国直接投资每增长1%，带动当期国内生产总值增长0.5454%；滞后一期的外国直接投资每增长1%，带动国内生产总值增长0.3863%。

对序列LNG_1和LNF_1进行ADF单位根检验，结果如表7-3所示。序列LNG_1在仅有截距项的结构模型条件下，ADF统计量为-2.7370，小于10%显著水平下的临界值-2.6274，所以拒绝原假设，序列LNG_1不存在单位根，是平稳的。序列LNF_1在有截距和趋势结构模型下，ADF统计量为-4.3537，小于5%显著水平下的临界值-3.6450，所以拒绝原假设，序列LNF_1不存在单位根，也是平稳的。LNG_1和LNF_1均为平稳序列，即$LNG_1 \sim I(0)$，$LNF_1 \sim I(0)$，均满足协整检验的前提条件。

表7-3　　　　　　　　序列 LNG_1 和 LNF_1 的平稳性检验

变量	结构模型	ADF 统计量	1%临界值	5%临界值	10%临界值	是否平稳
LNG1 ***	仅有截距项	-2.736968	-3.699871	-2.976263	-2.627420	是
LNF1 **	有截距和趋势	-4.353701	-4.467895	-3.644963	-3.261452	是

注：模型结构有三种选择：有截距和趋势项、仅有截距项、无截距项和趋势项。根据序列图形选择。* 代表1%显著水平，** 代表5%显著水平，*** 代表10%显著水平。ADF滞后期选择标准都为标准 SIC。ADF 单位根检验是序列平稳性检验的方法之一。

最后，对回归生成的残差序列 E_1 进行单位根检验。检验结果如表7-4所示，E_1 的检验统计量为 -7.5037，小于显著性水平为1%的临界值 -4.4679，拒绝原假设，残差序列 E_1 为平稳序列，进而得到序列 LNG_1 和 LNF_1 之间具有协整关系。

表7-4　　　　　　　　残差序列 E_1 的 ADF 检验

变量	结构模型	ADF 统计量	1%临界值	5%临界值	10%临界值	是否平稳序列
E_1 *	有截距和趋势	-7.503674	-4.467895	-3.644963	-3.261452	是

7.1.4　上海利用外国直接投资经济增长效应的实证检验

本节以 LNF_2 及滞后两期时间序列 $LNF_2(t-1)$、$LNF_2(t-2)$ 为自变量，LNG_2 为因变量，对两序列进行普通最小二乘回归，得到回归结果如表7-5所示：

表7-5　　1987~2014年上海利用外国直接投资经济增长效应回归结果

变量	回归系数	系数估计量的标准差	T 值	P 值
C	4.701107	0.356554	13.184840	0.000000
LNF_2	0.295162	0.132204	2.232628	0.035600
$LNF_2(t-2)$	0.413598	0.114406	3.615173	0.001500
R^2 统计量	0.870268	F 统计量	77.14453	
调整 R^2 统计量	0.858987	F 统计量对应的 P 值	0.000000	
D. W. 统计量	0.219964			

回归方程如下：

$$LNG_2 = 0.2952LNF_2 + 0.4136LNF_{2(t-2)} + 4.7011 \quad (7.4)$$
$$(2.2326) \quad (0.4136) \quad (13.1848)$$
$$R^2 = 0.8703 \quad \overline{R^2} = 0.8590 \quad F = 77.1445$$

回归结果显示，$LNF_{2(t-1)}$ 没有通过显著性检验，在1987~2014年间，LNG_2 变化的87%可由变量 LNF_2 及 $LNF_{2(t-2)}$ 来解释。在5%的显著性水平下，该模型中的所有t值都大于t统计量的临界值 $t_{0.025}(25) = 1.708$，所以拒绝原假设，通过了显著性检验。F值大于 $F_{0.05}(1, 25) = 4.24$ 的临界值，表明模型的线性关系在95%的置信水平下显著成立。因此，上海当期外国直接投资每增长1%，带动国内生产总值增长0.2952%；滞后二期的外国直接投资每增长1%，带动国内生产总值增长0.4136%。

对序列 LNG_2 和 LNF_2 进行单整检验。结果如表7-6所示。序列 LNG_2 的ADF统计量为-3.0249，小于5%显著水平下的临界值-3.0049，序列 LNF_2 的ADF统计量为-6.5179，小于1%显著水平下的临界值-4.4679，所以原假设存在单位根被拒绝。LNG_2 和 LNF_2 两序列均为平稳时间序列，满足协整检验的前提条件。

表7-6 序列 LNG_2 和 LNF_2 的ADF检验

变量	结构模型	ADF统计量	1%临界值	5%临界值	10%临界值	是否平稳序列
LNG_2**	仅有截距项	-3.024881	-3.769597	-3.004861	-2.642242	是
LNF_2*	有截距和趋势	-6.517885	-4.467895	-3.644963	-3.261452	是

最后，对回归生成的残差序列 E_2 进行单位根检验。检验结果如表7-7所示，E_2 的检验统计量为-1.9512，小于显著性水平为10%的临界值-1.6085，拒绝原假设，可以认为残差序列 E_2 为平稳序列，进而得到序列 LNG_2 和 LNF_2 具有协整关系，协整方程成立。

表 7-7　　　　　　　　　残差序列 E_2 的 ADF 检验

变量	结构模型	ADF 统计量	1%临界值	5%临界值	10%临界值	是否平稳
E_2***	无截距和趋势	-1.951212	-2.669359	-1.956406	-1.608495	是

7.1.5　主要研究结论

本节以 1987~2009 年北京和上海外国直接投资与国内生产总值数据，进行了实证研究，得出：北京当期外国直接投资的经济增长效应大于上海，滞后期外国直接投资的经济增长效应小于上海。北京当期外国直接投资每增长1%，带动国内生产总值增长 0.5454%，滞后一期外国直接投资每增长 1%，带动国内生产总值增长 0.3863%。上海当期外国直接投资每增长 1%，带动国内生产总值增长 0.2952%，滞后二期外国直接投资每增长 1%，带动国内生产总值增长 0.4136%。所以，北京外国直接投资对当期经济的增长效应大于上海市。上海滞后期经济增长效应大于北京的原因主要有以下几点：

（1）北京是全国的政治、经济、文化中心，具有独特的发展优势，为北京高效率利用外国直接投资奠定了基础。特别是，近几年随着北京加大投资建设力度，及京津冀一体化的发展，北京外国直接投资的经济增长效应逐渐增强，其产生经济增长效应的速度也在加快。外国直接投资在投入初期就能很好地发挥对经济增长的拉动作用，而随着时间的推移，其对经济增长的促进作用反而呈现下降趋势。

（2）上海外国直接投资的规模，无论从外国直接投资的绝对量还是相对量来看，都远远大于北京，外国直接投资在一个地区的规模、数量的集聚有助于更好地发挥其经济增长的长期效应，促进当地经济发展。外国直接投资进入上海后，初期对当年经济增长起到需求拉动作用，但是它还没有完全充分的转化为推动上海经济增长的动力，所以对当期的贡献较小。而经过两年的运作后，技术、资本、市场、信息等各方面综合运作产生溢出效应，其长期效应开始逐渐显现。

7.1.6 政策建议

第一，北京应扩大利用外国直接投资规模，提高外国直接投资的利用效率。今后，北京应进一步发挥外国直接投资促进经济增长的长期效应。无论从绝对量还是相对比重来看，北京利用外国直接投资规模偏低。北京应抓京津冀一体化战略机遇，顺应外商直接投资热点地区多元化、战略定位多元化的趋势，积极吸收外国直接投资进入；进一步深化体制改革，完善市场机制，培育良好的市场氛围，扩大利用外国直接投资规模。

第二，上海应该立足于新一轮对外开放战略，进一步提高利用外国直接投资质量。上海定位为我国的经济、金融、贸易和航运中心，受到我国产业转型和区域经济无序竞争的影响，上海的经济竞争力受到严重冲击。上海应该立足于新一轮对外开放战略，以"上海自贸区"和"一带一路"建设为战略抓手，加强同周边省市的政策协调，吸引更多优质外资流入，加强其对经济增长的拉动效应。

7.2 北京和上海外国直接投资对内资挤入挤出效应的比较研究

7.2.1 外国直接投资对国内资本挤入挤出效应文献综述

关于外国直接投资是挤出了国内投资还是带动了国内投资，学术界持有不同的看法。卢比茨（Lubitz）（1966）基于加拿大1951~1962年的季度数据，研究了外国直接投资对加拿大资本形成的影响，结果表明：外国直接投资的流入对加拿大国内投资的影响表现为挤入效应，1美元的外国直接投资导致加拿大 3 美元的资本形成。利奥（Leo，1970）选取加拿大 1948~1966 年数据，运用时间序列方法，综合考虑了外国直接投资对投资、消费和净出口的影响，发现外国直接投资对加拿大自身投资没有明显的促进作用。科恩、德和巴克尔（Koen, De & Backer, 2002）研究了比利时 1990~1995 年期间 129 个制造行业的面板数据，发现外国直接投资对本国企业的投资具有挤出效应。尼古拉斯、珀西斯和塔巴吉斯（Nicholas, Apergis & Tabakis, 2006）使用面板数据方法，研究了 30 个国家的外国直接投资和国内投资的关系，发现外商直接投资在发展中国家产生了挤入效应，而在发达国家产生了挤出效应。拉米雷斯和米格尔（Ramírez & Miguel D, 2007）利用拉丁美洲 1981~2000 年期间的面板数据研究了外国直接投资和私人资本形成之间的关系，结果发现：外国直接投资通过先进技术和管理能力的转让，提高了私人资本的边际生产率，从而促进了私人资本的形成。莱昂斯和恩迪库马纳（Leonce & Ndikumana, 2008）将东道国的私人投资和公共投资分开研究，利用撒哈拉以南 38 个非洲国家 1970~2005 年期间的面板数据，发现外国直接投资对私人投资产生了挤入效应。这些研究的样本大多都是集中在国家层面，根据各区域的情况进行细分，对产生挤入或挤出效应的影响因素进行深入研究方面还比较欠缺。

以下学者的研究关注了北京外国直接投资对内资的挤入挤出效应。于海静和吴国蔚（2009）借鉴贸易引力模型对北京外国直接投资对服务业增长的作用机制进行了实证研究，得出：北京外国直接投资对服务业增长的六个路径中，产业结构效应、技术效应、就业效应有正向推动作用，而对内资的挤入挤出效应、贸易效应和制度效应则不太显著。邹燕青和王雪梅（2015）利用 1987~2012 年期间的数据对北京外国直接投资的资本效应和技术溢出效应进行研究，然后运用分布滞后模型对北京产业结构和外商直接投资之间的关系进行了实证研究，表明外国直接投资对北京国内投资存在挤入作用和正的技术溢出效应。

一些学者研究关注了上海外国直接投资对内资的挤入挤出效应。李竹宁

(2003)对外国直接投资与上海经济增长的相关性进行实证检验,建立总投资模型,利用上海外国直接投资的长期挤入挤出效应系数,分析外国直接投资对上海地区投资的挤入挤出效应,得出:外国直接投资对上海地区的投资存在挤入效应。而薄文广(2006)认为,在以出口导向和劳动密集型经济为特征的珠三角地区,外国直接投资的挤出效应比以进口替代和资本深化为特征的长三角地区更加明显。毛新雅和王桂新(2006)运用面板数据方法,分析了外国直接投资对长三角地区的资本积累及经济增长效应,表明:外国直接投资对长三角地区的国内资本具有显著的挤入效应。司彦武和万军(2007)采用动态面板数据模型,运用长江三角洲地区16个城市1999~2004年期间的面板数据,对该地区外国直接投资资本积累效应进行了检验,结果表明:跨国公司投资对该地区国内投资具有明显的挤入效应。吴琦和董有德(2007)采用上海1978~2005年期间的经济数据,对外国直接投资的资本积累效应进行协整检验,结果显示:外国直接投资对上海的国内投资产生了显著的挤出效应。吴国新和李竹宁(2008)利用1990~2006年期间的相关数据,对外国直接投资与长江三角洲地区经济发展的相关性进行实证检验,得出外国直接投资对该区域资本存在挤入效应,促进了当地经济发展。任郁芳和冯邦彦(2009)运用1986~2006年期间我国长江三角洲地区两省一市外国直接投资、全社会固定资产投资以及国内生产总值的时间序列数据,建立衡量挤入挤出效应的模型,对外国直接投资对长三角地区国内投资的挤入挤出效应进行了计量分析,结果表明:上海外国直接投资对国内投资呈现较弱的挤入效应。王玉柱(2015)从上海外国直接投资流入结构变化出发,分析其背后的结构性因素,提出要立足于上海新一轮对外开放,以"上海自贸区"和"一带一路"为政策抓手,吸引更多优质外资流入。

综上所述,外国直接投资与内资之间存在着错综复杂的关联性。即使是处于同一地区的不同省份和城市,也会因不同的引资模式、引资政策及各自特有的产业结构而导致外国直接投资对国内投资产生不同影响。大量实证研究并没有得出一致的结论,原因主要在于学者们采用的模型、统计方法和选用的样本范围各不相同。本节将利用北京和上海外国直接投资相关数据,建立总投资模型,研究其外国直接投资对国内投资存在挤入还是挤出效应。

7.2.2 模型的构建

本节选取曼纽尔和理查德(Manuel R. Agosin & Riehardo Mayer,1999)提出的总投资模型进行研究。一国的总投资 I 是国内投资 I_d 和国外投资 I_f 之和,t 期的投资函数方程表示为:

$$I_t = I_{d,t} + I_{f,t} \tag{7.5}$$

其中,I_t 为总投资,$I_{d,t}$ 为国内投资,$I_{f,t}$ 为国外投资。$I_{f,t}$ 可以理解为外国直接投资的一个方程。通常,外国直接投资不会马上转化为实际投资。因此,外国直接投资和 I_f 存在一定的滞后效应。而且,I_f 不仅取决于当期的外国直接投资,也取决于滞后期的外国直接投资。本节主要考虑滞后两期的影响,因此可以得到方程:

$$I_{f,t} = \alpha_1 F_t + \alpha_2 F_{t-1} + \alpha_3 F_{t-2} \tag{7.6}$$

另外,需要对国内投资进一步分析。本节把投资看作是意愿资本存量和实际资本存量差距的函数。由于企业会面临流动性限制,并且达成意愿资本存量也需要一定时间,所以引入一个系数 λ,得到基本的方程为:

$$I_{d,t} = \lambda(K_{d,t}^* - K_{d,t}) \tag{7.7}$$

其中,$K_{d,t}^*$ 代表意愿资本存量,$K_{d,t}$ 代表实际资本存量,且 λ>1。在上述模型中,意愿资本存量主要取决于预期的国内生产总值(G^e)增长率和实际产出 Y 与完全就业条件下的产出能力 Y_n 之差 y。因此,得到以下方程:

$$\begin{aligned} I_t &= \varphi_0' + \varphi_1' G_t^e + \varphi_2' y_t + \alpha_0 F_t + \alpha_1' F_{t-1} + \alpha_2' F_{t-2} + \lambda' I_{t-1} \\ &\quad + \lambda'' I_{t-2} K_{d,t}^* = \varphi_0 + \varphi_1 G_t^e + \varphi_2 y_t (\varphi_1, \varphi_2 > 0) \end{aligned} \tag{7.8}$$

另外,考虑到本期资本存量是除去折旧后的上期资本存量加上本期新增投资,所以得到以下方程:

$$K_{d,t} = (1-d)K_{d,t-1} + I_{d,t-1} \tag{7.9}$$

其中，d 表示指年折旧率。把公式（7.8）和公式（7.9）结合，得到新的等式：

$$I_{d,t} = \varphi_0' + \varphi_1' G_t^e + \varphi_2' y_t + \lambda' I_{d,t-1} + \lambda'' I_{d,t-2} \qquad (7.10)$$

这里，$\varphi_0' = \lambda\varphi_0 - \lambda(1-d)^2 K_{d,t-2}$，$\varphi_1' = \lambda\varphi_1$，$\varphi_2' = \lambda\varphi_2$，$\lambda' = -\lambda$，$\lambda'' = -\lambda(1-d)$，把公式（7.6）和公式（7.10）代入公式（7.5），得到：

$$I_t = \varphi_0' + \varphi_1' G_t^e + \varphi_2' y_t + \alpha_0 F_t + \alpha_1' F_{t-1} + \alpha_2' F_{t-2} + \lambda' I_{t-1} + \lambda'' I_{t-2} \qquad (7.11)$$

这里，$\alpha_1' = \alpha_1 + \lambda$，$\alpha_2' = \alpha_2 + \lambda(1-d)$。考虑到从长期来看市场是出清的，为了模型的简便起见，可以认为实际产出 Y 与完全就业条件下的产出能力 Y_n 一致，两者之差 y 可以忽略。现在还需要进一步确定 G_t^e 的计算方法。有两种方法计算预期国内生产总值增长率：其中一种假定市场预期是理性的，那么预期增长率不会系统性地偏离实际增长率。在这种情况下 $G_t^e = G_t + \mu_t$，这里 μ_t 是白噪声。在这种预期假设下，总投资方程为：

$$I_{i,t} = \alpha_i + \beta_1 F_{i,t} + \beta_2 F_{i,t-1} + \beta_3 F_{i,t-2} + \beta_4 I_{t-1} + \beta_5 I_{t-2}$$
$$+ \beta_6 G_t + \varepsilon_{i,t} \qquad (7.12)$$

另一种预期假设是适应性预期，即假设对国内生产总值增长率的预期符合 $G_t^e = \eta_1 G_{t-1} + \eta_2 G_{t-2}$。在这种预期形式下，总投资方程为下式：

$$I_{i,t} = \alpha_i + \beta_1 F_{i,t} + \beta_2 F_{i,t-1} + \beta_3 F_{i,t-2} + \beta_4 I_{t-1} + \beta_5 I_{t-2}$$
$$+ \beta_6 G_{i,t-1} + \beta_7 G_{i,t-2} + \varepsilon_{i,t} \qquad (7.13)$$

下文中将利用公式（7.12）和公式（7.13）分别对北京和上海的数据进行回归检验，根据回归结果看哪个模型更符合实际情况，然后再决定使用哪个模型。考虑到经济总量对结果的影响，这里：I 为国内投资与国内生产总值的比值，即投资率；F 为外国直接投资与国内生产总值的比值；G 为经济增长率，即国内生产总值的增长率；α_i 为常数项；$\varepsilon_{i,t}$ 为随机误差项。

在阿戈辛和迈尔（Agosin & Mayer, 2000）的回归模型中，对外国直接投资的长期挤出和挤入效应进行检验的相关系数为：

$$\hat{\beta}_{LT} = \frac{\sum_{j=1}^{3} \hat{\beta}_j}{1 - \sum_{j=4}^{5} \hat{\beta}_j} \qquad (7.14)$$

$\hat{\beta}_{LT}$ 的大小及显著性可以用来确定外国直接投资的挤出和挤入效应,检验结果有三种可能:

(1) 不能拒绝 $\hat{\beta}_{LT}=1$ 的原假设,表明既不存在挤出效应,也不存在挤入效应,一个单位外国直接投资的增加带来一个单位总投资的增加。

(2) 拒绝 $\hat{\beta}_{LT}=1$ 的零假设且 $\hat{\beta}_{LT}>1$,表明存在挤入效应,一个单位外国直接投资的增加使得总投资的增加大于一个单位。

(3) 拒绝 $\hat{\beta}_{LT}=1$ 的零假设且 $\hat{\beta}_{LT}<1$,表明存在挤出效应,一个单位外国直接投资的增加使得总投资的增加小于一个单位。

7.2.3 变量选取

本节选取1987~2014年外国直接投资数据作为研究对象。总投资模型所需的原始数据为I、F、G,均来自历年《北京统计年鉴》和《上海统计年鉴》(如表7-8所示)。I为国内投资与国内生产总值的比值,即投资率,用资本形成总额表示国内投资。F为外国直接投资与国内生产总值的比值;G为经济增长率,即国内生产总值的增长率。由于模型中所需变量F、I、G均为比值,自然也就剔除了价格因素的影响。其中外国直接投资的原始数据单位为美元,所以采用《中国统计年鉴》中历年汇率的均价折合成人民币。

表7-8　　　　1986~2014年北京和上海总投资模型相关原始数据

年份	北京 资本形成总额(亿元)	北京 外国直接投资(亿美元)	北京 国内生产总值(亿元)	上海 资本形成总额(亿元)	上海 外国直接投资(亿美元)	上海 国内生产总值(亿元)	当年汇率(100美元)
1986	178.80	—	284.90	228.10	—	490.83	345.28
1987	201.20	0.95	326.8	241.02	2.12	545.46	372.21
1988	251.10	5.03	410.2	335.56	3.64	648.30	372.21

第 7 章 | 北京和上海外国直接投资经济效应的比较研究

续表

年份	北京 资本形成总额（亿元）	北京 外国直接投资（亿美元）	北京 国内生产总值（亿元）	上海 资本形成总额（亿元）	上海 外国直接投资（亿美元）	上海 国内生产总值（亿元）	当年汇率（100美元）
1989	271.50	3.18	456	351.68	4.22	696.54	376.51
1990	296.50	2.77	500.8	331.34	1.77	781.66	478.32
1991	327.30	2.45	598.9	340.03	1.75	893.77	532.33
1992	414.60	3.50	709.1	487.63	12.59	1 114.32	551.46
1993	535.00	6.67	886.2	744.11	23.18	1 519.23	576.20
1994	787.50	14.45	1 145.3	1 161.49	32.31	1 990.86	861.87
1995	1 036.00	14.03	1 507.7	1 567.72	32.49	2 499.43	835.10
1996	1 034.80	15.53	1 789.2	1 956.84	47.15	2 957.55	831.42
1997	1 235.10	15.93	2 077.1	2 048.95	48.08	3 438.79	828.98
1998	1 360.30	20.60	2 377.2	2 010.75	36.38	3 801.09	827.91
1999	1 533.90	22.30	2 678.8	1 970.24	30.48	4 188.73	827.83
2000	1 697.40	24.60	3 161.7	2 169.72	31.60	4 771.17	827.84
2001	1 936.50	17.68	3 708.0	2 356.71	43.91	5 210.12	827.70
2002	2 332.80	17.90	4 315.0	2 531.29	50.30	5 741.03	827.70
2003	2 737.80	21.50	5 007.2	3 076.68	58.50	6 694.23	827.70
2004	3 167.50	30.80	6 033.2	3 782.25	65.40	8 072.83	827.68
2005	3 580.90	35.30	6 969.5	4 218.99	67.11	9 247.66	819.17
2006	3 936.70	45.50	8 117.8	4 873.34	71.07	10 572.24	797.18
2007	4 469.30	50.70	9 846.8	5 719.59	79.20	12 494.01	760.40
2008	4 722.90	60.82	11 115.0	6 143.82	100.84	14 069.87	694.51
2009	5 049.90	61.21	12 153.0	6 766.01	105.38	15 046.45	683.10
2010	6 059.70	63.64	14 113.6	7 407.78	111.21	17 165.98	676.95
2011	6 683.61	70.54	16 251.9	7 729.06	126.01	19 195.69	645.88
2012	7 409.60	80.42	17 879.4	7 674.82	151.85	20 181.72	631.25
2013	7 868.40	85.24	19 800.8	8 328.81	157.80	21 818.15	619.32
2014	8 309.43	90.41	21 330.8	8 767.78	181.66	23 567.70	614.28

资料来源：《北京统计年鉴》和《上海统计年鉴》（1987~2015年）。

7.2.4 北京外国直接投资对内资挤入挤出效应的实证检验

曼纽尔和理查德（Manuel R. Agosin & Riehardo Mayer, 1999）的总投资模型是对拉丁美洲各国进行回归时所运用的，而北京和上海作为两个城市，其实际情况应该会有所差异。因此，本节将首先假定该模型符合两市的实际情况进行回归，然后再逐渐剔除显著性较差的变量，再进行回归。最终经过调试，得到所有变量都有较高的显著性，总体拟合度比较好的模型。另外，模型中对与预期的假定有理性预期和适应性预期两种，将根据回归效果，选择拟合度较好，更符合北京和上海数据的预期模型，即选择公式（7.12）和公式（7.13）中较符合实际的模型。经过初步回归得出，两市的数据选用理性预期时拟合度更好，更有说服力，因此两市均选用多项式分布滞后模型，即公式（7.12）进行检验。

利用北京 1987~2014 年期间的数据根据公式（7.12）进行回归，从回归结果可以看出，C、BJF（-1）和 BJG 的系数最不显著，采用逐个剔除法得到调整后的回归结果如表 7-9 所示：

表 7-9　　　　　　　　　　北京总投资模型回归结果

变量	回归系数	系数估计量的标准差	T 值	P 值
C	0.020903	0.037177	0.562250	0.5799
BJF	1.077324	0.326572	3.298886	0.0034
BJF（-2）	-1.233245	0.301871	-4.085336	0.0005
BJI（-1）	0.606394	0.177088	3.424247	0.0025
BJI（-2）	0.346226	0.181712	1.905356	0.0705
R^2 统计量	0.923108	F 统计量		63.02722
调整 R^2 统计量	0.908461	F 统计量对应的 P 值		0.000000
D.W. 统计量	1.654668			

第 7 章 | 北京和上海外国直接投资经济效应的比较研究

回归方程如下：

$$BJI_t = 0.0849 + 1.0773 BJF_t - 1.2332 BJF_{t-1} + 0.6064 BJI_{t-1} + 0.3462 BJI_{t-2} \quad (7.15)$$
$$(0.5623)\quad(3.2989)\quad(-4.0853)\quad(3.4242)\quad(1.9054)$$
$$R^2 = 0.9231 \qquad F = 63.0272 \qquad DW = 1.6547$$

调整后的回归结果中，序列 BJF、BJF(-2) 和 BJI(-1) 的系数在 1% 的显著性水平下拒绝原假设，序列 BJI(-2) 的系数在 10% 的显著性水平下拒绝原假设，可以认为各系数均显著异于零。模型拟合优度 $R^2 = 0.9231$，拟合程度较高，F 检验结果显著，可以认为模型整体上显著。

（1）ADF 单位根检验。

分别对北京的时间序列 BJI、BJF、BJG 进行 ADF 单位根检验，检验其平稳性，检验结果如表 7-10 所示：

表 7-10　　北京序列 BJI、BJF、BJG 的 ADF 单位根检验结果

变量	结构模型	ADF 统计量	1% 临界值	5% 临界值	10% 临界值	是否平稳序列
BJI	无截距和趋势	-1.396871	-2.653401	-1.953858	-1.609571	否
ΔBJI*	仅有截距项	-3.818689	-3.724070	-2.986225	-2.632604	是
BJF*	有截距项和趋势项	-11.06502	-4.467895	-3.644963	-3.261452	是
BJG*	有截距项和趋势项	-3.832169	-4.416345	-3.622033	-3.248592	是

从结果可以看出，序列 BJI 的 ADF 统计量绝对值小于 10% 水平的临界值，可以认为在 10% 水平上序列是非平稳的。因此，将该序列作一阶差分变换得到 ΔBJI。对序列 ΔBJI 进行进一步检验，结果 ADF 统计量小于 1% 水平的临界值，拒绝原假设。序列 BJI 的一阶差分值是平稳的，为一阶单整序列，满足协整检验的前提。同理，序列 BJF 和序列 BJG 分别为 1% 和 5% 临界值水平下的平稳序列。

（2）残差序列平稳性检验。

根据 Engle 和 Granger 协整检验的方法，对回归方程的残差进行 ADF 单

位根检验。虽然,某些经济变量本身不是平稳的时间序列,但它们的线性组合却有可能是平稳序列。这样的协整方程可以表示变量之间的长期稳定的均衡关系。结果如表7-11所示:

表7-11　　　　　　回归方程残差序列的 ADF 检验结果(北京)

	T值	P值
ADF 检验值	-4.217350	0.0032
检验的临界值:	-3.724070 (1%显著性水平)	—
	-2.986225 (5%显著性水平)	—
	-2.632604 (10%显著性水平)	—

从结果可以看出,ADF 统计量小于1%显著性水平的临界值,可以认为在1%显著性水平下拒绝原假设,残差序列是平稳的。

(3) 异方差检验。

结果如表7-12所示:

表7-12　　　　　　　　异方差检验结果(北京)

异方差检验:BPG			
F统计量	1.691964	P值	0.1894
卡方统计量($Obs*R^2$)	6.336977	P值	0.1754

注:BPG 检验为异方差检验的一种方法。

由结果可知:$Obs*R^2 = 6.3370 < 0.05$ 临界值水平下自由度为4的卡方(χ^2)值9.488(查表得到),因此不能拒绝原假设,认为不存在异方差。

(4) 自相关检验。

DW = 1.6547,通过查表,在 T = 28、K = 4 时,对应的 DW 检验表的下界 $d_l = 1.104$,上界 $d_u = 1.747$,$d_u < DW < 4 - d_u$,则不存在序列自相关。

上述模型通过了 T 检验、F 检验、单位根检验、协整检验、异方差检验等多种检验,并且对实际数据的拟合度不错,可以认为回归方程很有说服力。将各系数代入公式(7-14),已删除的变量的系数视为零,得到 $\hat{\beta}_{LT} = -0.328903$。对该数值进行 Wald 约束检验,约束条件为:

$$C(BJI_t) + C(BJF_{t-2}) + C(BJI_{t-1}) + C(BJI_{t-2}) = 1 \qquad (7.16)$$

结果如表 7-13 所示:

表 7-13　　　　　沃尔德(Wald)约束检验结果(北京)

T 统计量	值	P 值
F 统计量	1.911321	0.1813
卡方(Chi-square)	1.911321	0.1668

用沃尔德(Wald)约束检验不能拒绝 $\hat{\beta}_{LT} = 1$ 的原假设。这表明,尽管从数值上来看,1987~2014 年北京的外国直接投资对国内投资产生了挤出效应,但在统计意义上没有显著的挤入或挤出效应。可以认为,1987~2014 年期间,北京外国直接投资对国内投资挤入挤出效应不明显,北京一个单位外国直接投资的增加带来了一个单位总投资的增加。

7.2.5　上海外国直接投资对内资挤入挤出效应的实证检验

利用上海市 1987~2014 年期间的数据根据公式(7.12)进行回归,得到回归结果如表 7-14 所示:

表 7-14　　　　　　　上海总投资模型回归结果

变量	回归系数	系数估计量的标准差	T 值	P 值
C	0.103105	0.034041	3.028820	0.0064
SHF	1.293160	0.220404	5.867236	0.0000
SHF(-1)	-0.519431	0.262847	-1.976176	0.0614

续表

变量	回归系数	系数估计量的标准差	T值	P值
SHI(-1)	0.999514	0.121766	8.208460	0.0000
SHI(-2)	-0.331211	0.102130	-3.243038	0.0039
R^2 统计量	0.945424	F 统计量		90.94674
调整 R^2 统计量	0.935029	F 统计量对应的 P 值		0.000000
D.W. 统计量	2.092834			

得到回归方程如下:

$$SHI = 0.1031 + 1.2932SHF - 0.5194SHF_{t-1} + 0.9995SHI_{t-1} - 0.3312SHI_{t-2} \quad (7.17)$$

$$(3.0288) \quad (5.8672) \quad (-1.9762) \quad (8.2085) \quad (-3.2430)$$

$$R^2 = 0.9454 \quad F = 90.9467 \quad DW = 2.0928$$

从回归结果可以看出,序列 SHF、SHI(-1) 和 SHI(-2) 的系数均在 1% 的显著性水平下,拒绝原假设,序列 SHF(-1) 的系数在 10% 的显著性水平下拒绝零假设,可以认为各系数均显著异于零。模型拟合优度 $R^2 = 0.9454$,拟合程度非常高。F 检验结果显著,说明模型整体上显著。

(1) ADF 单位根检验。

分别对时间序列 SHI、SHF 和 SHG 进行 ADF 单位根检验,检验其平稳性,检验结果如表 7-15 所示:

表 7-15 上海市序列 SHI、SHF、SHG 的 ADF 单位根检验结果

变量	结构模型	ADF 统计量	1% 临界值	5% 临界值	10% 临界值	是否平稳序列
SHI	有截距和趋势项	-2.450046	-4.374307	-3.603202	-3.238054	否
ΔSHI*	无截距和趋势项	-4.000392	-2.664853	-1.955681	-1.608793	是
SHF**	有截距和趋势项	-4.342126	-4.440739	-3.632896	-3.254671	是
SHG*	有截距和趋势	-5.414559	-4.416345	-3.622033	-3.248592	是

如表 7-15 所示,序列 SHI 的 ADF 统计量绝对值小于 10% 水平的临界值,可以认为在 10% 水平上序列是非平稳的。因此,将该序列作一阶差分变换得到 ΔSHI。对序列 ΔSHI 进行进一步检验,ADF 统计量小于 1% 水平的临界值,拒绝原假设,序列 SHI 的一阶差分值是平稳的,为一阶单整序列,满足协整检验的前提。用同样的方法对序列 SHF 和序列 SHG 进行单位根检验,结果显示序列 SHF 和序列 SHG 分别为 5% 和 1% 临界值水平下的平稳序列。

(2) 残差序列平稳性检验。

检验结果如表 7-16 所示:

表 7-16　　　　回归方程残差序列的 ADF 检验结果 (上海)

	T 值	P 值
ADF 检验值	-5.141142	0.0003
检验的临界值:	-3.724070 (1% 显著性水平)	—
	-2.986225 (5% 显著性水平)	—
	-2.632604 (10% 显著性水平)	—

从检验结果可以看出,ADF 值的绝对值是大于 1% 显著性水平的临界值的,可以认为在 1% 显著性水平下拒绝原假设,残差序列平稳,变量 SHI、SHF 和 SHG 之间具有长期稳定的均衡关系。

(3) 异方差检验。

检验结果如表 7-17 所示:

表 7-17　　　　　　异方差检验结果 (上海)

异方差检验: BPG			
F 统计量	1.662777	P 值	0.1961
卡方统计量 (Obs * R^2)	6.253957	P 值	0.1810

由检验结果可知：$Obs*R^2=6.2540$ 小于 0.025 临界值水平下自由度为 4 的 χ^2 值 9.488，因此不能拒绝原假设，不存在异方差。

（4）自相关检验。

$DW=2.0928$，通过查表，在 $T=28$、$K=4$ 时，对应的 $d_l=1.104$、$d_u=1.747$，$d_u<DW<4-d_u$，则不存在序列自相关。

上述模型通过了 T 检验、F 检验、单位根检验、协整检验、异方差检验等多种检验，并且对实际数据的拟合度不错，我们可以认为是很有说服力的。将各系数带入公式（7.14），得到 $\hat{\beta}_{LT}=2.3326$。对该结果进行 wald 检验，约束条件：

$$C(SHF)+C(SHF_{t-1})+C(SHI_{t-1})+C(SHI_{t-2})=1 \qquad (7.18)$$

检验结果如表 7-18 所示：

表 7-18　　　　　　沃尔德（Wald）约束检验结果（上海）

T 统计量	值	P 值
F 统计量	33.74155	0.0000
Chi-square	33.74155	0.0000

从 Wald 检验结果可以得出，在 1% 的显著水平下，可以拒绝 $\hat{\beta}_{LT}=1$ 的原假设，$\hat{\beta}_{LT}$ 显著异于 1。根据前文中对 $\hat{\beta}_{LT}$ 各种情况的分析，因为 $\hat{\beta}_{LT}=2.3326>1$，所以，可以认为，在 1987~2014 年期间，上海市外国直接投资对国内投资存在明显的挤入效应，一单位外国直接投资的投入可以带来 2.33 单位国内总投资的增加。

7.2.6　主要研究结论

本节以 1987~2009 年期间的北京和上海的数据为样本，对其外国直接投资与国内资本的关系进行了实证研究,得到以下主要研究结论:北京外国直接投资对国内资本没有明显的挤入或挤出效应,只从 $\hat{\beta}_{LT}$ 数值上看存在一定的挤出效应。而上海外国直接投资对国内投资产生了显著性的挤入效应,一单位外国直接投资的投入可以带来 2.33 单位国内总投资的增加,结果如表 7-19 所示:

表 7-19　　北京和上海外国直接投资对内资挤入挤出效应检验结果

城市	$\hat{\beta}_{LT}$	效应
北京	-0.3289	中性效应(不显著)
上海	2.3326	挤入效应(显著)

外国直接投资对北京和上海国内资本挤入挤出效应产生差异的原因主要有以下几点:

(1) 从外国直接投资总量来看,无论是绝对量还是相对量,上海的外国直接投资规模都远远大于北京。尽管外国直接投资的规模大、比重高不一定必然导致显著的挤入效应,但是外国直接投资的流入在一定程度上会带动国内企业发展,带来更多资本需求,从而带来更多的国内资本投入。

(2) 从外国直接投资产业和行业分布角度来看,以金融、房地产、交通运输、邮电通信、批发零售贸易、信息咨询等服务业为代表的第三产业是北京利用外国直接投资的重点行业。这些行业长期处于国有垄断地位,高科技、高附加值等服务业领域目前尚处于逐步对外资开放阶段,外国直接投资在这些领域的引资效应难以有效发挥。然而,上海外国直接投资主要分布在发展相对成熟,产业关联度大的制造业,能够带动更多关联产业和企业资本的投入。上海的钢铁、汽车、造船、机械等制造业基础雄厚,和周边城市的产业关联度较大,外国直接投资可以很容易地找到配套厂商,带动上下游产业的投资扩张,因此,上海外国直接投资挤入效应比较明显。

（3）从外国直接投资来源地来看，上海外国直接投资中来源于英、法、美等发达国家的比重高于北京，主要投资于技术含量高的资本技术密集型企业，资本的挤入效应较明显。而北京来源于英属维尔京群岛、开曼群岛等避税天堂的外国直接投资占比越来越多，不确定因素增多，这是造成北京外国直接投资对国内资本挤入效应不明显的原因之一。

7.2.7 政策建议

要进一步发挥外国直接投资在促进国内资本积累方面的潜力，加强外国直接投资对北京和上海国内资本的挤入效应。建议采取如下措施：

首先，北京和上海应加强对外国直接投资的产业、行业政策导向，密切结合本地各大行业、已初步形成的产业群，将引进外国直接投资纳入本地的产业规划，推动产业结构的调整，提高产业关联度，带动更多关联产业和企业资本的投入。上海应当加强同长江三角洲其他城市的产业分工和合作，通过长三角区域经济合作，重塑吸引外国直接投资的优势，加强合作共同打造世界级制造业中心；北京应加大金融、交通运输、邮电通信等服务业的开放范围和开放力度，强化京津冀区域协作，促使区域内形成完整的产业链分工，促进环渤海地区各中心城市根据各自的比较优势形成合理的功能分工和协作。

其次，加强对欧美地区资本技术密集型外国直接投资的吸引力度。两市外国直接投资来源地基本集中于亚太地区，与欧美地区外国直接投资相比亚太地区外国直接投资技术含量较低。两市应制定相应的激励措施，鼓励欧美地区资本技术密集型外国直接投资的进入。

最后，北京和上海在吸引外资时应鼓励以并购形式参与对国有企业改组改造的外国直接投资，加大高新技术行业外国直接投资的引入；努力发展与引进的外资相配套的产业及前后向关联产业，带动整个产业链的发展；提高国内企业的竞争意识，促进国内企业自身科技水平的提高，从而提高其国际竞争力。

7.3 北京和上海外国直接投资技术溢出效应的比较研究

7.3.1 外国直接投资技术溢出效应文献综述

国外学者关于外国直接投资技术溢出效应的研究开始较早。马克（MacDougall，1960）提出外国直接投资溢出效应之后，众多学者对外国直接投资溢出效应进行了大量研究。罗默（Romer，1993）认为，定性地看外国直接投资可以通过技术转移和溢出效应促进东道国经济增长。但是，实证研究却得出了不同的结论。埃特肯和梅洛等（Aitken & De Mello et al.，1997）均未发现外国直接投资对东道国自身企业有正向的技术溢出效应。最早对外国直接投资对东道国行业内溢出效应进行研究的学者是凯夫斯（Caves，1974）。诸多学者参照 Caves 的模型形式，对外国直接投资是否产生行业内溢出效应问题进行了研究，得出了不同的结论。布罗姆斯特姆、肖霍姆等（Blomstrom & sjoholm et al.，1999）研究表明，外国直接投资确实对东道国产生了行业内技术溢出效应。埃特肯和哈里森（Aitken & Harrison，1997）以及科科（Kokko，1996）等却得出了相反的结论。

我国一些学者对北京外国直接投资技术溢出效应进行了研究。唐勇和温晓红（2007）利用开放经济条件下的内生增长模型，研究外国直接投资对北京地区技术进步的影响，认为外国直接投资对北京地区技术进步有正向溢出效应，但溢出效应很小。周海蓉（2007）利用北京制造业 2001~2005 年期间的数据，运用面板数据方法，考察了外国直接投资在北京制造业各子行业内产生的溢出效应，结果表明：在内外资企业技术水平差距较大，以及外资企业外向型程度较低的子行业中，外国直接投资对内资企业的溢出效应更为显著。王海龙和黄明（2012）利用北京和上海 1994~2008 年期间的数据，分析了实际利用外商直接投资对区域创新能力的影响,发现外国直接投资对两地区域技术创新能力存在显著的正向影响。北京外国直接投资对专利授权总量的弹性系数小于上海外国直接投资对专利授权总量的弹性系数。马立军(2013)通过构建包含外国直接投资技术外溢效应的内生经济增长模型,利用动态面板回归方法(GMM),对外国直接投资与经济增长的关系进行了实证检验,得出省际经济增长存在条件收敛,外国直接投资有利于经济增长,但"锁定效应"所导致的技术外溢渠道受阻会削弱其对经济增长的贡献。

我国部分学者对上海外国直接投资技术溢出效应进行了研究。查贵勇(2005)运用生产函数,对外国直接投资对上海国有经济和集体经济的溢出效应进行了实证分析,发现外国直接投资溢出效应与其来源地、投入形式和国内企业的特点密切相关。郑秀君(2006)以外国直接投资技术溢出效应的四个渠道为理论基础,采用问卷调查的研究方法,选择上海浦东地区的外商投资企业为研究对象,分析了外国直接投资技术溢出效应的途径,发现外国直接投资能够通过示范模仿渠道和联系渠道产生一定的技术溢出效应,但会受到很多因素的限制。姜峰(2007)采用面板数据模型,利用动态面板回归(GMM)分析法,构建了新的测量产业间技术溢出效应的计量模型,并在模型中引入影响研究与实验发展经费(R&D)投入因素的变量,从资本内涵型技术溢出角度,探讨了外资产业间技术溢出的规律,发现外国直接投资后向溢出效应是显著存在的,且为正相关,前向溢出效应也是显著的,但为负相关。赵力(2008)通过分析技术外溢的主要途径,针对上海制造业中外国直接投资介入最多的重点产业,即汽车工业、电子业、化工业等进行分析,发现外国直接投资对上海制造业技术外溢效应的影响并不显著。潘磊(2009)对不同来源地外国直接投资在上海地区的技术溢出效应进行了实证研究,结果表明:港澳台及欧美地区外国直接投资对上海的技术溢出效应为正;而来自东盟的外国直接投资对上海的技术溢出效应并不显著,来自东亚地区外国直接投资对上海的技术溢出效应为负。蔡慧贤(2009)认为外国直接投资对上海制造业各个行业均产生了非常明显的正向技术溢出效应,对上海制造业而言，内外资企业技术水平差距越大，则外国直接投资的技术溢出效应相对越大。刘艳萍和谢鹏（2011）运用非参数的生产率指数（Malmquist）方法，基于面板数据的计量回归模型对上海制造业行业全要素生产率的影响因素进行了实证检验，得出外商直接投资对上海制造业企业没有明显的外溢效应，产业集聚对上海制造业行业的全要素生产率增长有显著的促进作用。

综上所述，相关研究得出的结果存在一定差异。这是由于外国直接投资技术溢出效应的影响因素和传导机制很复杂。实证研究中选取的数据指标、样本和分析技术不同，会造成所得结果的差异。此外，不同行业和地区的经济实力、科技水平、市场结构以及外国直接投资政策也存在差异，也会使外国直接投资技术溢出效应存在差异。

7.3.2 模型的构建

本节假定全社会生产符合柯布—道格拉斯生产函数的特征，投入资本和劳动要素进行生产，则生产函数可以表示为：

$$Y_d = A * K_d^\alpha L_d^\beta \tag{7.19}$$

其中 Y_d 代表内资部门的实际产出；K_d 和 L_d 分别代表内资部门的资本投入和劳动要素投入；α 和 β 分别表示实际生产中劳动和资本的产出弹性；A 代表技术水平。为了研究的方便，我们假定社会生产的规模报酬不变，则有 $\alpha + \beta = 1$，两边取自然对数并整理可得：

$$\ln\left(\frac{Y_d}{L_d}\right) = \ln A + \alpha * \ln\left(\frac{K_d}{L_d}\right) \tag{7.20}$$

$\ln A$ 为全要素生产率，主要由两方面决定：内资部门的技术进步和外资部门的技术进步。假设外资部门对内资部门的技术溢出效应，主要来自外资部门的资本积累对内资部门的产量增加产生的间接影响。根据以往学者研究的结论：外资部门的资本存量可以看作是技术的载体，外国技术尤其是最先进的技术，就是通过该载体向东道国扩散，并且产生技术溢出效应的。如果外资部门的资本积累促进了内资部门产量增加,那么外国直接投资对内资部门的技术溢出效应为正;如果外资部门资本积累抑制了内资部门产量增加,则外国直接投资对内资部门没有产生技术溢出效应。

因此,可以将模型进一步扩展为:

$$\ln\left(\frac{Y_d}{L_d}\right) = \theta\ln T_d + \omega\ln T_f + \alpha * \ln\left(\frac{K_d}{L_d}\right) \quad (7.21)$$

令 $YL = Y_d/L_d$,$KL = K_d/L_d$,则模型可以表示为:

$$\ln(YL) = \theta\ln T_d + \omega\ln T_f + \alpha * \ln(KL) + \mu \quad (7.22)$$

其中,T_d 表示内资部门的技术进步,T_f 表示外资部门的技术溢出,θ 表示内资部门技术进步的边际产出弹性,ω 表示外国直接投资技术溢出效应。它的正负与大小分别反映了外国直接投资技术溢出效应的方向与力度。如果 $\omega>0$,并且在统计意义上具有显著性,表示外国直接投资具有积极的技术溢出效应,说明内资企业的劳动生产率与外资企业的参与程度,呈显著正相关关系;如果 $\omega<0$,并且在统计意义上具有显著性,则说明外国直接投资没有发挥新增长理论所预期的技术溢出效应。由于外商投资企业具有先进的技术与管理经验,外国直接投资的进入可能会排挤内资企业,降低内资企业市场份额;外资企业也可能会通过雄厚的资本和广泛的信息来源,挖走内资企业的优秀人才,并占用国内稀缺资源,造成内资企业生产能力的下降,从而抑制内资部门产出的增长。

7.3.3 变量选取

本节用工业部门作为研究对象,对北京和上海两市外国直接投资的技术溢出效应进行实证检验。虽然近年来两市第三产业利用外国直接投资的比例已经超过第二产业,主要集中于房地产业、租赁和商务服务业、信息传输、计算机服务和软件业,但是相关行业的数据搜集较为困难,无法进行计量经济分析。只有工业行业的统计数据是最为完整的。根据客观性、重要性、可得性、连续性和完整性的数据选取原则,考虑到口径的一致性,本节选取北京和上海两市 2003~2014 年期间的数据作为研究样本。

采用外国直接投资存量指标研究外国直接投资的技术溢出效应。由于外国直接投资的技术溢出效应是一个长期的过程,并不是只有新的外国直接投资才能产生溢出效应,也并不是产生了溢出效应就不会再产生了,因此我们采用存量指标。但是,由于我国长期以来采用的国民经济核算体系与西方国家存在一定差异,很难找到西方经济意义上完整的外国直接投资存量数据。因此,采用永续盘存法对实际外国直接投资存量进行估算,即:

$$K_f = FDI_t + (1 - \sigma) FDI_{t-1} \tag{7.23}$$

其中,FDI_t 为当期外国直接投资流量;FDI_{t-1} 为上期外国直接投资存量;σ 为外国直接投资存量的折旧率,采用固定经济折旧率 9.6%。

内资企业的资本存量 K_d 用内资企业"规模以上工业企业年末资产总计"来表示,内资企业劳动力投入 L_d 用内资企业"规模以上工业企业从业人员数"表示。整个工业的总产出用两市"规模以上工业企业工业总产值总计"表示。内资企业的产出 Y_d 采用内资企业"规模以上工业产值"来表示。具体数据来源于 2004~2015 年北京和上海统计年鉴中的"规模以上工业企业工业总产值""规模以上工业企业主要指标""'三资'工业企业主要指标"。T_d 用内资规模以上工业企业研究与实验发展(R&D)内部支出费用表示。表 7-20 和表 7-21 列出了北京和上海技术溢出模型中的原始数据。

表 7-20   2003~2014 年北京外国直接投资技术溢出模型原始数据

年份	内资部门工业总产值 Y_d(亿元)	内资部门资本存量 K_d(亿元)	内资部门劳动力数量 L_d(亿人)	外国直接投资存量 K_f(亿美元)	内资规模以上工业企业研究与实验发展经费(R&D)内部支出费用 T_d(亿元)
2003	2 257.1879	3 840.8538	0.0078	21.5	—
2004	2 826.2407	4 400.6413	0.0074	30.8	35.8217
2005	3 864.9718	10 527.279	0.0086	35.3	41.2199

续表

年份	内资部门工业总产值 Y_d（亿元）	内资部门资本存量 K_d（亿元）	内资部门劳动力数量 L_d（亿人）	外国直接投资存量 K_f（亿美元）	内资规模以上工业企业研究与实验发展经费（R&D）内部支出费用 T_d（亿元）
2006	4 410.8502	11 622.597	0.0083	45.5	40.1228
2007	5 289.8687	13 168.727	0.0082	50.7	58.8451
2008	6 059.177	13 554.206	0.0084	60.82	61.2204
2009	6 427.8406	15 650.364	0.0084	61.21	70.9677
2010	8 220.8182	18 290.7922	0.0086	63.64	70.9677
2011	8 781.0931	20 296.2098	0.0079	70.54	89.0128
2012	9 736.1379	23 030.2815	0.0080	80.42	110
2013	10 614.3995	24 361.9044	0.0076	85.24	142.5456
2014	11 202.1231	26 465.1243	0.0078	90.41	154.2017

资料来源：《北京统计年鉴》（2004~2015，历年）。

表7-21　　2003~2014年上海外国直接投资技术溢出模型原始数据

年份	内资部门工业总产值 Y_d（亿元）	内资部门资本存量 K_d（亿元）	内资部门劳动力数量 L_d（亿人）	外国直接投资存量 K_f（亿美元）	内资规模以上工业企业研究与实验发展经费（R&D）内部支出费用 T_d（亿元）
2003	3 916.0700	5 635.7300	0.0115	58.5	—
2004	4 736.3100	6 439.7500	0.0117	65.4	19.66
2005	5 978.8000	7 504.5500	0.0124	67.11	52.09
2006	6 879.4400	8 462.5500	0.0121	71.07	80.27
2007	7 611.1300	9 497.0300	0.0123	79.2	100.61
2008	10 129.0000	11 714.9700	0.0136	100.84	131.04
2009	9 785.2700	12 687.8400	0.0132	105.38	157.52
2010	11 706.7300	13 794.1500	0.0131	111.21	173.22
2011	12 595.8100	14 687.5300	0.0107	126.01	208.58
2012	12 480.2300	15 895.8100	0.0107	151.85	264.01
2013	12 033.3700	16 921.5600	0.0103	157.8	288.44
2014	12 627.6100	18 782.0300	0.0101	181.66	300.45

资料来源：《上海统计年鉴》（2004~2015，历年）。

7.3.4 北京外国直接投资技术溢出效应实证检验

选取北京2003～2014年期间的数据,利用年度平均汇率统一量纲,根据公式(7.22)对变量进行多元线性回归得到的回归结果,如表7-22所示:

表7-22　　　北京外国直接投资技术溢出模型回归结果

变量	回归系数	系数估计量的标准差	T值	P值
C	-8.925018	2.361239	-3.779803	0.0054
ln(BJKL)	0.173635	0.16684	1.040726	0.3284
ln(BJTD)	0.567051	0.093669	6.053754	0.0003
ln(BJKF)	0.34664	0.251424	1.378705	0.2053
R^2统计量	0.990150	F统计量		268.0594
调整R^2统计量	0.986456	F统计量对应的P值		0.000000
D.W.统计量	1.881356			

回归结果得出,序列ln(BJKL)和ln(BJKF)的检验结果并不显著。2003～2014年期间,外国直接投资对北京工业企业的技术溢出效应并不明显。外国直接投资对北京内资工业部门总体技术资源利用效率的提高并不大。

7.3.5 上海外国直接投资技术溢出效应实证检验

利用上海2003～2014年期间的数据,根据公式(7.22)进行回归,结果如表7-23所示:

表7-23　　　上海外国直接投资技术溢出模型回归结果

变量	回归系数	系数估计量的标准差	T值	P值
C	7.277546	3.76172	1.934632	0.0891
ln(SHKL)	1.232312	0.232063	5.310251	0.0007

续表

变量	回归系数	系数估计量的标准差	T 值	P 值
ln(SHTD)	0.211419	0.043575	4.851806	0.0013
ln(SHKF)	-1.044522	0.379479	-2.752513	0.02500
R^2 统计量	0.992449	F 统计量		350.4757
调整 R^2 统计量	0.989617	F 统计量对应的 P 值		0.000704
D.W. 统计量	2.216161			

得到回归方程如下

$$\ln(SHYL) = 0.2114\ln(SHT_d) - 1.0445\ln(SHT_f) + 1.2323\ln(SHKL) + 7.2775 \quad (7.24)$$
$$(4.8518) \quad (-2.7525) \quad (5.3103) \quad (1.9346)$$
$$R^2 = 0.9924 \quad F = 350.4757 \quad DW = 2.2162$$

在回归结果中，序列均在 5% 的显著水平下拒绝零假设，可以认为各系数均显著异于零。模型拟合优度 $R^2 = 0.99$，拟合程度较高，F 检验结果显著，表明模型整体上是显著的。

通过对上述模型的 T 检验、F 检验、ADF 单位根检验、异方差检验等多种检验，结果显示，该模型符合上述检验，并且和实际数据的拟合度较好，可以认为模型是有说服力的，得到的回归方程是可以信服的。

解释变量的系数为负值，且在 5% 的显著性水平上通过检验，从而得出 2003~2014 年外国直接投资对上海没有发挥新增长理论所预期的技术溢出效应。上海内资工业企业产出的主要影响因素仍然为国内资本的投入与技术进步，内资企业技术进步的边际产出弹性和资本产出弹性分别为 0.2114 和 1.2323，外国直接投资对上海内资工业部门总体资源利用效率提高的影响在研究的样本期间内并不大。

7.3.6 主要研究结论

通过对北京和上海外国直接投资技术溢出效应进行实证研究，得到研究

第 7 章 | 北京和上海外国直接投资经济效应的比较研究

结论主要有:

(1) 2003 年以来,外国直接投资对北京和上海内资工业部门总体资源利用效率没有显著提高。外国直接投资对北京工业企业的技术溢出效应不明显,对上海也没有发挥新增长理论所预期的技术溢出效应。

(2) 影响内资企业产出的主要因素是内资企业的资本与劳动力、技术等要素投入。2003 年以来,北京和上海内资工业企业资产的增加对其工业总产值增加的贡献程度较高,企业的资本实力、规模与企业的技术呈显著的正相关关系。

出现以上实证研究结果的原因主要有以下几个方面:

(1) 2003 年以来,特别是全球金融危机之后,生产要素成本逐年增加,北京和上海外国直接投资总体流入增速开始放缓。北京和上海鼓励第三产业发展的政策优势,使得外国直接投资流向工业制造业的比重降低,流向服务业的比重则大幅增长。工业制造业外国直接投资的规模效应和技术溢出效应逐渐减小,对内资工业部门产出增长的贡献不显著。虽然北京和上海具有完善的市场化机制、政府服务供给、产业政策环境和基础设施配套,但这些便利条件已经不能抵消发达城市劳动力和土地租金上涨带来的经营成本上升,生产要素成本的提高,使得相关制造业外国直接投资开始流向中西部地区或者生产要素成本更低的其他国家和地区。

(2) 北京外国直接投资主要分布于第三产业。由于我国金融、交通运输、邮电通信等服务业长期为国有企业垄断地位,高科技、高附加值服务业领域尚处于逐步对外资开放的阶段。因此,外国直接投资在这些领域的技术溢出效应难以发挥。

(3) 由图 7-1 可见,2003 年以来北京第三产业利用外国直接投资一直高于第二产业,且近年来二者之间的差距有扩大的趋势。2003 年以后,上海第三产业利用外国直接投资比重增长迅速,超过第二产业。上海外国直接投资正在加快向商贸、物流、广告、金融等现代服务业领域拓展。2014 年,第三产业利用外国直接投资占比已经超过 90%。外国直接投资的规模效应和技术溢出效应逐渐向第三产业转移。由于本节选取的研究对象集中于工业部门，考虑到数据的可得性和连贯性，没有将第三产业外国直接投资技术溢出效应纳入考察范围，这也是造成北京和上海外国直接投资技术溢出效应不明显的原因之一。

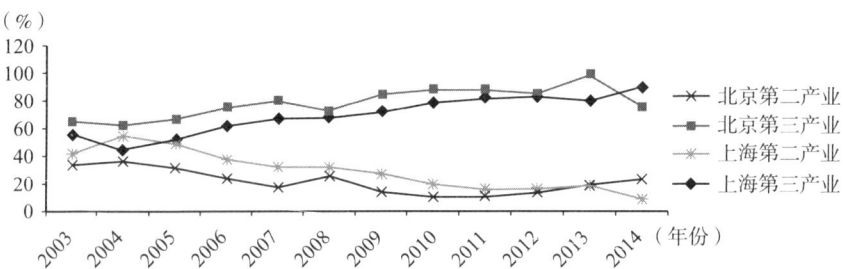

图7-1　2003~2014年北京和上海第二、第三产业实际利用外国直接投资占比

资料来源：《北京统计年鉴》《上海统计年鉴》（2004~2015，历年）。

要进一步发挥北京和上海吸收外国直接投资的技术溢出效应，建议如下：

（1）有选择地引入外国直接投资，重视对外国直接投资的引导。加强第三产业外国直接投资技术溢出效应，加大金融、交通运输、邮电通信等服务业的开放范围和力度。

（2）要重视对资本技术密集型外资的引进，加大对来源于欧美、日韩跨国公司外国直接投资的引入，注重引进外资企业的项目规模、研发经费的投入以及外资研发机构的设立等，加速技术溢出的速度并提高外国直接投资技术溢出层次。

（3）采取鼓励先进技术、允许适宜技术、限制传统技术的技术引进方针，确保跨国公司转移技术的先进性，为更好获取外国直接投资技术溢出效应创造条件。

北京总部经济发展与提升
利用外资水平研究

Chapter 8

第 8 章　总部经济对提升北京利用外国直接投资水平的推动作用

近年来，北京经济发展形势良好。如图 8-1 所示，2011 年以来北京地区生产总值逐年增长。改革开放以来，大量流入的外国直接投资对于北京经济的发展产生了重要影响。由图 8-1 可见，2011 年以来北京地区生产总值增长速度呈下降趋势。要保持北京经济今后的良性发展，提高利用外国直接投资的规模和水平至关重要。跨国公司设立地区总部，对该地区引进外资有重要影响。总部经济的兴起和进一步发展，为提升北京利用外国直接投资的质量和水平提供了重要机遇。

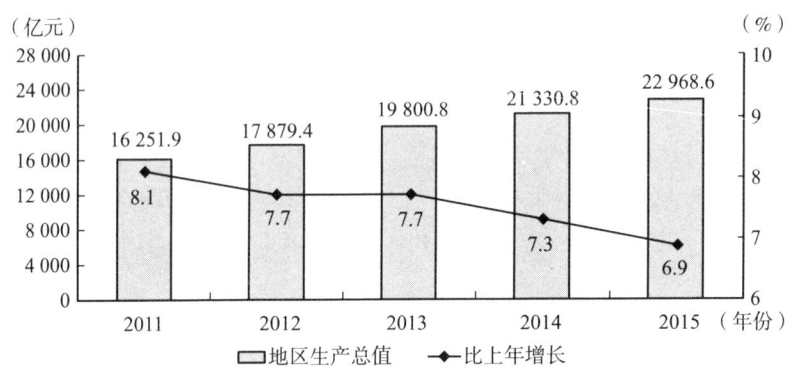

图 8-1　2011~2015 年北京地区生产总值及其增速

资料来源：北京统计局网站。

总部经济作为区域经济发展的一种新型经济形态，可以促进区域经济的快速、健康和可持续发展。赵弘（2003）指出在总部经济中总部集中的区域一般具有区位优势，能够吸引更多的人才、资本、信息等创新要素向该区域流动，在价值链分工中，占据"高端"地位，获取更高的利润回报，不但能够补偿其较高的费用成本，而且能够提升本区域的产业水平，扩大本地区经济总量，提高区域经济竞争能力。

跨国公司总部入驻可以促进当地经济发展以及产业结构调整。因此，很多地方竞相制定吸引跨国公司总部入驻的政策措施。一般拥有跨国公司总部数目较多的城市拥有较高的人均收入水平，总部集聚程度成为反映当地经济

第8章 | 总部经济对提升北京利用外国直接投资水平的推动作用

发展水平的重要指标。

近年来,北京总部经济迅速发展,对于北京经济发展产生了重要影响。2013年,北京总部企业及在京下属分支机构3 937家,拥有资产82.7万亿元,占全市第二、第三产业法人单位资产总量的67.7%;实现利润1.8万亿元,占全市第二、第三产业法人单位利润总额的89%;吸纳从业人员309.8万人,占全市第二、第三产业法人单位从业人员的27.9%。① 作为北京"高"发展方向的中关村国家自主创新示范区、金融街、北京商务中心区、北京经济技术开发区、临空经济区和奥林匹克中心区六大高端产业功能区在过去五年间规模和效益明显提升。六大高端产业功能区拥有资产56.9万亿元,比第二次全国经济普查增加33.1万亿元,增长1.4倍;实现收入5.3万亿元,比第二次全国经济普查增加3.2万亿元,增长1.5倍。高端产业效益水平进一步提升,如信息传输、软件和信息技术服务业、科学研究和技术服务业收入利润分别为39.1%和8.3%,分别比第二次全国经济普查提高13.4个和2.3个百分点。与此同时,生产效率得到进一步提高,人均实现收入164.3万元,比第二次全国经济普查提高46.5万元。② 2014年,全市3 937家总部企业用占全市0.6%的单位数、27.9%的就业人数,创造了全市企业66.8%的收入、89.4%的利润总额,贡献了61.4的税收、50%以上的国内生产总值和近40%的一般公共预算收入。③ 截至2016年5月,符合北京产业定位的总部企业累计已达4 007家。总部企业数量在全市企业总数中占比不足1%,而资产占全市的73.4%,营业收入占全市的66.8%,实现利润占全市的89.4%。④

总部经济的兴起和发展,为提升北京利用外资水平提供了很好的契机。今后,如何进一步吸引跨国公司设立地区总部,从而吸引更高质量的外资对

---

① 北京拥有3 937家总部企业及下属分支机构. 中国新闻网,2014-12-30.
② 北京500强总部数量全球居首[N]. 北京晨报,2014-12-31.
③ 北京商务委员会网站:http://www.bjcoc.gov.cn/nsjg/zbjjfzch/zwxx/201511/t20151130_69161.html.
④ 总部经济助力首都"高精尖"发展[N]. 北京日报,2016-05-23.

于北京经济发展具有重要意义。本章的研究将关注发展总部经济对北京利用外资水平的提升作用。总的来说，总部经济对北京利用外资水平的提升和推动作用主要表现在以下方面。

8.1 总部经济的发展有助于扩大北京利用外资规模

北京是总部经济发展的重要阵地，由于在京的跨国公司集中管理着跨国公司在华所有投资企业，改变了过去分散投资，提高了跨国公司的投资规模，外商投资呈快速增长态势，进而推动北京企业扩大利用外资规模、提高利用外资水平。首先，由于北京具有得天独厚的总部优势，是许多跨国公司设立总部的首选地区。众多的跨国公司总部使得北京利用外资规模不断扩大。其次，由于跨国公司地区总部的建立，使跨国公司在京进行系统性投资的目标得以在一定程度上实现，因此提高了跨国公司投资的积极性。在允许设立地区总部之后，跨国公司就可以更加灵活地选择投资方式，并与中国的事业伙伴建立合作关系。同时，在跨国公司地区总部的统一领导和协调下，跨国公司在京投资的企业可以得到有效的整合，从对单个项目的投资发展为对整个产业链的投资。再次，在京的跨国公司地区总部或投资性公司集中管理着跨国公司在华所投资企业，改变了过去分散投资、分散管理而带来的高成本、低效率，有效提高了在华跨国公司的投资规模和效益。最后，大量跨国公司总部和投资性公司在京设立，为提高利用外资水平也起到良好的示范和推动作用，吸引了更多的外商前来投资。因此，跨国公司总部大量进驻北京，有助于推动北京扩大利用外资规模、提高利用外资水平。2003~2014年，外商投资企业实际利用外资呈上升趋势。其中2004年北京实际利用外国直接投资年增长率为26.37%，2006年为24.05%。这两年北京实际利用外国直接投资年增长率上升幅度较大。2003年12月，北京委九届六次全会正式提出大力发展总部经济，并且2004年初总部经济被明确写进了《北京政府工作报告》。2006年北京正式建立总部基地。可见,总部经济的发展对于利用外资规模的提升起到了推动作用。

8.2 总部经济有助于提高北京引进外资质量

对于外国直接投资质量国内外的文献并没有给出严格定义,但大部分学者都认为外国直接投资质量主要体现在其对经济社会发展所具有的各种效应上。可以说,外国直接投资质量就是东道国在一定时期,利用外国直接投资对经济社会发展所产生的各种经济社会效应的综合。一般来说,企业规模越大,该企业的技术水平在同行业中较高,这类企业的投资对东道国的经济贡献能力越大,相应地这类企业的投资质量也越高。比如以美国、日本、欧洲等大型跨国公司为主体的投资,基本都是高质量的投资。因此,东道国对外资质量的追求,就要吸引尽可能多的大型跨国公司的投资,特别是吸引这些跨国公司地区总部入驻。从跨国公司在京设立地区总部前后外国直接投资数量和规模的变化中,可以看出总部经济对扩大外国直接投资规模的积极作用。越来越多的跨国公司在京进行投资,建立地区总部,会带来大批高质量外资,为北京经济发展做出更大贡献。因为总部经济发展可以为东道国带来比一般外国直接投资更大的经济效益,如税收效应、产业乘数效应、就业效应、示范效应等。所以,总部经济的发展有利于提高我国外国直接投资质量。下面将从五个方面进行分析。

8.2.1 总部经济扩大了外国直接投资对北京经济增长的推动作用

美国经济学家钱纳利和斯特劳斯(Chenery & Strauss,1966)提出的"双缺口"模型认为,利用外国直接投资可以促进东道国经济增长。学者们在此后的研究中对此达成了共识,并提出利用外国直接投资还可以提高投入产出质量，促进经济增长方式转变。跨国公司地区总部的建立，一方面扩大了外国直接投资的规模，填补了北京的储蓄缺口和外汇缺口，使得北京经济得以快速增长；另一方面，大型跨国公司总部的成立，带来了新的生产方法、技术及管理经验，有效改善和提高了北京资源配置效率。要素生产率的提高，促使北京经济增长方式发生转变。外商投资率是一定时期内一国或地区利用外国直接投资数量与国内生产总值的比率，可以用来衡量外国直接投资对当年经济增长的直接贡献。用公式表示为：

$$外商投资率 = 外国直接投资/国内生产总值$$

图 8-2 显示了 2003~2014 年北京外商投资率。由图 8-2 可见，2004 年和 2006 年北京外商投资率较其他年份增长迅速。2004 年发展总部经济被写进政府工作报告，2006 年北京正式成立总部基地。可见，北京总部经济的发展对于外商投资率的提升起到了推动作用。

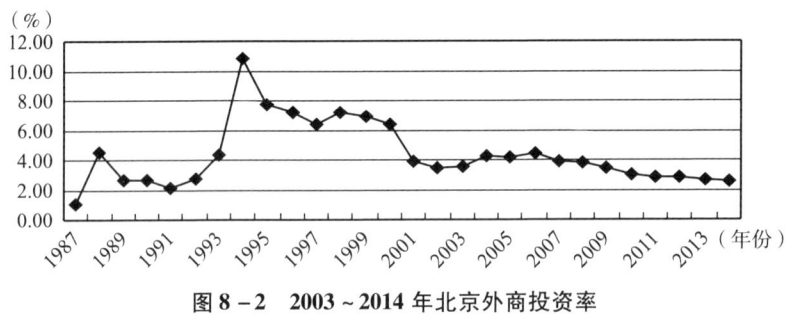

图 8-2　2003~2014 年北京外商投资率

资料来源：根据历年北京统计年鉴的资料整理计算而得。其中实际外国直接投资（亿元）是利用中国国家统计局公布的人民币汇率中间价的年平均值调整得到。

从投资产出比率的分析中可以看出，外资对我国经济增长方式转变的作用。产值/资产比率是衡量投资的产出比率的一个指标。表 8-1 为 2004~2014 年北京外资企业与全部规模以上工业企业产值/资产比率的比较。由此可见，外资企业的产值/资产比率明显优于全部规模以上工业企业的平均水平。这不仅表示外资企业的资产质量高于北京工业整体资产质量，也表明外国直接投资的引入提高了北京工业整体的产值/资产比率,从而促进了北京经济增长方式转变。其中,2006年外资企业的产值/资产比率最高,同时2006年北京正式建立总部基地,这表明总部经济的发展有助于加强外国直接投资对北京经济增长方式转变的影响。

表8-1　　　　2004~2014年北京外资企业与全部规模以上工业企业产值/资产比率　　　　单位:万元

年份	港澳台及外商投资工业企业产值资产对比			工业企业产值资产对比		
	工业总产值	资产总计	产值/资产	工业总产值	资产总计	产值/资产
2004	20 546 484	16 817 987	1.2217	48 808 890	60 824 400	0.8025
2005	30 812 398	23 025 557.5	1.3382	69 462 115.3	128 298 349.90	0.5414
2006	37 991 466	26 218 042.2	1.4491	82 099 968.4	142 444 009.1	0.5764
2007	43 585 155	30 467 773	1.4305	96 483 841.6	162 155 043.4	0.5950
2008	43 539 157	32 482 151	1.3404	104 130 927.5	168 024 206	0.6197
2009	46 112 885	38 903 389	1.1853	110 391 291	195 407 033	0.5649
2010	54 790 206	44 597 852	1.2285	136 998 388	227 505 774	0.6022
2011	57 325 350	50 255 364	1.1407	145 136 282	253 217 462	0.5732
2012	58 600 745	55 828 742	1.0497	155 962 123	286 131 557	0.5451
2013	67 564 877	64 388 254	1.0493	173 708 800	308 007 299	0.5640
2014	72 507 753	70 919 253	1.0224	184 529 000	335 570 497	0.5499

资料来源:历年《北京统计年鉴》。

8.2.2　总部经济增强了北京外国直接投资的技术溢出效应

总部经济因为技术外溢效应的存在,具有扩散作用,会促进当地其他产业发展(克利尔,2002)。外国直接投资的技术溢出效应是指外国直接投资内含的人力资本、研发投入等因素通过各种渠道导致技术非资源性扩散,促进了东道国经济的长期发展,而跨国公司又无法获取全部收益。外国直接投资的技术溢出途径区分为：来自示范和模仿的外溢效应、来自竞争的外溢效应、来自厂商间联系的外溢效应和来自人员流动的外溢效应。

在地区总部的投资主体地位尚不能确认的情况下，跨国公司对华投资往往局限在比较零星的项目上，在股权的选择上一般都是与国内的一些企业合资。由于不能充分掌握投资项目的股权，母公司不可能真正放心地向那些企业转移附加值更高的产品技术和生产制造技术，把在华企业真正纳入总部主导的"产业内分工体系"之中，因此，投资的总体质量受到较大的限制。

（1）总部经济效应促进企业提升技术创新能力。

总部经济促进了跨国公司核心技术的流入，加强了北京利用外资的技术溢出效应。在设立地区总部之后，首先，跨国公司可以灵活的选择投资方式，并与中国的事业伙伴建立"非束缚性"的合作关系。公司总部会带来附加值较高的产品技术和生产制造技术。这些更为优质的技术会在北京发挥更明显的示范和模仿效应，促进北京企业技术进步。企业技术创新能力的增强有赖于跨国公司内外部科技资源的互动频率、密度和质量（国家计委产业发展研究所课题组，2001）。跨国公司中央实验室和其海外研发机构之间的技术和知识是相互流动的。这种知识和技术的外溢与辐射效应会给我国企业提升技术创新能力带来机遇（韦肖，2004）。其次，跨国公司总部的建立，使得跨国公司更容易进入北京高壁垒及强垄断市场，为这些垄断市场引入竞争，通过竞争的外溢效应，促使企业进行技术创新，提高技术水平。

（2）总部经济促进企业提升资源整合能力。

跨国公司可以利用其优势在全球范围内整合各种资源，主要包括资金、技术和人力资源。随着经济全球化的推进，我国市场已经成为跨国公司全球价值链的重要节点，作为总部经济的主要载体的跨国公司在北京的集聚，为北京企业整合利用全球资源带来了巨大机遇：一方面，总部经济带来了大量的资金、研发资源和人力资源，跨国公司在地区总部的统一领导和协调下，整合其在京投资的企业，从对单一项目的投资发展为对整个产业链的投资。外商投资产业链的扩大毫无疑问地扩宽了跨国公司与北京企业的联系使外资技术溢出效应增大，提高其产品质量和生产效率；另一方面，可以带动北京企业到海外市场整合资源。跨国公司在北京设立研发中心的发展模式对北京企业到发达国家设立研发中心具有借鉴作用。近年来，越来越多的北京企业走出国门，进行对外直接投资，以充分利用发达国家的研发资源，在全球范围内有效配置资源，提升企业国际竞争力。所以，总部经济的发展使得来自厂商间联系的技术外溢效应作用范围更广。

（3）总部经济促进企业提高管理运营能力。

企业管理运营能力的高低决定着其国际竞争力的大小。因此，企业国际竞争力的增强是提升企业管理运营能力的关键因素。总部经济的发展给我国企业提高管理运营能力提供了难得的机遇。首先，跨国公司向全球价值链转移，设立地区总部是基于全球发展战略的转变，为我国企业提升全球战略视野提供了经验。其次，跨国公司总部集聚带来的管理经验和溢出效应，可以帮助我国企业建立现代企业制度，学习全球战略的制定、全球管理结构的调整和理念文化的提升，推进我国企业的市场化以及战略、结构和管理理念的转型（王志乐，2007）。再次，总部经济可以提升产业的配套能力，有利于企业从事附加值更高的服务环节，从而促使企业提升管理和经营创新能力。最后，总部经济发展有利于北京企业就近学习其先进经验，提升其进行全球经营、开拓全球市场和市场运作的能力，也有利于强化企业的社会责任意识，提升其软国际竞争力。

8.2.3 总部经济推动了外国直接投资对北京对外贸易的替代作用和互补作用

蒙德尔（1957）最早提出了国际贸易和投资的替代关系，在东道国存在严重的贸易壁垒或要素成本发生很大变化等情况下，跨国公司以外国直接投资方式进入东道国，为了维护或扩大其产品在东道国市场的销售份额，就更需要以当地生产来替代过去从母国进口的产品，必然减少或替代东道国的贸易。随着跨国公司总部在京建立，许多母子公司间的贸易都内部化为企业内部交易，即使在不存在贸易壁垒或要素成本发生很大变化的情况下，北京的贸易都会大大缩减。所以总部经济的发展无疑增加了外国直接投资对北京对外贸易的替代量。

外国直接投资不但是资本的流动，还是技术和管理经验的转移。外国直接投资所带来的先进的生产技术将通过员工、经营管理者的培训，以及诱发当地企业参与竞争等形式产生技术外溢，最终又会创造出新的贸易机会。因此，总部经济的发展加强了外国直接投资对北京经济发展的促进作用，有利于创造新的贸易机会。

衡量外商投资企业对北京贸易增长贡献最直接的办法就是考察外商投资企业的进出口总额。从图8-3中可见，2003年以来北京外商投资企业的进出口总额也是逐年增加的，表明总部经济的发展扩大了外商投资企业对北京进出口贸易的推动作用。总体来看，近年来，北京外商投资企业进口增长速度超过出口，其贸易差额为负。这也与北京吸收的主要是跨国公司的总部有关。

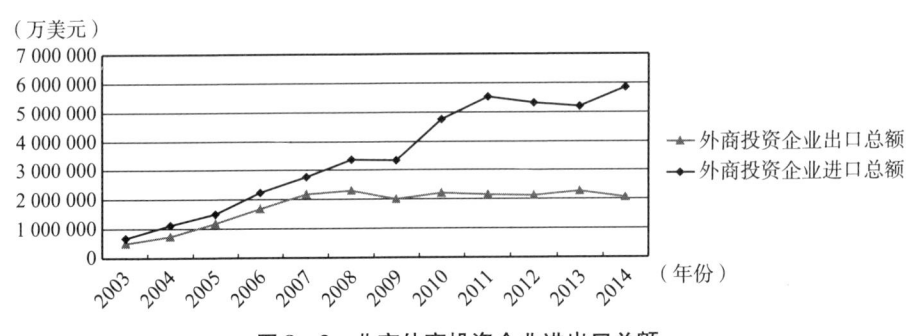

图8-3 北京外商投资企业进出口总额

资料来源：历年《北京统计年鉴》。

外商投资企业对出口的贡献度可表示为外商投资企业出口总额与一国或地区出口总额的比率，同样，外商投资企业对进口的贡献度可表示为外商投资企业进口总额与一国或地区进口总额的比率。由图8-4可见，2003~2005

年外商投资企业进出口在北京进出口中占比较高，超过50%。总部经济的发展推动了外国直接投资对北京对外贸易的替代作用，并且对进口的替代作用要大于对出口的替代作用。因为随着跨国公司地区总部在北京建立，子公司原本向母公司进口的商品都转化为跨国公司内部贸易，从而减少了北京的进口贸易量。

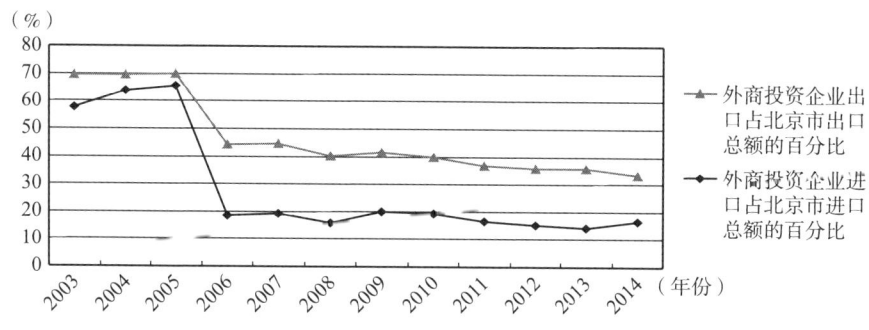

图8-4 北京外商投资企业进口和出口占北京进口和出口的百分比

资料来源：历年《北京统计年鉴》。

8.2.4 总部经济加强了外国直接投资对北京的就业效应

总部对商业服务以及高水平的工人需求较大。因此，总部经济发展会为当地创造就业机会。总部的外部性会吸引更多的总部（希尔顿，1999）。地区总部的建立，为北京提供了更多的就业机会，引入更为系统全面的管理技术，劳动力素质得以提升。外商投资企业在北京的生产经营活动既直接创造就业机会，也间接创造就业机会。首先，外商投资会雇佣当地的劳动力，从而为北京直接创造就业机会。其次，外商投资企业还通过与北京的企业建立各种产业联系间接创造就业机会。直接带动是基础，在此基础上，总部通过产业乘数效应不断创造出新的，尤其是智力型的劳动就业岗位。整个城市的劳动就业能力也随着产业间的相互影响和传递一层一层向外扩张，从而产生了总部劳动就业的间接就业和外围就业。在总部经济模式下，总部的直接就业派生出间接就业，直接就业和间接就业又派生出外围就业。而且，这三大就业带动作用之间环环相扣，层层递增。因此，总部经济的发展会加强外资对北京的就业效应。

总部经济的发展还会改善北京就业结构。首先，根据产业结构演变理论，随着人均国民收入水平的提高，劳动力首先由第一产业向第二产业移动；当国民收入水平进一步提高时，劳动力又向第三产业移动。由此，第一产业劳动力减少，第二、第三产业劳动力增加。总部经济的发展可以促进北京经济发展，提高北京人均收入水平。因此，可以促进北京的就业由第一、第二产业向第三产业转移。其次，总部经济还可以集聚和培养高端人才。企业总部的聚集也伴随着人才资源的集聚和创新要素的集聚。总部的存在和发展，不仅可以吸引大批国际化高新技术人才和高级经营管理人才，还可以通过企业间的交流和专业培训，加速知识型人才的培养和提高，形成高素质的人才中心。

总部经济的发展还会改善北京就业知识结构。首先，跨国公司一般比较注重人力资源培训，以培养东道国的管理和技术人才。随着许多跨国公司实施本土化策略，纷纷在华设立研发中心，使它们更加重视高素质人才的培养。这不仅会提高本企业员工素质，还为国内企业培训员工提供了可资借鉴的经验。因此，北京外商投资企业人力资源开发的投入会在一定程度上提高北京就业人员的整体素质和水平。其次，跨国公司在华设立研发总部后，由于其研发投资大多集中在技术和资金密集型行业，对就业人员的知识水平要求较高。北京外商投资企业就业人员的知识结构一般集中在大学本科，还包括研究生及以上水平的员工。跨国公司总部十分重视所选员工的综合素质，包括教育水平、外语能力、创造能力和交流能力等。又因为跨国公司总部各方面待遇较高，对于在跨国公司总部谋职位的劳动者而言，必须积极提高自身综合素质。这对于提高北京就业的知识结构会产生积极影响。最后，国内企业要想留住优秀人才必须加强人力资源管理，完善人力资源培训机制。这对北京就业人员素质的提升也具有积极作用。近年来，北京教育结构不断完善。

由表 8-2 可以看出，2014 年北京常住人口中受教育程度在大专以上的比例高达 36.78%。

表 8-2　　　　　　　　常住人口受教育程度（2014 年）

项目	调查人口合计（人）	所占比例（%）	男（人）	所占比例（%）	女（人）	所占比例（%）
6 岁及以上人口	541 394		271 649		269 745	
#小学	57 961	10.71	26 640	9.81	31 321	11.61
初中	154 393	28.52	83 358	30.69	71 035	26.33
普通高中	83 184	15.36	43 418	15.98	39 766	14.74
中职	35 457	6.55	18 277	6.73	17 180	6.37
大学专科	70 316	12.99	34 476	12.69	35 840	13.29
大学本科	103 236	19.07	48 244	17.76	54 992	20.39
研究生	25 556	4.72	14 215	5.23	11 341	4.20

注：本表数据为人口抽样调查样本数据。
资料来源：《北京统计年鉴》（2015）。

8.2.5　总部经济与外国直接投资对北京的税收效应

跨国公司公司总部进入可以提升当地知名度，带来无形的品牌效应，还可以给当地带来大量税收，包括企业的税收贡献和公司总部员工的个人税收贡献（贝尔，2008）。首先，总部的建立势必会增加外资企业的规模和收入，从而扩大了外商投资企业的税基，使得来自外商投资企业的税收收入不断增加。其次，在总部经济模式下，外商投资企业会从事高附加值产业，汇聚各个子公司的利润，提高企业所得，加上高收入员工群体数量的增长，个人所得快速增加，使得税制结构得以优化。再次，伴随着总部经济的发展，围绕着跨国公司总部聚集了许多关联产业，其中包括第三产业等税收比重较少的产业，从而在一定程度上优化了北京的税源产业结构。最后，总部所在区域聚集了大型跨国公司的非制造功能中心，现代服务业发达，截取了价值链的高端环节，培育了新的优质税源，提高了北京的税源质量。总之，总部经济的发展不仅加强了外资对北京的税收效应，而且优化了北京的税制结构、税源产业结构和税源质量。

随着外国直接投资规模的扩大，外商投资企业缴纳的税收成为北京财政税收收入的重要来源之一，外国直接投资对税收增长的贡献度可以用北京涉外税收总额与北京税收总额的比率来衡量。表8-3显示了2004~2014年北京外商投资企业应缴纳税金总额及其年增长率。从该表可以看出，北京外商投资企业应交纳税金总额呈总体上升趋势（除2005年和2014年）。可见，总部经济发展在一定程度上加大了外国直接投资对北京的税收效应。

表8-3　　　　　　北京外商投资企业应交纳税金总额及年增长率

年份	2014	2013	2012	2011	2010	2009	2008	2007	2006	2005	2004
外商投资企业交纳税金总额（亿元）	890.9118	904.5355	774.3904	754.9636	674.0503	508.8851	440.9864	387.6683	279.942	239.3768	318.5129
外商投资企业交纳税金总额增长率（%）	-1.51	16.81	2.57	12.00	32.46	15.40	13.75	38.48	16.95	-24.85	22.90

资料来源：历年《北京统计年鉴》。

8.3　总部经济有助于改善北京利用外国直接投资的产业结构分布

总部经济不仅能促进产业向价值链高端环节延伸，也能够带动相关生产

第8章 | 总部经济对提升北京利用外国直接投资水平的推动作用

性服务业发展，进而推动产业结构升级。近年来，北京服务业占国内生产总值的比重稳步提高。同时，制造类总部企业服务化趋势明显。许多制造类总部企业积极拓展服务业务，逐步由单纯的制造企业向"制造＋服务集成"方向转型升级，制造业与服务业融合发展成为总部企业发展的重要趋势。

当区域经济发展到一定阶段后，经济活动突破地域限制、向经济联系紧密的地区进一步延伸，企业总部和生产环节逐渐分离，通过区域范围内生产要素的优化配置，充分利用各地区的资源禀赋和比较优势，发挥专业化分工和地区合作形成的集聚效益、规模经济效益以及范围经济效益。北京总部经济发展将推进北京产业结构升级，促进传统产业向周边地区转移。随着外国政府机构、跨国公司或国内外大公司总部与分支机构入驻北京，北京将进一步把传统工业（特别是制造业）向周边欠发达地区转移。总部经济发展将促进北京产销分离、融资升级并增强产业竞争力。

在总部经济发展的初级阶段，其总部功能更偏重于第二产业的发展。随着总部经济的发展，跨国公司纷纷进入北京，不仅可以使北京第二产业的分工更加细化，产业关联更加复杂化，迫使政府加大对高新技术产业，资本技术密集型产业的引资力度。随着跨国公司在京设立研发中心，可以带动一批从事高新技术的跨国公司进入，增强对高新技术产业，资本技术密集型产业的吸引力，从而改善北京外资的产业结构分布。

总部经济发展可以促使北京政府改善金融环境和服务业环境，吸引更多第三产业外国直接投资。第三产业主要包括由通信、网络、传媒、咨询等组成的信息服务业；由银行、证券、信托、保险、基金、租赁等组成的金融服务业；由会计、审计、评估、法律服务等组成的中介服务业；由教育培训、会展、商务、现代流通业等组成的新型服务业。城市的总部集群为现代服务业的发展提供了充分的发展空间，总部经济的发展必然带动一个城市现代服务业的发展；现代服务业的发展是总部经济赖以形成的重要条件，总部经济的生存环境要求必须有发达的现代服务业配套。如前所述，目前北京合同外资金额重点投向第三产业，第一产业在外资项目数量和合同外资金额中的比例最小。近年来，北京第三产业利用外资呈总体上升趋势。2009年以来，第三产业实际利用外国直接投资占全市的比重均保持在80%以上。其中，2013年达到99.76%。2014年，北京第三产业吸引外国直接投资在吸引外国直接投资总量中的占比达到75.85%。2014年，第三产业利用外国直接投资占比虽然有所下降，但是仍处于明显的主体地位。可见，第三产业已经成为拉动北京外国直接投资增长的主力军。总部经济的发展促进了北京利用外资向第三产业的转移。

附录 2015年入驻北京的世界500强企业名单

排名	上年排名	公司名称	营业收入（百万美元）	总部所在城市
2	3	中国石油化工集团公司	446 811.0	北京
4	4	中国石油天然气集团公司	428 620.0	北京
7	7	国家电网公司	339 426.5	北京
18	25	中国工商银行	163 174.9	北京
29	38	中国建设银行	139 932.5	北京
36	47	中国农业银行	130 047.7	北京
37	52	中国建筑股份有限公司	129 887.1	北京
45	59	中国银行	120 946.0	北京
55	55	中国移动通信集团公司	107 529.4	北京
71	—	中国铁路工程总公司	99 537.9	北京
72	79	中国海洋石油总公司	99 262.2	北京
79	80	中国铁道建筑总公司	96 395.2	北京
87	122	国家开发银行	89 908.4	北京
94	98	中国人寿保险（集团）公司	87 249.3	北京
105	107	中国中化集团公司	80 635.0	北京
143	168	中国邮政集团公司	65 693.2	北京
144	152	中国兵器工业集团公司	65 615.1	北京
159	178	中国航空工业集团公司	62 287.7	北京
160	154	中国电信集团公司	62 147.6	北京

续表

排名	上年排名	公司名称	营业收入（百万美元）	总部所在城市
165	187	中国交通建设集团有限公司	60 119.2	北京
174	208	中国人民保险集团股份有限公司	57 047.5	北京
186	160	中国中信集团有限公司	55 325.7	北京
196	165	神华集团	52 731.1	北京
198	133	中国五矿集团公司	52 383.1	北京
207	248	北京汽车集团	50 566.0	北京
224	221	中国华能集团公司	47 401.4	北京
231	286	联想集团	46 295.6	北京
240	227	中国铝业公司	45 445.0	北京
253	313	中国电力建设集团有限公司	43 009.7	北京
265	276	中国化工集团公司	41 813.3	北京
270	267	中国建筑材料集团有限公司	40 644.4	北京
272	401	中粮集团有限公司	40 524.5	北京
276	357	中国医药集团	40 105.7	北京
281	330	中国民生银行	39 921.9	北京
288	278	中国机械工业集团有限公司	39 722.5	北京
321	314	中国航空油料集团公司	36 178.0	北京
326	354	中国冶金科工集团有限公司	35 807.5	北京
343	297	中国国电集团公司	34 627.4	北京
344	365	新兴际华集团	34 497.9	北京
345	368	中国华电集团公司	34 487.7	北京
366	382	中国电子信息产业集团有限公司	33 084.9	北京
371	403	中国船舶重工集团公司	32 732.6	北京
390	398	中国有色矿业集团有限公司	30 456.3	北京
391	465	中国能源建设集团有限公司	30 322.1	北京

附录　2015年入驻北京的世界500强企业名单

续表

排名	上年排名	公司名称	营业收入（百万美元）	总部所在城市
392	396	中国大唐集团公司	30 206.9	北京
402	348	首钢集团	29 668.9	北京
403	393	中国电力投资集团公司	29 584.7	北京
420	—	中国光大集团	28 155.3	北京
426	469	中国通用技术（集团）控股有限责任公司	27 670.9	北京
432	451	中国远洋运输（集团）总公司	27 483.0	北京
437	—	中国航天科技集团公司	27 190.4	北京
457	—	中国保利集团	26 046.6	北京

资料来源：观察者网 http://www.mnw.cn/海峡都市报电子版，2015-07-23。

参考文献

中文部分

[1] 薄文广. FDI 挤入或挤出了中国的国内投资吗？——基于面板数据的实证分析与检验 [J]. 财经论丛, 2006 (1): 64-72.

[2] 北京利用外资发展历程——30 年跨越三个阶段 [J]. 时代经贸, 2008 (11): 10-12.

[3] 北京统计局. http://www.bjstats.gov.cn/.

[4] 北京商务委员会. 北京总部经济发展报告 2014 [M]. 北京: 电子工业出版社, 2015.

[5] 宾建成. 我国服务业利用外国直接投资的现状与发展对策 [J]. 财经分析, 2009 (9): 43-48.

[6] 卜胜娟, 林婷. 江苏省 FDI 与经济增长关系的计量分析 [J]. 郑州航空工业管理学院学报, 2009, 27 (5): 56-61.

[7] 蔡昉, 王德文. 外商直接投资与就业——一个人力资本分析框架 [J]. 财经论丛. 2004 (1): 1-14.

[8] 蔡慧贤. 外商直接投资对上海制造业技术溢出效应的研究 [R]. 华东师范大学, 2009.

[9] 蔡璐. 外国直接投资对我国三次产业结构及服务业内部结构的影响

探析 [D]. 上海：华东师范大学，2012.

[10] 查贵勇. 中国服务业吸引 FDI 溢出效应分析 [J]. 国际经贸探索，2007，23（5）：63-66.

[11] 查贵勇. 上海不同特征外商直接投资溢出效应比较研究 [J]. 上海金融学院学报，2005（6）：51-54.

[12] 陈碧琼，周芳超. 对当前我国总部经济发展的宏观层面分析 [J]. 现代经济，2008（8）：118-119.

[13] 陈春根，虞俊杰. 上海服务业利用外国直接投资的实证分析 [J]. 商场现代化，2009（23）：49-51.

[14] 陈国宏. 我国工业利用外资与技术进步关系研究 [M]. 北京：经济科学出版社，2000.

[15] 陈继勇，盛杨怿. 外国直接投资与我国产业结构调整的实证研究——基于资本供给和知识溢出的视角 [J]. 国际贸易问题，2009（1）：94-100.

[16] 陈景华. 服务业 FDI 与东道国服务经济增长研究——基于中国数据的实证检验 [J]. 山东财经学院学报，2013（4）：103-110.

[17] 陈静. 中国受到跨国公司总部的青睐 [J]. 经济视角，2006（11）：35-36.

[18] 陈朗. 宁波服务业利用外资的特征研究与对策 [J]. 宁波工程学院学报，2005，17（3）：8-11.

[19] 陈迅，高远东. 中国产业结构变动与 FDI 间的动态关系研究 [J]. 科研管理，2006（27）：137-142.

[20] 陈培阳. 总部经济发展模式初探——以京津地区为例 [J]. 北方经济，2009（6）：30-31.

[21] 楚天舒，李晓红. 中国中心城市总部经济发展水平动态综合评价 [J]. 技术经济，2015（10）：53-60.

[22] 崔文博. 外商投资结构状况研究 [J]. 金融天地，2012（6）：269.

[23] 戴枫. 中国服务业发展与外国直接投资关系的实证研究 [J]. 国际

贸易问题，2005（3）：64-70.

[24] 旦蕊. 新形势下北京吸引和利用外国直接投资环境的思考 [J]. 首都经贸大学学报，2003（4）：57-59.

[25] 邓启峰. 外商直接投对中国就业影响的实证分析 [J]. 北方经济，2007（11）：75-77.

[26] 丁明智. 外商直接投的就业效应剖析 [J]. 软科学，2005（19）：26-29.

[27] 段军山. 跨国公司研发国际化的"溢出效应"及对我国政策分析 [J]. 世界经济研究，2005（8）：19-20.

[28] 冯国忠，杜晶晶，马爱霞. 中国服务业利用外国直接投资的策略研究 [J]. 财经问题研究，2006（11）：71-73.

[29] 冯乾，侯合心，李冬玉. 经济转型下的外国直接投资、国内资本与经济增长 [J]. 企业经济，2012（4）：38-41.

[30] 傅元海. 中国外国直接投资质量问题研究 [M]. 北京：经济科学出版社，2009.

[31] 高鹏怀，赵弘. 中国大城市的经济现代化：总部经济战略与地方政府的选择 [J]. 公共事务评论，2007（2）：54-65.

[32] 高珊珊. 北京地区 FDI 与 GDP 增长关系分析 [J]. 商场现代化，2009（2）：243-244.

[33] 高燕燕. 制造业和商务服务业北京吸引外资大赢家 [J]. 北京统计，2004（11）：27-28.

[34] 葛顺奇，郑小洁. 北京上海利用外资业绩与潜力比较研究 [J]. 国际经济合作，2003（7）：23-27.

[35] 龚建. 浅析外国直接投资对我国就业的影响 [J]. 老区建设，2010（12）：7-8.

[36] 广西壮族自治区国家税务局课题组. 中国与东盟四国吸引跨国公司地区总部的税收政策比较研究 [J]. 涉外税务，2008（3）：13-17.

[37] 郭熙保主编．发展经济学经典论著选［M］．北京：中国经济出版社，1998．

[38] 韩刚．中国利用外国直接投资质量研究［M］．北京：经济科学出版社，2007．

[39] 韩志怀．发展总部经济须解决三大问题——专访北京社会科学院中国总部经济研究中心主任赵弘［J］．投资北京，2007（1）：90－91．

[40] 何枫，袁晓安．我国SFDI产业内溢出效应机制及其实证效果研究——基于跨省面板数据的随机前沿分析［J］．数量经济技术经济研究，2010（6）：99－110．

[41] 何洁．外国直接投资对中国工业部门外溢效应的进一步精确量化［J］．世界经济，2000（12）：29－36．

[42] 何骏．聚焦总部经济——我国发展总部经济的重点、模式和建议［J］．北京工商大学学报：社会科学版，2009（1）：111－115．

[43] 何骏．上海发展总部经济的思考［J］．科学发展，2008（8）：7－9．

[44] 何骏．中国发展总部经济的路径拓展与模式创新［J］．贵州社会科学，2010（2）：87－93．

[45] 贺梅英．服务业外国直接投资与广东经济增长的实证研究［J］．华南农业大学学报（社会科学版），2005（2）：48－52．

[46] 胡东娜．北京总部经济发展研究［D］．北京：首都经济贸易大学，2006．

[47] 胡浩．国际直接投资的就业创造效应剖析［J］．江西行政学院学报，2004（6）：52－54．

[48] 胡卫国．北京外商直接投资效应的实证分析［J］．北京机械工业学院学报，2003（12）：60－65．

[49] 胡芸．服务业对外直接投资和中国服务业开放策略——一个基于行业的分析视角［D］．浙江大学，2005．

[50] 华民．外国直接投资对我国宏观经济影响的实证分析［J］．经济评

论，2000（6）：29-32.

[51] 黄江涓."十一五"期间中国服务业发展的思路、目标和体制政策保障[J].管理世界，2005（1）：2-8.

[52] 黄卫平，方石玉.生产者服务业外国直接投资与中国经济增长的实证分析[J].当代财经，2008（4）：100-104.

[53] 黄晓喆.外国直接投资对我国产业结构的影响[J].现代商业，2010（6）：167.

[54] 黄彦君.外国直接投资（FDI）对我国产业结构的影响研究[D].北京：中国青年政治学院，2011.

[55] [德] H.哈肯（Haken，H）著，张纪安译.协同学引论[M].西安：西北大学出版社，1985.

[56] 贾琳，梁洪丽.对跨国公司地区总部在中国发展的冷思考[J].企业活力，2008（11）：55-57.

[57] 姜峰.外商直接投资产业间技术溢出效应研究——基于上海工业部门数据的分析[J].现代商贸工业，2007，19（10）：3-6.

[58] 康增奎.改革开放30年来北京吸引和利用外资研究[D].北京：首都经济贸易大学，2009.

[59] 跨国公司在华设立地区总部情况[DB/CD].中国发展门户网，www.chinagate.com.cn.2007，12.

[60] 郎郸妮.FDI对京津冀产业协同发展影响研究[D].河北经贸大学，2015.

[61] 李芳，龚新蜀，张磊.外国直接投资与新疆经济增长动态关系研究[J].科技管理研究，2012（11）：82-86.

[62] 李欢.浅议中国服务业利用FDI的战略选择[J].中南财经政法大学研究生学报，2006（1）：2-4.

[63] 李明.改革开放30年来北京吸引和利用外资研究[D].北京：首都经济贸易大学，2009.

[64] 李平. 技术扩散中的溢出效应分析 [J]. 南开学报, 1999 (8): 28-33.

[65] 李新民. 上海外资总部经济发展现状和对策 [J]. 国际市场, 2008 (11): 74-77.

[66] 李竹宁. 外商直接投资与上海经济增长相关性及其挤入挤出效应研究 [J]. 上海应用技术学院学报. 2003 (4): 272-275.

[67] 刘红燕. 新加坡发展总部经济的经验与启示 [J]. 深圳职业技术学院学报, 2006 (4): 40-45.

[68] 刘辉群, 卢进勇. 国际直接投资的就业结构效应研究——基于东道国视角 [J]. 国际贸易问题, 2009 (9): 74-79.

[69] 刘静. 北京利用FDI的技术溢出效应研究 [D]. 北京: 首都经济贸易大学, 2012.

[70] 刘青英. 我国服务业利用外国直接投资的现状及发展政策 [J]. 中国外资, 2011 (3): 18.

[71] 刘绍坚, 史利国, 牛振华. 北京发展总部经济的资源禀赋差异分析 [J]. 数据, 2010 (12): 61-63.

[72] 刘文勇, 蒋仁开. FDI对中国经济发展影响的实证分析与政策建议 [J]. 经济理论与经济管理, 2006 (4): 21-26.

[73] 刘亚娟. 外国直接投资与我国产业结构演进的实证分析 [J]. 财贸经济, 2006 (5): 50-56, 66, 97.

[74] 刘艳萍, 谢鹏. FDI和产业集聚对TFP增长影响的实证检验——基于上海制造业行业的数据 [J]. 技术经济, 2011 (3): 46-50.

[75] 刘扬. 浅议北京总部经济的发展 [J]. 社科纵横, 2004 (5): 20-21.

[76] 刘一欧, 苏红莉. 外国直接投资与经济增长关系研究 [J]. 经济问题, 2012 (8): 105-108.

[77] 刘忠明. 中国的外国直接投资研究 [J]. 战略管理, 2010 (2): 1-9.

[78] 柳杨, 洪宗华. 政府是总部经济发展的推动力——以新加坡为例

[J]. 中外企业家, 2005 (11): 74-77.

[79] 柳云. 论外国直接投资对中国就业的影响 [D]. 武汉: 武汉理工大学, 2005.

[80] 卢超, 陈震. 由纽约、香港看上海总部经济布局 [J]. 经济论坛, 2008 (18): 9-11.

[81] 罗茜. FDI 对发展中国家的就业影响: 一个文献综述 [J]. 宁夏大学学报 (人文社会科学版), 2009 (31): 122-128.

[82] 吕鑫. 北京 FDI 与高技术产业增长的动态关系研究 [J]. 科技和产业, 2010 (9): 47-49.

[83] 马立军. 外商直接投资 (FDI) 与中国省际经济增长差异——基于 GMM 估计方法 [J]. 国际贸易问题, 2013 (10): 149-158.

[84] 毛新雅, 王桂新. 长江三角洲地区外商直接投资前资本形成及经济增长效应: 基于面板数据的研究 [J]. 世界经济研究, 2006 (1): 65-71.

[85] 梅松. 关于北京总部经济发展的思考 [J]. 经济观察, 2006 (4): 76-79.

[86] 孟亮, 宣国良, 王洪庆. 国外 FDI 技术溢出效应实证研究综述 [J]. 外国经济与管理, 2004 (6): 40.

[87] 潘磊. FDI 对上海地区的技术溢出效应——基于来源国差异的视角分析 [D]. 上海外国语大学, 2009.

[88] 潘素昆. 北京总部经济发展的现状与对策——基于与上海的比较研究 [J], 开发研究, 2011 (1): 44-47.

[89] 彭华君, 魏景赋. 服务业外国直接投资贸易效应的实证研究——以上海市为例 [J]. 中国集体经济, 2013 (18): 8-10.

[90] 彭齐超. 外国直接投资与民族地区经济增长的实证研究——以贵州省为例 [J]. 贵州民族研究, 2014, 35 (1): 133-136.

[91] 彭佑元. 北京利用外资与区域产业结构变动的灰色关联分析 [J]. 科技和产业, 2012 (3): 64-70.

[92] 企业总部对中心城市的收益［DB/CD］．中国总部经济网：http：// www．zgzbjj．com．

［93］钱凯．关于发展总部经济的讨论［J］．经济研究参考，2006（7）：40－45．

［94］秦敬云．总部经济：概念与现状［J］．上海综合经济，2003（11）：56－59．

［95］秦小玲，董有德．FDI 产业选择的变化对我国就业的影响及分析［J］．经济师．2007（6）：14－16．

［96］秦晓．从"生产函数"到"替代函数"——关于现代大型公司总部功能的研究［J］．改革，2003（1）：17－22，43．

［97］邱斌，唐保庆，孙少勤．对中国国际贸易与 FDI 相互关系的重新检验［J］．南开经济研究，2006（4）：32－46，70．

［98］邱敏，王希怡．新加坡总部经济的成功之路［N］．广州日报，2008－2－27（2）．

［99］任爱莲．外国直接投资：对服务业技术进步影响几何［J］．时代经贸，2009（6）：38－41．

［100］任永菊．地区总部、产业结构与总部经济——来自香港的实证研究与思考［J］．亚太经济，2007（4）：67－70．

［101］任郁芳，冯邦彦．FDI 对"长三角"国内投资的挤入挤出效应分析［J］．经济前沿，2009（2）：32－40．

［102］任志成，张二震．国际分工演进与跨国就业转移［J］．福建论坛·人文社会科学版．2006（4）：17－20．

［103］任志成．外国直接投资与我国二元就业结构转型［J］．国际商务．对外经济贸易大学学报，2006（3）：67－71．

［104］单素敏．中国总部经济调查．瞭望东方周刊，2014－04－08．

［105］上海统计网．http：//www．stats－sh．gov．cn/．

［106］邵汝军．关于发展我国总部经济的思考［J］．生产力研究，2008

(9)：24-26.

[107] 邵泽慧. 北京总部经济发展能力蝉联全国第一 [N]. 北京晚报，2008-10-17 (6).

[108] 盛垒，高丰. 新加坡如何发展总部经济 [J]. 科学决策月刊，2006 (6)：51-52.

[109] 盛垒. 上海打造跨国指挥中心 [J]. 中国外资，2008 (5)：24-25.

[110] 石琴，许国新. 总部经济的形成机理及其效应分析 [J]. 理论月刊. 2006 (8)：76-78.

[111] 史忠良，沈红兵. 中国总部经济的形成及其发展研究 [J]. 中国工业经济，2005 (5)：58-65.

[112] 司言武，万军. 外商直接投资与国内资本形成关系研究——以长三角地区为例 [J]. 经济问题探索，2007 (2)：119-122.

[113] 孙蛟. 跨国公司地区总部的区位选择研究 [D]. 上海：复旦大学，2006.

[114] 孙军. 外商直接投资对我国产业结构的影响分析 [J]. 北京科技大学学报（社会科学版），2006 (1)：33-38.

[115] 孙庆刚. 外国直接投资对我国就业结构的影响 [J]. 山东社会科学，2009 (7)：101-104.

[116] 谭蓉娟，秦陇一. 珠三角服务业外国直接投资的经济增长效应 [J]. 国际经贸探索，2009，25 (12)：62-66.

[117] 唐勇，温晓红. FDI对北京地区技术进步的影响 [J]. 当代经济，2007 (1)：9-10.

[118] 王苍峰. FDI、行业间联系与溢出效应——基于我国制造业行业面板数据的实证分析 [J]. 世界经济研究，2008 (3)：73-79.

[119] 王分棉，林汉川. 总部经济促进我国企业嵌入全球价值链的路径 [J]. 经济管理，2007 (23)：22-26.

[120] 王根军. 中国失业问题现状及外国直接投资的就业增长效应分析

[J]. 云南财贸学院学报, 2004 (19): 19-20.

[121] 王海龙、黄明. 京沪FDI对区域创新能力影响的比较研究 [J]. 科技与经济, 2012 (4): 35-39.

[122] 王军, 王凯. 对总部经济几个基本理论问题的思考 [J]. 理论学刊, 2005 (11): 44-46.

[123] 王军. 国际大都市总部经济发展实践的理论逻辑及其应用 [J]. 理论学刊, 2007 (2): 48-52.

[124] 王晓云, 王胜强. 上海市FDI与出口贸易、经济增长之间关系的实证研究 [J]. 华东经济管理, 2009, 23 (1): 1-4.

[125] 王新华. 我国服务业外国直接投资的经济效应——基于9个行业面板数据的实证研究 [J]. 国际贸易问题, 2007 (9): 70-73.

[126] 王莹. 总部经济发展与中国FDI引进 [D]. 上海: 上海社会科学院, 2007.

[127] 王瀛, 赵鹏大. 总部经济带动区域经济发展 [J]. 经济研究, 2008 (5): 17-19.

[128] 王玉柱. 后危机时代流入上海的外资结构变化及对策研究 [J]. 上海经济研究, 2015 (2): 77-85.

[129] 王征, 王新军. 总部经济研究 [M]. 济南: 山东人民出版社. 2007.

[130] 魏小真, 胡雪峰, 颜平, 蔡兵. 北京"总部经济"特征凸显 [J]. 数据, 2006 (9): 28-30.

[131] 魏亚男. 外国直接投资对就业的影响研究综述 [J]. 经济研究, 2010 (9): 42-44.

[132] 魏作磊. FDI对我国三次产业结构演变的影响——兼论我国服务业增加值比重偏低现象 [J]. 经济学家, 2006 (3): 61-67.

[133] 温力强. 我国服务业利用外国直接投资现状及其对服务业发展的启示 [J]. 国际商务——对外经济贸易大学学报, 2007 (6): 80-84.

[134] 吴国生. 跨国直接投资对东道国产业结构的影响 [J]. 湖南师范

大学社会科学学报, 2001, 4 (30): 51-54.

[135] 吴国新, 李竹宁. FDI 与长三角地区经济发展及其挤入挤出效应研究 [J]. 商业研究, 2008 (11): 58-63.

[136] 吴琦, 董有德. 外商直接投资在上海的资本积累效应 [J]. 商业研究, 2007 (5): 13-17.

[137] 吴宣恭. 关于发展总部经济的几个问题. 福建论坛: 人文社科版, 2005 (10): 4-6.

[138] 肖尧, 林竹, 肖生超. 外国直接投资对我国服务业的影响的实证研究 [J]. 中国商界, 2008 (5): 82-83.

[139] 肖亦卓. 外商直接投资与北京经济增长 [J]. 北京社会科学, 2006 (5): 87-90.

[140] 肖元真, 郭明跨. 外国直接投资与我国产业结构的优化 [J]. 社会科学辑刊, 1999 (3): 81-86.

[141] 谢波峰. 纽约市税收优惠政策分析与启示 [J]. 涉外税务, 2010 (12): 52-55.

[142] 新加坡经济发展局网站. http://www.edb.gov.sg/edb/sg/zh_cn/index.html.

[143] 新加坡统计局网站. http://www.singstat.Gov.sg/.

[144] 徐鑫, 蒋毅一. 外国直接投资对我国产业结构升级的羁绊和纠正途径 [J]. 特区经济, 2012 (8): 182-184.

[145] 许惠. 总部经济理论及发展对策研究 [D]. 江苏: 东南大学, 2005.

[146] 许蔚. 跨国公司总部经济对区域经济的影响分析 [J]. 经济研究导刊, 2010 (3): 120-121.

[147] 闫明勤. FDI 对上海市产业结构优化升级的影响研究 [D]. 复旦大学, 2011.

[148] 杨春艳. 浅析国际直接投资的发展趋势及其对中国的影响 [J].

金融天地，2010（12）：199.

[149] 杨帆. 外商直接投资与我国科技进步 [J]. 福建论坛（人文社会科学版），2007（5）：5-8.

[150] 杨刚. FDI 促进我国产业结构升级的传导机制研究 [J]. 科技创业月刊，2005（7）：32-33.

[151] 杨立艳. 后经济危机时代如何利用好外国直接投资 [J]. 商业文化，2011（12）：142-143.

[152] 杨维凤. 北京利用 FDI 推动产业结构升级研究 [J]. 内蒙古财经学报，2011（2）：75-79.

[153] 杨振宁. 外商直接投资与经济增长关系的实证分析——基于上海数据的分析与检验 [J]. 国际贸易，2006（2）：120-121.

[154] 姚战琪. 服务业外国直接投资与经济增长——基于中国的实证研究 [J]. 财贸经济，2012（6）：89-96.

[155] 叶华光. 总部经济形成机制的理性分析 [J]. 现代商贸工业，2008（1）：12-13.

[156] 叶文县. 我国外国直接投资的结构状况分析 [J]. 长春大学学报，2011，21（9）：35-37.

[157] 易孟秋. 总部经济与中心城市发展研究 [D]. 四川：四川大学，2007.

[158] 于海静，吴国蔚. 北京 FDI 对服务业增长的作用机制探析 [J]. 商业时代，2009（14）：25-26.

[159] 余敏. 在华外资并购绩效实证分析——以饮料、洗涤用品、化妆品和汽车制造业为例 [J]. 四川理工学院学报（社会科学版），2010（1）：66-70.

[160] 张二君. SFDI 对河南省传统服务业技术进步的影响研究 [J]. 预测，2011，30（5）：70-75.

[161] 张二震，任志成. FDI 与中国就业结构的演进 [J]. 经济理论与经

济管理，2005（5）.

[162] 张广荣. 跨国公司在华设立地区总部若干问题探析 [J]. 中国外资，2008（5）：44-46.

[163] 张修成. 京津区域产业结构调整与外商直接投资 [D]. 对外经济贸易大学，2006.

[164] 张宏洲. 我国利用FDI适度规模研究. 上海市社会科学界第七届学术年会文集（2009）年度中年学者文集 [C]，2009：315-318.

[165] 张建华，欧阳轶雯. 外商直接投资、技术外溢与经济增长——对广东数据的实证分析 [J]. 经济学，2003（3）：647-664.

[166] 张建勤. 努力提高我国外国直接投资的就业效应 [J]. 宏观经济管理，2005（10）：36-37.

[167] 张静. 跨国公司地区总部区位因素研究——兼论北京对策 [D]. 北京：首都经济贸易大学，2006.

[168] 张景华. 北京成世界500强"总部之都"企业总数52家. 光明日报，2014-7-14.

[169] 张娟. 外国直接投资对中国产业结构的调整效应分析 [J]. 亚太经济，2006（6）：85-88.

[170] 张丽丽，郑江淮. 国外总部经济研究进展与述评 [J]. 上海经济研究，2011（4）：89-95.

[171] 张荣齐，李宇红. 北京总部经济发展研究 [J]. 商业时代，2006（18）：83-84.

[172] 张琴. 国际产业转移对我国产业结构的影响研究——基于1983~2007年外国直接投资的实证分析 [J]. 国际贸易问题，2012（4）：137-144.

[173] 张铁铸. FDI与上海经济增长关系的实证分析 [J]. 同济大学学报，2005，16（2）：121-124.

[174] 张泽一. 北京总部经济的特点及提质升级 [J]. 经济体制改革，

2015（1）：59-63.

[175] 赵冲，刘向丽，于左. FDI流入的产业结构对我国出口贸易结构的影响［J］. 财经问题研究，2010（7）：81-88.

[176] 赵弘，孙志强. 总部经济需要全面认识［N］. 中国信息报，2006-7-6（5）.

[177] 赵弘. 论北京发展"总部经济"［J］. 中国城市经济，2003（8）：39-43.

[178] 赵弘. 北京总部经济与服务业的互动发展［J］. 技术经济，2009（2）：118-122.

[179] 赵弘. 发展总部经济需解决三大问题［J］. 投资北京，2008（8）：12-15.

[180] 赵弘. 历年中国总部经济发展报告［M］. 北京：社会科学文献出版社.

[181] 赵弘. 论"总部经济"与振兴北京现代制造业［J］. 首都经济，2003（3）：13-16.

[182] 赵弘. 总部经济［M］. 北京：中国经济出版社. 2004（8）：11-15.

[183] 赵红娟. 我国利用外国直接投资过程中存在的问题及对策［J］. 黑龙江对外经贸，2008（7）：49-51.

[184] 赵力. FDI对上海制造业的技术外溢效应影响分析［R］. 复旦大学，2008，5.

[185] 郑国中. 总部经济呼唤理性发展［J］. 中国外资，2006（8）：18-19.

[186] 郑秀君. 我国外商直接投资（FDI）技术溢出渠道的实证研究——对上海浦东地区外商投资企业的问卷调查［J］. 世界经济研究，2006（5）：51-57.

[187] 郑子昊. 京港沪三地服务业引资政策建议——基于影响因素实证分析［J］. 特区经济，2012（9）：192-195.

[188] 中华人民共和国商务部网站. http://www.mofcom.gov.cn/.

[189] 周海蓉. 外商直接投资对北京制造业的溢出效应：基于2001~

2005 年面板数据的实证分析 [J]. 中央财经大学学报, 2007 (11): 65 - 70.

[190] 周韧. 环渤海经济圈产业结构现状分析 [J]. 经济视角, 2011 (3): 133 - 134.

[191] 周述琴. 论国际直接投资对我国就业的影响 [J]. 重庆师范大学学报, 2006 (5): 98 - 103.

[192] 朱金生. 经济全球化、就业替代与中部地区的边缘化 [J]. 中南财经政法大学学报. 2003 (5): 90 - 95.

[193] 朱荣林. 从新加坡模式看总部经济 [J]. 新民周刊, 2007 (2): 22 - 23.

[194] 庄丽娟, 陈翠兰. FDI 对广州服务业结构效应的实证分析 [J]. 国际经贸探索, 2008, 24 (3): 24 - 28.

[195] 庄丽娟, 贺梅英. 服务业利用外国直接投资对中国经济增长作用机理的实证分析 [J]. 世界经济研究, 2005 (8): 73 - 79.

[196] 邹燕青, 王雪梅. 外商直接投资对北京产业结构影响的实证分析 [J]. 商业经济研究, 2015 (6): 139 - 141.

[197] 祖强, 张丁榕. 外国直接投资行业就业效应分析 [J]. 广西财经大学学报, 2008 (21): 39 - 44.

[198] 仲崇高. 跨国公司在华地区总部区位分布的特征研究 [J]. 河海大学学报 (哲学社会科学版), 2010 (4): 61 - 63, 88, 91.

英文部分

[1] A. Yasemin Yalta, Revisiting the FDI-led growth Hypothesis: The case of China [J]. Economic Modelling. 2013, (31): 335 - 343.

[2] Aoki A, Tachiki D. Overseas Japanese business operations: the emerging role of regional headquarters [J]. Pacific Business and Industries, 1992 (1): 29 - 39.

[3] Agosin, Manuel R., Ricardo Mayer, Foreign Investment in Developing Countries: Does it Crowd in Domestic Investment? [R] UNCTAD Discussion Pa-

pers, 2000, No. 146.

[4] Aitken, B. J., A. E. Harrison. Do Domestic Firms Benefit From Direct Foreign Investment? Evidence from Venezuela [J]. American Economic Review, 1999, 89: 605 - 618.

[5] Aitken, B. J., G. Hanson, A. E. Harrison. Foreign Investment, Export Behavior and Spillovers [J]. Journal of International Economics, 1997, 43: 103 - 132.

[6] Alfaro L, Chanda A., Sayek S. FDI and Economic Growth: The Role of Local Financial Markets [J]. Journal of International Economic, 2004, vol. 64: 89 - 112.

[7] Ansoff. H. I. Corporate Strategy [M]. Mc Graw Hill, New York, 1965.

[8] Blomstrom, M. Sjoholm. F. Technology Transfer and Spillovers: Does Local Participation with Multinational Matter [J]? European Economic Review, 1999, 43: 915 - 943.

[9] Borensztein E., J. De Gregorio J W. Lee. How Does Foreign Direct Investment Affect Economic Growth [J]? Journal of International Economics, 1998, 45: 115 - 135.

[10] Buckley, Peter J. Buckley, Jeremy Clegg, Cheng qi Wang, Adam R. Cross. FDI, regional differences and economic growth: Panel data and evidence from China [J]. Transnational Corporations, United Nations Conference on Trade and Development Division on Investment, Technology and Enterprise Development, 2002, 11, 1: 1 - 5.

[11] Camilla, J., Foreign Direct Investment, Industrial Restructuring and the Upgrading of Polish Exports [J]. Applied Economics, 2002, 34 (2): 207 - 17.

[12] Caves, Richard E, 1982, Multinational Enterprises and Economic Analysis [M]. Cambridge University Press.

［13］Chen. Technology Adoption and Technical Efficiency in Taiwan, Economic Efficiency and Productivity Growth in the Asia Pacific Region, 1999.

［14］Chyau Tuan, Linda F. Y. Ng, Bo Zhao. China's post-economic reform growth: The role of FDI and productivity progress ［J］. Journal of Asian Economics, 2009, 20, 3: 280 - 293.

［15］Collis, David J, Young, David and Goold, Michael. The size, Structure and performance of corporate headquarters ［J］. H. arvard Business School, Strategy Working Paper Series, 2003, No. 03 - 09.

［16］David Williams. Explaining employment changes in foreign manufacturing investment in the UK ［J］. International Business Review, 2003, 14: 479 - 497.

［17］De Gregorio, J. Economic Growth in Latin American ［J］. Journal of Development Economics, 1992, 39: 59 - 84.

［18］De Mello, L. R., Foreign Direct Investment in Developing Countries and Growth: A Selective Survey ［J］. Journal of Development Studies, 1997, 34 (1), 1 - 34.

［19］Feder. On Export and Economic Growth ［J］. Journal of Development Economics, 1982, 12: 59 - 73.

［20］Gábor Hunya. Restructuring through FDI in Romanian manufacturing ［J］. Economic Systems, 2002, 26 (4): 387 - 394.

［21］Germa Bel and Xavier Fageda, Getting there fast: globalization, intercontinental flights and location of head-quarters ［J］, Journal of Economic Geography. 2008 (8): 471 - 495.

［22］Haddad, M., A. E. Harrison. Are There Positive Spillovers from Direct Foreign Investment? Evidence from Panel Data for Morocco ［J］. Journal of Development Economics, 1993, 42: 51 - 74.

［23］Helleiner, G. K., Transnational Corporations and Direct Foreign Investment, in ed. H. Chenery and T. N. 1889, http://www.edb.gov.sg/edb/sg/zh_cn2/index/singapore_s_strengths/international_headquart ers.

[24] Hellmut Schütte. Between Headquarters and Subsidiaries: The RHQ Solution [M]. Palgrave Macmillan UK, 1998.

[25] Jenkins, R. Owen, 1977, Dependent Industrialization in Latin American: The Automotive Industry in Argentina, Chile, and Mexico [M]. Praeger Publishers, Inc.

[26] Jimmy Ran, Jan P. Voon, Guang zhong Li. How does FDI affect China? Evidence from industries and provinces [J]. Journal of Comparative Economics. 2007, 35: 774 - 799.

[27] Koen, De, Backer, Leo, Sleuwaegen. Does Foreign Direct Investment Crowd Out Domestic Entrepreneurship? [R] Vlerick Leuven Gent Management School Working Paper, 2002, 14.

[28] Kokko, A. Technology, Marked, Characteristic and Spillover [J]. Journal Development Economics, 1994, 43: 279 - 293.

[29] Kui yin Cheung、Pin Lin. Spillover Effects of FDI on Innovation in China - Evidence from the Provincial Data [J]. China Economic Review, 2004, 1: 25 - 44.

[30] Kostecki, Michal and Pietras Jaroslaw, Foreign Direct Investment and the Service Economies of East - Central Europe [M]. in Michael Kostecki and Andras Fehervary (eds), Services in the Transition Economies, Oxford: Elsevier Science Lte.

[31] L. Shilton and C. Stanley, Spatial patterns of headquarters [J], Journal of Real Estate Research 17 (1999), pp. 341 - 364.

[32] Leo, L. Y. The Effect of Foreign Direct Investment on Investment in Canada [J]. The Review of Economics and Statistics, 1977, 59: 47 - 481.

[33] Leonce, Ndikumana, Sher, Verick. The Linkages between FDI and

Domestic Investment: Unraveling the Developmental Impact of Foreign Investment in Sub – Saharan Africa [R]. IZA Working Paper, 2008: 3296.

[34] Lichtenberg, F. R. and Pottelsberghe de la Potterie, B., International R&D Spillovers: A Comment [J]. European Economic Review 42. 1998.

[35] Lubitz, Raymond. The United States Direct Investment in Canada and Canadian Capital Formation1950 – 1962 [D]. Unpublished Ph. D. Dissertation, Harvard University, 1966.

[36] Luiz R, De Mello Jr. Foreign Direct Investment In Developing Countries And Growth: A Selective Survey [J]. The Journal of Development Studies, 1997.

[37] Luiz R. De mello. Foreign Direct Investment-led growth: evidence from time series and panel data [J]. Oxford Economic Papers, 1999, 51: 131 – 153.

[38] Mac Dougall. The Benefits and costs of private investment from abroad: A Theoretical approach [J]. Economic Record, 1960, 36: 13 – 35.

[39] Mansfield, E., A. Romeo. Technology Transfers to Overseas Subsidiaries by US – based Firm [J]. Quarterly Journal of Economics, 1980, 4, 12.

[40] Marián Dinga and Daniel Münich. The impact of territorially concentrated FDI on local labor markets: Evidence from the Czech Republic [J]. Labour Economics, 2010, 17: 354 – 367.

[41] Markusen James R., Anthony J., Venables, 1999. Foreign Direct Investment as a Catalyst for Industrial Development, European Economic Review 43.

[42] MingmingPan, PH. D. Three essays on FDI in China [D]. Nebraska: University of Nebraska. 2011: 13 – 17.

[43] Mounir Belloumi. The relationship between trade, FDI and economic growth in Tunisia: An application of the autoregressive distributed lag model [J]. Economic Systems, 2014 (38): 269 – 287.

[44] Ms Nah Seo k Ling, Planning Division Singapore's Manufacturing Sector 1991 – 2005. Economic Development Boar d Statistics Singapore Newsletter. March

2006. http：//www. singstat. gov. sg/.

［45］ Mudell R. A. International Trade and Factor Mobility ［J］. American Economic Review. 1957（6）：321 – 335.

［46］ Nicholas, Apergis, Costantinos, P. Katrakilidis, Nikolaos, M. Tabakis. Dynamic Linkages between FDI Inflows and Domestic Investment：A Panel Cointegration Approach ［J］. Atlantic Economic Journal, 2006, 34, 4：385 – 394.

［47］ Noorzoy, M. S. Flows of Direct Investment and Their Effects on Investment in Canada ［J］. Economics Letters, 1979, 2.

［48］ Peter Enderwick. Large emerging markets（LEMs）and international strategy ［J］. International Marketing Review, 2009, 1：7 – 16.

［49］ Peter N. Andreas W. FDI in Mexico：an Empirical Assessment of Employment Effects ［R］. Kiel Working Paper, 2007, No. 1328.

［50］ PR Newswire. Harris Stratex Networks Announces Grand Opening of New International Headquarters in Singapore ［N］. New York, 2007 – 6 – 20（3th edition）.

［51］ Pradeep Agrawal. Economic Impact of Foreign Direct Investment in South Asia ［D］. India Gandhi Institute of Development Research, Working paper, 2000.

［52］ Ramírez, Miguel D. Does Foreign Direct Investment Enhance Private Capital Formation in Latin America? A Pooled Analysis for the 1981 – 2000 Period ［J］. The Journal of Developing Areas, 2007, 40.

［53］ Rappaport, J. How Does Openness to Capital Flows Affect Growth ［J］. Federal Reserve Bank of Kansas City, 2000, 6.

［54］ Romeo, P. Ideas Gaps and Object Gaps in Economic Development ［J］. Journal of Monetary Economics, 1993, 32, 12.

［55］ Sadhana Srivastava. The role of foreign direct investment in India's services export：an empirical investigation ［J］. Singapore Economic Review, 2006

(2): 51-51.

[56] Stare M. Advancing. The Development of Producer Services in Slovenia with Foreign Direct Investment [J]. The Service Industries Journal, 2001.

[57] Thomas kiler, William testar, location trends of large company headquarters during the 1990s, economic perspective, 2002 2nd Quarter, Vol. 26 Issue 2, p12. 15p. 4 Charts, 5 Graphs.

[58] Tomasz Mickiewicz. Slavo Radosevic. Urmas Varblane, The Value of Diversity: Foreign Direct Investment and Employment in Central Europe During Economic Recovery, One Europe or Several? Working Papers 5, One – Europe Programme. 2000.

[59] Vanessa Strauss – Kahn, Xavier Vives. Why and where do headquarters move [M]. Regional Science and Urban Economics, 2009, 39: 168 – 186.

[60] Xufei Ma, Andrew Delios. A new tale of cities: Japanese FDIs in Shanghai and Beijing, 1979 – 2003 [J]. International Business Review, 2007, 4: 207 – 228.

[61] YanfeiYin, KaiLi, YuLuo. A Demonstrational Analysis of Relationship between FDI and Industrial Structure Upgrading in China [J]. Economics and management school. 2011, (29): 370 – 377.

[62] Yoost, D. and Fisher, J. Choosing Regional HQs in Asia, International Tax Review, 1996, 7 (3): 35 – 39.

[63] Zhiqiang Liu. Foreign Direct Investment and Technology Spillover: Evidence from China [J]. Journal of Comparative Economics, 2002, 30, 9: 579 – 602.

后 记

本书是在我近年来所主持的一系列有关北京利用外资与经济发展的课题成果基础上完成的。自从2006年进入北方工业大学工作以来，一直关注北京经济发展，结合我的研究领域国际投资与跨国公司主持了几项课题。本书是总结了我所主持的北京委组织部优秀人才项目和北京教委人文社科面上项目的研究成果，并加以修改扩充完成的。在本书成文之际，感谢项目组所有成员的支持和配合。特别感谢以下几位老师：吴振信、丁娟娟、张蜀林、孙强、李洪梅和白小伟。

本书第七章为本人所指导的硕士研究生李慧敏（现供职于中华人民共和国新华社国家金融信息中心指数研究院）在其硕士论文的基础上修改完成。其余内容为本人完成。

在本书出版之际，感谢北方工业大学经济管理学院的各位领导和同事们在工作和生活上给予我的帮助、支持和鼓励。

感谢北方工业大学科研人才提升计划——青年拔尖人才项目（BJRC201315）对本书出版的资助。

此外，在本书写作过程中参阅了大量国内外专家学者的研究文献，在此也向他们表示敬意和感谢。本书中肯定有很多不足之处，恳请读者批评指正。

最后，感谢我的家人。感谢家人给予了我人世间最宝贵的爱和亲情，感谢他们多年来对我的工作给予的支持和鼓励。

潘素昆

2016年12月